欧盟地区政策研究：
改革、效应与治理

STUDIES ON EU'S REGIONAL POLICY:
Reforms, Impacts and Governance

臧术美◎著

时事出版社
北京

本书受到教育部人文社会科学研究青年基金项目《欧洲多元文化主义研究：困境与未来》（项目号：19YJCZH233）的资助

序
PREFACE

欧盟地区政策是当代欧洲建设的基础，同时也是理解当代欧洲的一个挑战，因为该政策对欧洲人而言都是一个比较困难的题目。该题目的复杂性和困难之处在于：首先，该政策涉及多个层面，它一方面旨在缩小地区差距、实现欧盟层面总体聚合，这体现出欧盟建设的一个根本原则，同时该政策又与成员国主权国家内部的地区空间（territoires régionaux）紧密相关；其次，经济发展经常呈现为一种不均衡发展的进程，而现有的理论诠释都有较大的局限性。

臧术美选择将欧盟地区政策的总体运行机制作为研究对象，体现出其对欧盟建设"独特性"（singularité）的强烈好奇心和探索欲；她所使用的主要认识论方法是将不同的解释（interprétations）放在一起进行对比分析，并探讨欧盟地区政策可能的示范效应。臧术美遵循其试图理解"欧洲现象"（phénomène européen）的内心意愿，勇敢地接受了与这一主题相伴随的各种挑战。

首先，本书对欧盟地区政策复杂的、持续演变中的发展历史进行了梳理。其次，作者对欧盟地区政策在实现欧盟聚合与缩小地区差距方面的效应展开了详细探讨：既包含对欧盟官方数据的梳理，也包含对经济学家和地理学家不同理论方法与结论的分析，同时还对2008—2010年金融危机的影响展开了相应的探讨。再次，作者在第三部分努力尝试解释"多层级治理"理论如何在欧盟地区政策实践中得到体现、不同层级之间的协调如何实现、国家内部地区层级如何被赋予相应的职权。最后，作者对中国地区政策与欧盟地区政策进行了一些比较思考。

臧术美着重处理了欧盟共同体建设中的几对重要关系。首先，作者在第一部分分析了欧盟地区政策改革与1992—2014年间欧盟历次扩大（从12个成员国到28个成员国）之间的关系：每一次"扩大"都为改革的"深化"提供了重要契机和新的必要条件，使得该政策不断得到巩固与提升［比如伙伴关系的发展与合约化（contractualisations）方面的提升、政策效应评估能力的提升与政策程序的简化等］。其次，经济社会发展总是与"空间"因素紧密相关，因此对以经济—社会、历史—文化以及身份认同为基础的地区问题的考察，总是需要与各个国家不同的区域行政管理体系结合起来进行。本书的分析体现出对不同国家中央权力与地区自主权具体而细致的关注。

通过阅读本书可以感受到，作者并没有停留在寻求"实证主义"（positiviste）的确定性的结论，而是对欧盟地区政策这一不断调整的实用主义（pragmatique）政策开展了深入的阐释（interprétation）／理解（compréhension）。鉴于该政策背后存在各种不同政治力量的博弈和妥协，读者可以通过本书的阅读，体会到欧盟建设本身是一个不断在摸索中前进、永远无法完成、充满变化的创造性过程。

在我看来，本书对那些想要认识和理解欧盟的读者会有所帮助。

通过这个序言，我想表达自己对臧术美这位充满希望的年轻学者的欣赏，她总是精力充沛、思维开阔、领悟力很强，总是能够将她想要做的研究进行到底。希望她的这本专著对有意连接"地区"与"国家"两个层级的相关研究有所助益。

法国里昂高师荣休教授、地理学家

维奥莱特·雷伊（Violette REY）

于法国 Foreyre（阿尔卑斯山里的一个小镇——译者注）

2020 年 3 月

翻译：臧术美

Préface à《La politique régionale de l'UE-réformes, impacts et gouvernance》

La politique régionale de l'Union européenne est à la fois un défi de compréhension et un fondement de l'Europe contemporaine.

Le sujet est difficile même pour des Européens. D'une part la politique régionale de réduction des inégalités et de cohésion relève d'un principe fondateur de l'UE, mais il touche aux territoires régionaux soumis à la souveraineté interne des Etats. D'autre part le développement économique est un processus spatialement inégalitaire et les théories n'apportent encore que des interprétations limitées à ce phénomène. Le choix fait par ZANG Shumei-saisir l'ensemble des mécanismes qui font la Politique régionale européenne-se justifie par sa volonté de comprendre ce qui fait la singularité de la construction de l'UE;

ce choix explique la démarche épistémologique retenue qui est de mettre en confrontation les différentes interprétations, et donc d'interroger l'exemplarité de cette politique. ZANG Shumei a assumé le défi de toutes ces difficultés, portée par la volonté de comprendre le 《phénomène européen》.

Tout d'abord le texte reconstitue l'histoire de la Politique régionale européenne, une histoire compliquée et en continuelle évolution. Ensuite sont analysées les manières d'évaluer les impacts de cette politique de cohésion et de réduction des inégalités-selon l'approche quantifiée de la Commission et selon les différentes théories des économistes et des géographes, en n'omettant pas le contrecoup des crises financières de 2008 – 2010. La 3e partie s'efforce d'expliquer comment s'est constituée une pratique de gouvernance multi-niveaux qui puisse coordonner cette politique et donner un contenu fonctionnel et opératoire aux régions infranationales. Enfin la réflexion porte sur une comparaison entre les politiques régionales chinoise et européenne.

ZANG Shumei souligne certaines relations essentielles de cette construction communautaire. Tout d'abord la relation entre les réformes de la politique régionale et les étapes de l'élargissement de l'Union qui passe de 12 à 28 membres entre 1992 et 2014?: chaque élargissement introduit un approfondissement et la nécessité de nouvelles dispositions. Ensuite les articulations qui permettent à cette politique régionale de se consolider et de s'améliorer (partenariats et contractualisations; évaluation d'impacts et simplifications de procédure). Parce que l'enjeu du développement a toujours un caractère spatial, il faut en permanence articuler des ensembles régionaux fondés sur une cohésion socio-économique, historico-culturelle et identitaire avec des maillages administratifs de gestion dotés de pouvoirs hétérogènes selon les pays. L'éventail des solutions va du simple relais du pouvoir central jusqu'à l'autonomie régionale en passant par des formules intermédiaires variées.

A la lecture de l'ouvrage on sent combien l'auteure est passée d'un projet positiviste cherchant des réponses définitives à l'interprétation/compréhension d'une politique pragmatique d'ajustement. Car derrière la Politique régionale européenne il y a des forces politiques divergentes en présence, et les compromis varient selon les moments. En filigrane le lecteur saisit comment l'UE est une construction en tatonnement continuel, une invention toujours inachevée et qui n'existe que dans un processus dynamique.

L'ouvrage me parait d'un grand intérêt pour la connaissance et la compréhension de l'UE en général. Par cette préface je témoigne de mon admiration pour ZANG Shumei cette jeune intellectuelle pleine de promesses qui, à force d'énergie, d'ouverture d'esprit et de capacité d'assimilation, a su aller jusqu'au bout de son projet d'études. Puisse son travail être un maillon dans la chaine d'interconnaissances qui rapproche les régions et les nations !

Foreyre, mars 2020
Violette REY,
Géographe, Professeur émérite de l'Ecole Normale Supérieure-Lyon.

目录

前言 / 001

第一部分 "扩大"中的"深化"：
一体化进程中的欧盟地区政策改革

第一章 欧盟地区政策的含义及其在欧盟政策体系中的地位 / 009

第一节 欧盟地区政策的含义 / 009
第二节 欧盟地区政策在欧盟政策体系中的地位 / 013

第二章 历次扩大背景下的欧盟地区政策改革 / 026

第一节 1957—1975 年：欧共体地区政策萌芽和初步形成 / 035
第二节 1975—1988 年：欧共体地区政策的成立与完善 / 038
第三节 1989—1999 年：走向成熟的欧盟地区政策 / 042

第四节　2000年以后：欧盟地区政策的深化发展　/　046

第三章　欧盟地区政策演变的特点和趋势　/　062

第一节　"凝聚力"（公平）与"竞争力"（效率）的双重强化趋势　/　063
第二节　程序的简化以求更高的效率　/　067
第三节　不同层级之间"合作"的加强与职权的明晰　/　071
第四节　不断朝向更加"绿色""智慧"与"亲民"的欧洲　/　084

第二部分　欧盟地区政策的经济、社会与地域效应

第四章　欧盟委员会对欧盟地区政策的官方评估及理论支撑　/　091

第一节　欧盟委员会对欧盟地区政策效应的官方评估　/　091
第二节　欧盟最新评估：结合欧债危机的影响进行分析　/　097
第三节　欧盟官方评估的理论模型基础　/　110

第五章　对欧盟地区政策非官方评估及三种理论基础　/　113

第一节　新古典经济学的观点　/　113
第二节　内生经济增长理论的观点　/　114
第三节　新地理经济学观点　/　115
第四节　对欧盟地区政策评估的延展性思考　/　119

第六章　欧盟地区政策的"空间化"和"地域化"趋势　/　126

第一节　"欧洲空间发展纲要"的颁布　/　127
第二节　"地域聚合"概念的产生及其影响　/　128
第三节　"欧洲空间规划研究网"的诞生与发展　/　130
第四节　"欧盟地域议程"与"地域合作"实践　/　133

第三部分　欧盟地区政策的制度效应："地区化""欧洲化"与"多层级治理"

第七章　"欧洲化"的一个特殊视角：欧盟地区政策影响下的欧洲"地区化"进程　/ 141

第一节　西欧国家"地区化"进程　/ 142
第二节　中东欧国家"地区化"进程：以波兰为例　/ 147
第三节　中东欧国家"地区化"进程的"失败"？——对"欧洲化"问题的思考　/ 156
第四节　"地区"层级的作用　/ 165

第八章　欧洲一体化理论谱系中的"多层级治理"　/ 171

第一节　欧洲一体化主流理论的"理论论争"　/ 173
第二节　欧洲一体化主流理论的"理论混合"　/ 188
第三节　"超越"欧洲一体化主流理论"论争"的尝试　/ 195
第四节　"多层级治理"理论与欧盟地区政策实践　/ 204

第四部分　中欧地区政策比较、互鉴与多层级合作

第九章　中国与欧盟地区政策比较、互鉴与多层级合作　/ 217

第一节　中国与欧盟地区政策的比较思考　/ 217
第二节　中国与欧盟地区政策可相互借鉴之处　/ 225
第三节　中国与欧盟地区政策的合作：回顾与展望　/ 230

第十章　"一带一路"背景下中国与中东欧地方合作——一种多层级机制探析　/ 238

第一节　"多层级"的视角及其理论基础　/ 239
第二节　"多层级"视角下的中国与中东欧地方合作机制　/ 243

第三节 "全球化""地区化"与"地方化":地方合作的"多层级"
       宏观思考 / 249

结　语 / 255

附录一 欧洲国家"地域统计单位专用术语"(NUTS)三个层级
       列表 / 259

附录二 欧盟委员会提供的14个结构指标一览表 / 261

附录三 欧盟待开发的新指标一览表 / 263

参考文献 / 265

后　记 / 288

前　　言

　　本书的研究对象是欧盟地区政策。本书将围绕三个关键词——"改革""效应"与"多层级治理",结合欧洲一体化"扩大"与"深化"的大背景,对欧盟地区政策进行深入研究。

　　为什么选择欧盟地区政策作为研究对象?第一,欧盟地区政策的宗旨是缩小欧盟内部地区间差距,提升欧盟经济、社会与地域凝聚力。这一目标与欧洲一体化的总体目标是一致的。欧盟地区政策是实现欧洲一体化目标不可或缺的重要政策。第二,欧盟地区政策在欧盟预算体系中占据非常重要的位置,是欧盟基金投入最多的两个政策之一(另一个是共同农业政策),是欧盟最主要的投资工具,也是推动不同部门政策之间协调统一,共同实现"经济、社会与地域聚合"的重要跨部门政策。第三,欧盟地区政策在"多层级治理"方面具有典型性,对于研究欧盟治理模式具有不可替代的重要意义。

　　本研究具有明确的问题意识(problématique)。作者十多年来一直在思考的问题是:欧洲一体化的演进趋势、成效和未来是怎样的?抱着这个疑问,作者在硕士论文期间就以"欧洲一体化主流理论之间的论争、混合与超越"为研究题目,对欧洲一体化的本质与未来进行了初步考察。但是,不同理论各执一词,争论不休,所以各种理论之间所谓"混合"与"超越"的尝试并没有在"理论"层面彻底解决作者心头的疑惑。于是,带着同一个问题,作者远赴法国,在里昂高师人文地理系攻读博士学位,试图从"实践"层面寻找答案。机缘巧合,该系同仁们非常注重从"空间"的角度对欧盟开展研究,欧盟地区政策因其与欧盟空间和地域问题的深入关联而成为人文地理学界非常关心的研究议题,并积累了一定的研究成果。于是,作者决定结合法国和欧盟现有研究成果,对欧盟地区政策展开研究,借以作为深入了解欧洲一体化的一把钥匙。本书即是以此博士论文（中法联合培养，中法双语两个版本）为基础而形成的作品，[1]并适当加入了本人硕士论文关于欧洲一体化理论思考的相关内容（主要体现在本书第八章）。[2]

本书旨在以欧盟地区政策作为案例和载体，通过考察该政策的演变、效应与治理模式，来考察欧洲一体化的演进规律、运行机制、成效与未来。通过多年的研究，作者得出几个基本的结论，并通过三个大的部分进行论述：

首先，以欧洲一体化的历史演进作为背景来看，欧盟历次扩大对欧盟地区政策的改革与深化都产生了一定影响。作者认为，对欧盟地区政策改革与发展历史的考察是探讨欧洲一体化"扩大"与"深化"内在关联的重要案例和载体。在本书第一部分，作者首先对"地区"和"地区政策"的含义进行了总体介绍，然后简单分析了欧盟地区政策在欧盟政策体系中的地位。接着，作者以欧盟地区政策的历次改革为界点，结合欧盟（欧共体）历次扩大的影响，对欧盟地区政策分萌芽、成立、成熟、深化四个阶段进行了具体研究。最后，作者对欧盟地区政策改革的总体特点和趋势做了归纳，并选出四个最重要的方面进行详细论述：（1）"凝聚力"与"竞争力"的双重加强趋势。这一趋势同时也反映了欧洲一体化建设总体目标的演变。（2）程序的简化以求更高的效率。具体表现在基金使用的"集中化"及政策目标与工具的缩减和整合等方面。（3）不同层级之间"合作"的加强与职权的明晰。欧盟的战略指导地位得到强化，但成员国各地区层面在欧盟地区政策的运行和监管方面拥有了更多职权。（4）不断朝向更加"智慧""绿色"与"亲民"的欧洲发展。

在探讨完欧盟地区政策的演变规律后，作者紧接着要回答的问题是：欧盟地区政策作为一个不断改革、日益完善的政策，其效应是怎样的？欧盟地区间差距是否在持续减小？或者说，欧盟不同地区之间是否不断趋向经济、社会与地域等各个方面的趋同（convergence）与聚合（cohesion）？

---

[1] ZANG Shumei, *La Politique Régionale de l'Union européene: Niveaux, Outils et Exemplarité?* Thèse, Ecole Normale Supérieure Lyon (ENS Lyon), 2009. 臧术美：《欧盟地区政策改革与效应研究》，华东师范大学博士学位论文，2009年。

[2] 臧术美：《欧洲一体化主流理论的论争、混合与超越》，华东师范大学硕士学位论文，2005年。

前　言

如何对该政策的效应进行评估？评估过程中是否会遇到理论工具与实际操作等方面的困难？如何克服这些困难？是否能够通过该政策的效应评估推断出欧洲一体化发展的未来趋势？本书第二部分对这些问题进行了详细解答。

第二部分主要研究欧盟地区政策的经济、社会与地域聚合效应。首先，第四章详细探讨了欧盟官方研究欧盟地区政策经济与社会效应的理论模型与研究结果，并做出相应的评论。其次，第五章从更广阔的视角引入学者们（尤其是经济学家）所使用的三种理论模型及其不同结论——新古典经济学、内生经济增长理论、新地理经济学，寻找出三种模型之间的承接和演进关系，并找出它们各自的优点和不足。新古典经济学按照"边际效益递减"规律以及"完美竞争"理论，认为欧盟内部差距会逐渐缩小。但随后产生的内生经济增长理论则否定了上述理论基础，认为不同地区之间的差距会日益扩大。而20世纪80年代产生的新地理经济学则认为，经济发展导致的"城市及周围地区的聚合"（agglomération）在缺乏有效干预的情况下会造成"中心"与"外围"地区差距的日益扩大。该理论认为，虽然欧盟在总体的"多中心化"努力中取得一定成果，但成员国内部的差距正在逐步扩大。总体而言，新古典经济学的结论较为积极，认为欧盟国家间差距日益缩小；而后面两种理论的结论相对消极，认为欧盟成员国内部地区之间的差距呈现扩大趋势，因此欧盟地区政策本身的目标——缩小欧盟和国家内部地区差距——没有很好地实现。但是，作者认为上述消极结论并不能导致人们对该政策的完全否定以及对欧洲一体化未来的彻底悲观。对此，作者从多个方面进行了延展性思考和论证。最后，与上述理论演进中"地域"（territoire）因素作用逐渐增强现象相一致的是，欧盟"空间"（espace）建设的实践也在不断发展。第六章具体探讨了欧盟地域和空间建设的四个重要步骤："欧洲空间发展纲要"（ESDP）的颁布、"地域聚合"概念的产生、"欧洲空间规划研究网"（ESPON）的诞生与发展、"欧盟地域议程"的创立。综合第二部分的分析可以看出，欧盟地区政策对于推动欧盟成员国之间的经济、社会与地域趋同和聚合发挥了一定的积极作用，但欧盟整体层面地区之间、成员国内部的地区差距形势依然十分严峻。

需要指出的是，目前关于欧盟地区政策效应的研究，主要集中在经济、社会与地域效应三个方面，尤其是经济与社会效应的研究占据主导地位。但作者在研究欧盟地区政策的过程中发现了几个非常重要的概念和现象：第一，该政策对欧盟内部"地区化"进程有一定的推动；第二，该政策所推动的"地区化"进程可以被视为"欧洲化"进程的一个重要体现；第三，该政策在推动欧盟"多层级治理"模式的建构与发展中具有不可替代的重要作用。作者认为，这三个方面可以归纳为欧盟地区政策的"制度效应"。这也是本书第三部分主要探讨的内容。

在第三部分中，作者首先探讨了西欧国家虽然多样化但相对"成功"的"地区化"进程，而后以波兰为例探讨了中东欧国家相对"失败"的"地区化"进程。后者的"失败"让我们更加认真地思考"欧洲化"问题和"欧洲模式"问题，以及"地区"层级相对于欧盟层级和国家层级的"地位"问题。最后，作者将从"理论"和"实践"两个层面对欧盟"多层级治理"进行深入探讨。作者认为，"多层级治理"是欧盟地区政策以及整个欧盟"日常政治"的重要运作模式。"多层级治理"理论是对传统欧洲一体化主流理论的一个重要补充和超越性尝试，但也不能高估其的理论价值和实践效果。传统的欧洲一体化主流理论，比如新功能主义、自由政府间主义等，仍然具有非常重要的解释价值。"地区"作为欧盟治理体系中一个重要层级，其作用不可忽视，但也不能被过分夸大，成员国仍然是最重要的决策者。

"他山之石，可以攻玉。"在本书的最后一个部分，作者试图解决一个问题，即中国与欧盟地区政策之间如何进行比较、互鉴与开展"多层级"合作。作者也将结合"一带一路"的大背景，以中国与中东欧地方合作为例，探讨新时代"中欧多层级合作机制"的建构。

与国内外现有的研究成果相比，本研究主要具有两个重要特色：

第一，作者将欧盟地区政策的研究放置在欧洲一体化的"长时段"大视野中进行考察，以欧盟地区政策作为案例，考察欧洲一体化的演进、机制与未来。具体包括：借欧盟地区政策的改革进程，考察欧洲一体化扩大与深化的关系；借欧盟地区政策的经济、社会、地域效应的研究，考察欧洲一体化的成效；借欧盟地区政策的制度效应——该政策对"地区化""欧洲化"和"多层级治理"的影响，考察欧盟治理模式的运行机制、困境与未来。目前国内学界对欧盟地区政策的现有研究多从区域经济学的角度展开，研究方向也主要集中在该政策的运行机制以及对中国的借鉴等方面，只有很少的研究从"欧洲一体化"演进的大视野对该政策进行考察。本研究试图在这一方向上有所推进，以欧盟地区政策作为案例和载体，深入探讨欧洲一体化"深化"与"扩大"之间的"长时段"关系。

第二，跨学科的、综合方法的运用。国内关注欧盟地区政策的多数是区域经济学领域的学者，以及少量的人文地理学者，比较政治学领域只有为数不多的学者做过一些研究，国际关系领域欧洲研究的学者们对该政策的关注也比较有限。相比而言，欧盟学界关于地区政策的研究主体则更加广泛，区域经济学（研究队伍中的主力）、人文地理学（比如第六章提到的 ESPON）以及比较政治学（比如多层级治理相关研究）等领域都有很多学者开展研究，成果也更加丰硕。总体而言，西方学界对欧盟地区政策的相关研究中，法国学者比较注重"地域"和"地域规划"方面的研究，而盎格鲁—萨克逊学者则更加注重对欧盟公共政策和欧盟治理的研究。本书结合现有的国内外研究成果，并试图打通各学科之间的界限，以"问题意识"为导向进行跨学科的综合研究：[①]

（1）使用历史学方法对欧盟"扩大"与"深化"（改革）之间的关系进行"长时段"考察，探讨欧盟历次扩大与欧盟地区政策改革的内在关联，并找出欧盟地区政策改革的总体趋势与特点。该方法主要体现在本书第一部分。该部分以历次重要改革和扩大为背景，对欧盟地区政策从萌芽、产生、发展到成熟、深化进行了纵向梳理，并提炼出总体的发展趋势和特点。

（2）区域经济学方法的运用，重点考察欧盟地区政策的经济与社会效应，主要体现在本书第二部分。该部分中，作者对欧盟评估所使用的经济学理论模型以及学者们所使用的三种主要的区域经济学理论方法进行了全面梳理和比较分析。

（3）人文地理学方法的运用。"空间"和"地域"是人文地理学的核心概念。本书对人文地理学方法的运用主要表现在：第一部分以欧盟（欧

[①] 法国研究界的两个重要特色，一个是"问题意识"（problématique）非常强，另一个是跨学科的综合方法的运用非常普遍。作者在博士论文期间受到这两个方面较明显的影响，并较为鲜明地体现在本研究当中。

共体）历次扩大为"空间"线索进行考察，探寻欧盟地区政策改革的总体方向和趋势；第二部分对"新地理经济学"理论模型的介绍，以及对欧盟地区政策"地域效应"演变和欧盟空间发展的系统研究；第三部分对西欧和中东欧"地区化"进程的考察，以及对"地区"层级地位的考察，等等。

（4）比较政治学方法，主要体现在第三部分制度效应对"地区化""欧洲化"和"多层级治理"的研究中，尤其是对"多层级治理"的关注，采用理论与实践相结合的方式展开；第一部分对不同层级之间关系的关注，以及对欧盟地区政策的制定、实施、管理、监督和评估程序的研究，也体现出比较政治学方法的运用。

以上各种方法之间并不是截然分离的，而是有机融合在一起的。多学科方法的综合运用，有助于读者更深入地理解和探讨欧盟地区政策以及欧洲一体化的复杂性。

本书是作者对欧洲一体化现象进行多年思考的初步总结性成果，许多地方还需要在以后的研究中进一步深入，行文也难免有粗陋甚至谬误之处，还请学界同仁们批评指正。本书错漏之处，由作者本人负责。

第一部分

"扩大"中的"深化":一体化进程中的欧盟地区政策改革

欧洲一体化发展有两个重要的维度——"深化"与"扩大"。欧盟地区政策的改革与演变，是欧洲一体化不断"深化"的重要体现，但这种"深化"的过程却与欧盟（欧共体）不断"扩大"的过程有着内在的关联。本部分第一章将首先考察欧盟地区政策的含义及其在整个欧盟政策体系和预算体系中的重要地位。第二章将重点探讨欧盟地区政策在不断"深化"改革的过程中是如何受到欧盟历次"扩大"的影响的。具体而言，我们将简单回顾欧盟（欧共体）"深化"过程中的主要里程碑事件以及欧盟（欧共体）历次"扩大"的进程，并分四个小节来考察历次"扩大"背景下欧盟地区政策"改革"进程：1957—1975年欧共体地区政策的萌芽和初步形成；1975—1988年欧共体地区政策的成立与完善，1989—1999年走向成熟的欧盟地区政策；2000年以后欧盟地区政策的深化发展。最后，第三章将详细探讨欧盟地区政策在几十年的改革进程中所呈现出的总体趋势和特点："凝聚力"（公平）与"竞争力"（效率）的双重强化；程序的简化以来更高的效率；不同层级之间"合作"的加强与职权的明晰；不断朝向更加"绿色""智慧"与"亲民"的欧洲。

第一章 欧盟地区政策的含义及其在欧盟政策体系中的地位

第一节 欧盟地区政策的含义

一、"地区"的定义与划分

关于"地区"（region）[①]的定义，并没有一个非常统一、明确的规定，不同学科的解释也各不相同。

地理学中的"地区"是指区别于邻近地区或其他地区的、在自然条件方面具有某些同质性特点的地理区域；行政学中的"地区"概念，指的是国家管理的行政单元，通常被用来表示比国家低的行政单位；从社会学的角度看，"地区"是具有共同语言、共同信仰和民族特征的人类社会聚落；从经济学的角度看，"地区"通常被视为人类经济活动的空间载体。

有西方学者把"地区"划分为三种类型：经济学意义上的"地区"、社会文化意义上的"地区"以及政治意义上的地区。[②] 具体而言，经济学意义上的"地区"是指根据生产方式、商业模式以及/或者劳动力市场等因素的不同特色而划分出来的经济社会空间；社会文化意义上的"地区"是根据不同历史、语言、文化或者认同而划分出来的空间；政治意义上的"地区"是指由行政机构进行划分和管理的地域空间。另一位学者也做出类似的划分，把"地区"归结为两种：政治—行政（politico-administrative）"地区"和社会—经济（socio-économique）"地区"。[③]

这些细化的概念之间并非完全孤立，往往形成某种程度的重合或交

[①] 根据使用习惯的不同，有人更倾向于使用"区域"（region）这一表达（比如区域经济学者经常使用），在本书中，作者更倾向于使用"地区"这一表达。在本书中，"地区"和"区域"两个概念可以互换，"地区政策"和"区域政策"也被视为是同义的。

[②] Keating Michael and Loughlin John, *The Political Economy of Regionalism*, London, 1997; Keating Michael, *The New Regionalism in Western Europe: Territorial Restructuring and Political Change*, Cheltenham: E. Edgar, 1998.

[③] Arthur Benz and Burkard Eberlein, *Regions in European Governance: The Logic of Multi-Level Interaction*, European University Institute, Italy, 1998.

错。在本书中，"欧盟地区政策"概念中的"地区"，比较接近社会—经济"地区"和政治—行政"地区"的融合。

关于地区的划分，也存在众多不同的标准。西欧国家通常采用"问题地区"的框架来划分。区域经济学者一般将地区问题归纳为三大类：落后地区、萧条地区和膨胀地区（主要是指经济发展达到一定水平并出现经济结构过度多样化与产业布局过度拥挤的地区）。而欧盟地区政策所采用的"地区"划分标准被称为欧盟各成员国"地域统计单位专用术语"（NUTS, Nomenclature of Units for Territorial Statistics），该术语框架由欧盟委员会统计局编制（参见附录一　欧洲国家NUTS三个层级列表）。根据这一框架，整个欧盟的地区可以划分为三个NUTS层次，每个成员国分为一个或多个NUTS-1地区，每个NUTS-1地区又分为一个或多个NUTS-2地区，每个NUTS-2地区又可进一步分为一定数目的NUTS-3地区。NUTS单元主要以成员国现行区划为基础（但也存在一定程度的重组或重新创建）。NUTS-1地区是大区或者联邦州，包括大区（如比利时、德国）、自治区（如西班牙）、地区组合（如意大利），也可能是非行政区（如英国的标准区域。这些标准区域在NUTS之前并不存在，为NUTS专门设置的地区层次。这一现象也发生在其他一些成员国中）。爱尔兰、丹麦、卢森堡三国的整个国家被作为一个NUTS-1地区，没有做更加细化的NUTS-2划分。NUTS-2地区是省（如比利时、荷兰）、较小地区（如法国、意大利）和郡的组合（如英国）。NUTS-3地区包括法国的省、爱尔兰的规划区域、西班牙的省和英国的郡，在这一层次上，卢森堡是唯一不细分的国家。东扩前，欧盟15国共有78个NUTS-1地区、211个NUTS-2地区和1093个NUTS-3地区。欧盟以上统一的地区划分标准，为欧盟地区政策的执行、相关基金工具的分配和管理提供了良好的制度基础。但是，这些"地区"的划分并不一定完全与成员国原有的行政区划相吻合，这样会导致某些国家的NUTS层次地区流于形式而没有实权，也在一定程度上造成国内行政机构体系的臃肿和重叠。而且，在一些新的成员国内部，如中东欧国家，NUTS地区跟传统的文化—社会地区有很大出入，使得新的地区内部缺乏必要的认同，造成新老地区范围之间的摩擦。

需要特别指出的是，国际关系研究中的"地区"与上面的"地区"含义不同，前者通常是指两个或者两个以上的领土国家，因某些共同特性或地理上的联系而联合在一起共同组成的跨国家区域。本书的研究对象并不是国际关系学意义上的"地区",而主要是指国家内部的地区。[1]

二、地区政策的含义

地区政策（regional policy/la politique régionale[2]）也称区域经济政策（regional economic policy）或区域发展政策（regional development policy），是指政府根据地区差异而制定的促使资源在空间内优化配置、控制区域间差距扩大、协调区际关系的一系列政策的总和。美国著名区域经济学家约翰·弗里德曼（John Friedmann）认为，区域政策是处理区域问题和何处进行区域发展的一种政策。张可云在其《区域经济政策》一书中给出的定义是：所谓区域经济政策，又称为区域政策，是政府（主要是中央政府）干预区域经济的重要工具之一，它通过政府的集中安排，有目的地对某些类型的问题区域实行倾斜，以改变由市场机制作用所形成的一些空间结果，促使区域经济发展与区域格局协调并保持区域分配合理。他认为，在研究区域政策时，不能将凡有区域影响的政策都算作区域政策，区域政策需要有两个不可分割的特征：第一是积极的区域倾斜，即对选定的地域单元予以利益补助；第二是高度集中化，即区域政策的制定、实施、监督与评价是由中央当局（包括中央政府、国家立法机构等）来进行的。因此，张可云认为，严格地说，中国尚未形成完整的区域政策体系，最明显的表现是迄今为止没有为实际部门所采纳的问题区域框架，最多只有贫困地区划分，这对完善区域政策来说缺乏基本的基础。[3]

地区政策有狭义和广义之分。狭义的地区政策仅指区域经济政策，而广义的地区政策除包括区域经济政策之外，还包括区域社会政策、区域环境政策、区域生态政策、区域文化政策等。

---

[1] 本书有时候也会涉及跨边界地区，比如欧盟的 INTERREG 项目；在探讨欧洲一体化理论与进程的时候，欧盟也会被作为一个整体的"地区"来对待。但本书绝大部分情况下所使用的"地区"，是指国家内部的地理和行政单位。

[2] 需要特别说明的是，本书大量采用法文文献，因此很多标注显示法文，也有的地方因出自英文文献而显示英文标注。为方便不同语种的读者群的理解，个别的地方也会同时显示英文和法文标注（英文在前，法文在后）。

[3] 张可云著：《区域经济政策》，商务印书馆2005年版，第6—11页。

从地区政策的层次来看,可以分为超国家层次、国家层次和亚国家层次的地区政策(也有学者认为亚国家层次的地区政策不能被称为地区政策,应该被称为"地方政策"或"地方发展政策"[①])。从这个意义上讲,欧盟地区政策就是一种超国家层次的地区政策,这也就是本书的研究对象。简单来说,欧盟地区政策产生得要比许多成员国地区政策晚。在欧共体成立之前,西欧国家如英国、法国、德国、意大利等就已经开始了地区政策的实践。早在20世纪20年代,英国就因东北部煤炭工业发展缓慢以及由此带来的严重失业问题而对该地区实施了援助。第二次世界大战后,随着西欧国家经济的迅速发展,地区发展不平衡问题日益突出,各国都开始制定自己的地区政策。而欧盟地区政策却是在20世纪70年代之后才逐渐产生和成熟起来的。本书的第一部分就将对欧盟地区政策产生、发展和成熟的过程进行深入的梳理和分析。

地区政策手段可以从不同的角度来划分。根据对经济和社会发展的不同作用方式,可以分为经济手段、法律手段和行政手段;根据作用的内容,可以分为区域补偿政策、区域发展政策、公共投资政策、产业布局政策和区域发展控制政策,等等。

20世纪90年代以来,在欧盟官方文件以及相关著作中,欧盟地区政策被赋予了一个新的称谓——"欧盟凝聚政策"(Cohesion Policy/Politique de cohésion)。[②] 在有关2007—2013规划期的诸多官方文件,比如欧盟理事会1083/2006号决议和第四次经济、社会与地域聚合报告(Report on economic, social and territorial cohesion),本书以后统一简称"聚合报告"。"欧盟凝聚政策"已经成为一种主要的表达方式。至于这种称谓最早出现在哪一年,并没有非常明确的说法,早在1986年的单一市场法案(SEA,Single European Act)中就已经提到一个类似的名称——"经济和社会凝聚政策"(Economic and social cohesion policy/Politique de cohésion économique et sociale)。而在20世纪90年代后期的许多著作中,也开始明

---

① 张可云著:《区域经济政策》,商务印书馆2005年版,第10页。
② 本书中Cohesion有三种译法,根据汉语表达习惯需要会在不同语境下分别使用"凝聚力""聚合""凝聚"三种不同的表达方式,其内在含义相同。一般来说,单独使用cohesion作为目标,翻译为"凝聚力";"欧盟凝聚政策"常用"凝聚"表达;"聚合报告"则使用"聚合"表述。

第一章　欧盟地区政策的含义及其在欧盟政策体系中的地位

确采用"欧盟凝聚政策"来指代欧盟地区政策了。其中有一个很重要的原因就是，东扩以后，欧盟所面临的"凝聚力"（cohesion）方面的挑战比以前更大，欧盟地区政策提高欧盟内部"凝聚力"的任务需要进一步强化，欧盟地区政策也就被直接冠以"欧盟凝聚政策"这一称号了。[①]"欧盟凝聚政策"中的"凝聚"（cohesion）主要分为两个方面：第一，经济与社会聚合（economic and social cohesion），主要是指促进地区竞争力和绿色经济增长，为民众提供更好的服务、更多工作机会和更高质量的生活；第二，地域聚合（territorial cohesion），主要是指促进地区间的连接，发挥各自优势，加强创新合作，共同应对挑战（比如气候变化），从而使整个欧盟受益。不过，旧的"欧盟地区政策"称号并没有完全被"欧盟凝聚政策"取代，而是继续被使用。在有的官方文件中，这两个词还会并列出现。其实，这两个称谓的实际内容是基本一致的，因此在本书中，作者并不特意对二者进行区分。本书中，鉴于"地区政策"的表达方式同时适合于欧洲以外的其他地区，且比"凝聚政策"出现得更早，作者倾向于沿用传统的"地区政策"这一表达方式。当然，在引用最新的官方文件和专著时，作者会尊重著者原来的表达——"欧盟凝聚政策"，而不做刻意的更改。总之，在本书中，这两种表达方式是完全可以互换的。

第二节　欧盟地区政策在欧盟政策体系中的地位

一、欧盟主要机构设置

欧盟地区政策的运行涉及欧盟多个机构，包括欧盟委员会、欧盟理事会、欧洲议会、地区委员会等。首先，我们将对欧盟主要机构做一个简单的梳理。一般来说，欧盟有五个最主要的机构：欧洲理事会（European Council）、欧盟（部长）理事会（Council of European Union, Council of Ministers, the Council）、欧盟委员会（European Commission）、欧洲议会（European Parliament）、欧洲法院（European Court of Justice）。其他重要机构还有欧盟审计院（European Court of Auditors）、欧洲中央银行（Europe-

---

[①] Guy Baudelle et Bernard Elissalde, Regards croisés sur l'intégration européenne, *l'Information Géographique*, Vol. 75, No. 4, 141, 2007.

an Central Bank)、欧洲投资银行（European Investment Bank)、经济与社会委员会（Economic and Social Committee, Ecosoc）[①]、欧洲地区委员会（Committee of Region, CoR)、欧洲刑警组织（European Union Agency for Law Enforcement Cooperation, 简称, Europol) 等。

欧洲理事会和欧盟（部长）理事会是欧盟的政府间机构，其中欧盟（部长）理事会还是欧盟的主要立法机构；欧盟委员会和欧洲议会是欧盟的超国家机构。欧盟委员会是欧盟的行政执行机构，类似于主权国家的政府；欧洲议会拥有部分立法权、预算权以及咨询和监督上的权力。地区委员会对于维护地区和地方政府和民众的权益方面发挥着不可或缺的重要作用，对于提升地区和地方层级的地位，具有特殊意义。

1. 欧洲理事会

欧洲理事会又称欧盟首脑会议或欧盟峰会，是欧盟最高决策机构。欧洲理事会由欧盟成员国国家元首或政府首脑及欧洲理事会主席、欧盟委员会主席组成。《里斯本条约》生效后，欧洲理事会增设常设主席一职，任期两年半，可连任一届。首任主席为比利时人赫尔曼·范龙佩（Herman Van Rompuy)，2012 年 3 月获得连任，新任期为 2012 年 6 月 1 日至 2014 年 11 月 30 日。2014 年 12 月 1 日，波兰前总理唐纳德·图斯克正式就任欧洲理事会主席。2017 年 3 月 12 日，欧盟各国领导人以 27∶1 的投票比再次选举唐纳德·图斯克为欧洲理事会主席。2019 年 7 月，夏尔·米歇尔（Charles Michel）当选欧洲理事会新一届主席。欧洲理事会主席素有"欧盟总统"之称。

2. 欧盟理事会

欧盟理事会也称部长理事长，简称理事会，是欧盟主要决策机构，由来自欧盟各成员国政府的部长组成。部长理事会主要负责制定欧盟法律、

[①] 经济与社会委员会是由代表雇员与雇主形成的"社会合伙人"以及不同工商部门、执业人员、消费者与环保团体的各种经济与社会利益的机构。该机构历史悠久，《罗马条约》（Treaty of Rome）对其组成做了具体规定。在提案涉及条约规定的那些政策部门时，委员会必须征求经济与社会委员会的意见。在这些情况下，任何提案只有在经济与社会委员会递交意见或表明其没有意见后，欧盟理事会才能采纳。欧盟委员会和欧盟理事会也可要求经济与社会委员会发表意见，且自 1972 年以后，经济与社会委员会有了自动发表意见的权力。经济与社会委员会分为三个小组：雇主与雇主组织组、雇员与工会组、独立利益与自由职业组。

法规和有关欧盟发展、机构改革的各项重大政策；负责共同外交和安全政策、司法、内政等方面的政府间合作与协调事务；任命欧盟主要机构的负责人并对其进行监督。理事会有一名主席和一名秘书长，实行轮换制，由各成员国轮流出任，每6个月轮换一次。后来，2009年生效的《里斯本条约》（Treaty of Lisbon）规定设立欧盟理事会常任主席职位，取消每半年轮换一次的轮替机制。主席任期2年半，可以连任。

3. 欧盟委员会

欧盟委员会的主要职责是：实施欧盟有关条约、法规和欧盟理事会做出的决定；向欧盟理事会和欧洲议会提出政策实施报告和立法动议；处理欧盟日常事务，代表欧盟进行对外联系和贸易等方面的谈判。委员会总部设在布鲁塞尔，委员会任期为5年。欧盟委员会在每届欧洲议会选举后的6个月内任命，它在政治上向议会负责，议会有权通过弹劾委员会的动议而解散它。欧洲人民党候选人、卢森堡前首相容克（Jean-Claude Juncker）2014年7月15日在欧洲议会全体会议上赢得422票赞成票，当选新一届欧盟委员会主席。他于2014年11月1日正式接替巴罗佐（Jose Manvel Durao Barroso），任期5年。2019年12月起，由乌尔苏拉·冯德莱恩（Ursula Von der Leyen）接任。

欧盟委员会源于1951年《巴黎条约》成立的欧洲煤钢共同体[①]（European Coal and Steel Community，ECSC）的四个重要机构之一的高级公署，由让·莫内（Jean Monnet）出任第一届主席。随着1958年《罗马条约》的签订，另外两个机构出现了：欧洲经济共同体（European Economic Community，EEC）委员会和欧洲原子能共同体（EURATOM）委员会，这两个机构均效仿欧洲煤钢共同体但超国家特质却大为减少。1967年，这三个机构［通过设立欧洲共同体单一理事会暨单一执委会条约——

[①] 欧洲煤钢共同体1951年4月18日通过《巴黎条约》（Treaty of Paris）成立，1952年7月23日生效。根据条约规定，成员国无需交纳关税而直接取得煤和钢的生产资料。欧洲煤钢共同体的缔约国有法国、联邦德国、意大利、比利时、荷兰及卢森堡，有效期限为50年。因此2002年7月23日之后欧洲煤钢共同体不复存在。欧洲煤钢共同体是欧洲漫长历史上出现的第一个拥有超国家权限的机构。成员国的政府第一次放弃了各自的部分主权，并将这些主权的行使交给一个独立于成员国的高级机构。欧洲煤钢共同体于1965年4月8日通过《合并条约》，与欧洲经济共同体及欧洲原子能共同体合并，统称欧洲共同体（European Community，EC）。

《合并条约》（Merger Treaty，又称《布鲁塞尔条约》）] 合并组成欧洲共同体（European Community，EC），并将其三机构之执行机构合并成单一的执委会。欧共体执委会是欧盟执委会的直接前身。

欧盟委员会最初由 20 人组成，法国、德国、英国、意大利、西班牙各两人，其他欧盟成员国各一人。自 2003 年 2 月《尼斯条约》（Treaty of Nice）开始生效后，欧盟各成员国都选派一名委员。

4. 欧洲议会

欧洲议会的前身是 1952 年成立的欧洲煤钢共同体议会，1962 年改称"欧洲议会"，为欧盟的立法、监督和咨询机构，总部设在法国斯特拉斯堡。欧洲议会是世界上唯一经直接选举产生的多国议会，也是欧盟内唯一经直接选举产生的机构。欧洲议会除和欧盟理事会共享立法权外，还有民主监督权及欧盟预算的决定权。《阿姆斯特丹条约》[1]（Treaty of Amsterdam）规定欧洲议会每月必须在法国斯特拉斯堡召开一次会议。实际上，几乎所有的立法准备工作和议会委员会会议都在布鲁塞尔举行。议会每月只在斯特拉斯堡开 4 天会，举行常规会议和最终的投票工作，其他会议都在布鲁塞尔举行。

5. 欧洲法院

1952 年，欧洲法院于卢森堡市设立，由各成员国协商一致任命的法官和佐审官组成，任期 6 年，可以连任，每 3 年轮换一半。法院院长在法官中推选，任期 3 年。

为了减轻欧洲法院的负担，1986 年依据《单一市场法案》建立了一个初审法院。从此，个人或企业单位直接上诉时都由初审法院解决，欧洲法院只是复审法院。欧盟委员会以及成员国的上诉依然由欧洲法院负责。《马斯特里赫特条约》（Treaty of Maastricht，又称《欧洲联盟条约》）第 230 条规定："欧盟法院应当审查由欧洲议会和欧洲理事会共同制定的法令的合法性；审查由欧盟理事会、欧盟委员会、欧洲中央银行以及欧洲议

---

[1] 欧盟理事会总秘书处在 1997 年 6 月中旬公布了欧洲理事会的阿姆斯特丹会议文件，其中包括由欧盟首脑会议通过的《阿姆斯特丹条约》（Treaty of Amsterdam，以下简称《阿约》）草案。该《阿约》草案有 6 个部分共 19 章。从条文内容来看，《阿约》是对欧盟已有条约（主要是《马斯特里赫特条约》与《罗马条约》）的一项修正案，主要是通过改写、添加或删节现有条约条款及附件（如议定书、声明、宣言）等，对之进行修订和增补。

会制定的旨在对第三方直接产生法律效力的法令的合法性,但对于他们所做的建议和意见除外。"

6. 欧洲地区委员会

欧洲地区委员会是代表整个欧盟地方和地区政府的机构,于1994年成立。在选举其成员时,所有成员国都十分谨慎,以保证其组成成员间的地理平衡。地区委员会由各成员国按相同人数比例原则委派的委员组成。这些委员为来自各成员国地区当局的代表,如市长、市参议员及地区政府首脑等,由成员国推荐,欧盟首脑会议任命,任期4年。委员们一经任命,要保持政治上的完全独立。地区委员会每年举行5次全会,确定地区委员会的政策。委员会同样下设6个专门委员会,分别负责不同政策领域。

地区委员会是欧盟委员会、欧盟理事会及欧洲议会的顾问机构,并就某些直接与地方和地区有关的问题发表意见。欧委会和理事会在以下五个方面的决策必须咨询地区委员会的意见:(1)经济和社会统合(包括结构基金);(2)泛欧交通、通信和能源网络;(3)公共卫生;(4)教育和青年;(5)文化。在其他领域的决策上,地区委员会也可应欧盟委员会和欧盟理事会的要求或自发地提出其意见,对欧盟决策施加间接影响。地区委员会现在已经拥有自己单独的行政机构,可以制定自己的程序规则,无需像以前一样要经过欧盟理事会全体成员的一致同意和批准。

《马斯特里赫特条约》的两个重要成果就是"辅助性原则"(subsidiarity/subsidiarité)[①]的提出和地区委员会的设立,二者之间有内在的关

[①] 此外,欧盟(欧共体)的相关规定包括:《欧洲共同体条约》第5条规定:"共同体应在条约及其目标授予的权限范围内采取行动。在其非专属权能领域,本共同体应根据辅助性原则,只有当成员国没有充分能力完成拟议中的行动目标,而出于拟议中的行动的规模和效果的原因,本共同体能更好地完成时,才由本共同体采取行动。共同体的行动不应超过实现条约目标所必须的范围。"1997年《关于适用辅助性与比例性原则的议定书》第3条规定:"辅助性是一个充满活力的概念,根据条约规定的目标予以适用。它允许在情势需要时对权限范围内的共同体行动予以扩展,在相反情形下则限制或终止共同体权能。"这表明辅助性原则的适用随授权原则相对灵活的变动而做相应的变化。2004年12月16日《欧盟宪法条约》附录中的《关于适用辅助性和比例性原则的议定书》对辅助性原则的适用做出如下几个方面的重要修订:首先,在立法行为的起草和审查阶段加强对参与立法程序的机构适用辅助性原则的考虑。其次,《欧盟宪法条约》辅助性议定书最重大的变化是设立了"早期预警机制",规定在委员会、欧洲议会和理事会将草案交付进一步表决前,由国家议会直接监督草案是否符合辅助性原则。在欧洲一体化的历史上,这是国家议会第一次参与欧盟层面的立法程序。

联。地区委员会的诞生，意味着各地区和地方最终在欧盟层面有了自己的代表。地区委员会在两个方面为公民服务：首先，确保市民的直接利益在联盟政策制定过程中得到考虑；其次，让公民了解欧洲联盟的进展情况。为了让地区和地方当局更好地参与到建设欧洲的进程中，并让它们在欧盟委员会、欧盟理事会和欧洲议会中发出更强有力的声音，欧洲地区委员会建立了三个网络，其中一个就是"辅助性原则监督网"（Subsidiarity Monitoring Network）。该网络于2007年6月27日建立。后来，《里斯本条约》赋予地区委员会以新的权力，包括加强其在监督辅助性原则方面的责任。

二、欧盟地区政策在欧盟政策体系中的地位

欧盟政策体系是一个十分庞杂的系统，涉及经济、政治、文化、内部事务和外交事务等各个方面。欧盟地区政策是欧盟内部一个独立而重要的政策，但它并不是孤立的政策。恰恰相反，欧盟地区政策的性质和宗旨，决定了它是一个连接各个部门政策的重要跨部门政策。下面，我们先来了解一下欧盟政策体系及其类别。具体而言，欧盟政策可以从以下三大方面分类：

1. 支柱政策体系

支柱政策体系主要是指体现和推动欧洲一体化的相关政策和条约体系，包括经济一体化政策（如单一市场政策、经济和货币联盟相关政策等）、政治一体化政策（欧盟宪法等）以及共同的对外政策等。

根据1992年的《欧洲联盟条约》（即《马斯特里赫特条约》），欧盟由三大支柱组成：第一支柱是"共同体领域"，包括大多数共同体政策领域；第二支柱是共同外交和安全政策；第三支柱是打击犯罪、警察和司法合作领域，该支柱的前身是司法与内政事务部门。在政策介入的深度（及政策制定的主导权/主权转移和政策的约束力）方面，这些支柱政策呈现深浅不一的现象。在某些政策领域，欧盟已经完全取代成员国政策制定者的地位（如共同农业政策、货币政策等），而在另外一些领域（如打击犯罪、警察和司法合作方面）则介入不够充分，机制比较软弱，效率也比较低下。

2. 功能政策体系

欧盟的功能政策主要是指那些具有特定功能的政策，它们或直接调节和服务于支柱政策，或服务于特定政策领域，与支柱政策目标相辅相成，比如欧盟的竞争政策、社会政策、司法与内政政策、能源政策等。

3. 部门政策体系

欧盟的部门政策主要是指直接针对具体部门的政策，比如共同农业政策、渔业政策、交通政策等。

按照支柱政策的划分方式，欧盟地区政策属于第一支柱的政策领域范围。从功能政策和部门政策的性质来看，欧盟地区政策不属于典型的功能政策和部门政策，因为它的处理对象超越了某一种具体功能政策和部门政策目标，涉及经济发展、就业、教育、环境、市场、农业、交通、研究与创新等众多领域。这种跨部门的综合性，也是欧盟地区政策的重要特性。欧盟地区政策区别于具体的部门政策，它以缩减整个欧盟内部的地区差距、提高欧盟内部凝聚力和竞争力为宗旨，在各个部门政策之间形成一定的协调效应（参见本书第二部分有关"地区空间效应"的论述）。由此可见，离开了欧盟地区政策的良好运行，欧盟政策体系的效力会受到很大削弱，欧盟的建设也无法健康持久地进行。这也决定了其在欧盟政策体系中独特而重要的地位。

在欧盟委员会的官方网站[①]中，"地区政策"（Regional Policy）是欧盟众多政策领域中的一项重要栏目（此外，还有农业、商业与工业、竞争、文化、关税、发展与合作、教育培训与青年、就业与社会事务、能源、环境、食品安全、外交与安全政策、健康、人道主义援助与市民保护、人权与民主、司法与基本权利、科研与创新、单一市场、税收、贸易、交通等）。欧盟委员会内部有一个专门负责欧盟地区政策的机构，就是成立于1967年的一个有关地区发展的统一指导机构（Directorate General for Regional Policy，DG Regio）。欧盟地区政策有五个核心内容：（1）通过投资支持就业、教育和社会融入；（2）促进中小企业发展；（3）通过投资和研究性工作推动科研和创新；（4）通过重要投资项目推动环境保护事业；（5）推动交通与能源（尤其是可再生能源与创新型交通基础设施）的现代化，以应对气候变化方面的挑战。欧盟地区政策的主要任务是通过缩小地区和国家之间的差距来加强空间、社会和经济凝聚力。欧盟地区政策的

---

① https：//europa.eu/european-union/topics/regional-policy_en.

任务还包括发掘地区潜力、提高地区经济竞争力、促进落后地区赶超发达地区。欧盟地区政策由此被认为是一种促进欧洲团结和竞争力的一项必不可少的重要政策。

三、欧盟地区政策在欧盟预算体系中的重要位置

欧盟地区政策是欧盟主要的投资政策，是欧洲团结的基石。1989—2013 年间，欧盟预算中大约有超过 8000 亿欧元的投资用于旨在促进地区经济发展方面的项目中。欧盟地区政策是公共和私人投资的撬动者，不仅因为它要求成员国进行共同投资，而且因为它能激发投资者的信心。2014—2020 规划期的凝聚政策的金融杠杆效应估计可以达到 4500 亿欧元。[①]

1. 欧盟预算结构概况（以 2014—2020 规划期为例）

欧盟拥有一个共同预算体系，使其在应对许多共同挑战时，比单个成员国单独应对所需花费更少、效率更高。但欧盟预算只占欧盟国民总收入（EU's Gross National Income，GNI）的 1%。与成员国预算不同的是，欧盟预算并不资助国防和社会保障（social protection），也不资助学校教育和警务。欧盟预算的制定与实施程序是：首先由欧盟委员会提出预算建议，然后由成员国政府（通过欧盟理事会）和欧洲议会批准预算建议。预算使用后，欧盟委员会需要告知欧洲议会和欧盟理事会实际花费情况，欧洲审计院也要进行相关核查，如果经费使用符合规则，欧洲议会将予以认可（gives its approval）。欧盟预算收入主要来源于关税收入、农产品进出口差价税收入、增值税提成和成员国的捐款等。

欧盟预算既有年度预算，也有多年度金融框架（Multiannual Financial Framework，MFF）。欧盟地区政策的多年度预算规划期一般为 7 年，早期为 5—6 年。具体分为 1989—1993 年、1994—1999 年、2000—2006 年、2007—2013 年和正在进行中的 2014—2020 年规划期以及即将进入的 2021—2027 规划期。表 1—1 中既可以看到 2017 年度的预算额度，也可以看到整个 2014—2020 规划期的多年度预算额度。

---

① https://ec.europa.eu/regional_policy/en/policy/what/investment-policy/.

第一章 欧盟地区政策的含义及其在欧盟政策体系中的地位

表1—1 2014—2020规划期欧盟多年度金融框架

单位：百万欧元—现价（EUR million-current prices）

承诺拨款（COMMITMENT APPROPRIATIONS）	2017年	2014—2020规划期
1. 智慧与包容性增长（Smart and Inclusive Growth）	73 512	513563
1a: 增长与就业竞争力（Competitiveness for Growth and Jobs）	19925	142130
1b: 经济、社会与地域聚合（Economic, Social and Territorial Cohesion）	53587	371433
2. 可持续增长：自然资源（Sustainable Growth: Natural Resources）	60191	420034
其中市场相关支出和直接支付（of Which: Market Related Expenditure and Direct Payments）	44146	308734
3. 安全与公民（Security and Citizenship）	2578	17755
4. 全球欧洲（Global Europe）	9432	66262
5. 行政管理（Administration）	9918	69584
其中行政机构支出（of Which: Administrative Expenditure of the Institutions）	8007	56224
6. 补偿金（Compensations）	0	29
总体承诺拨款（Total Commitment Appropriations）	155631	1087197
占国民总收入的比例（As a Percentage of GNI）	1.04%	1.03%
总体财政拨款（Total Payment Appropriations）	142906	1026287
占国民总收入的比例（As a Percentage of GNI）	0.95%	0.98%
可用保证金（Margin Available）	0.28%	0.24%
资源上限占国民总收入的比例（Own Resources Ceiling as a Percentage of GNI）	1.23%	1.22%

资料来源：欧盟官方网站。

欧盟预算主要用于六大领域（参见表1—1）：（1）智慧与包容性增长（1a. 增长与就业竞争力；1b. 经济、社会与地域聚合）；（2）可持续增长：自然资源；（3）安全与公民；（4）全球欧洲；（5）行政管理；（6）补偿金。通过图1—1"2014—2020规划期承诺预算"（以百万欧元为单位，现价)① 可以看出，第 1 项内容"智慧与包容性增长"（与欧盟地区政策内容基本重合，但略大于欧盟地区政策基金使用范围）使用的基金约占欧盟总体基金的 47%，第 2 项内容"可持续增长：自然资源"［与欧盟共同农业政策（Common Agricultural Policy，CAP）内容基本重合］占了约 39%。可见，欧盟地区政策与欧盟共同农业政策二者合起来，占据了欧盟预算的绝大部分。在早期的几个规划期中，欧盟共同农业政策的资金占比要远远超过地区政策（在过去的 30 年中，共同农业政策的基金占比由最高的 75%降低为如今的 40%左右），但在最新的几个规划期中，地区政策的占比已经与共同农业政策基本持平。

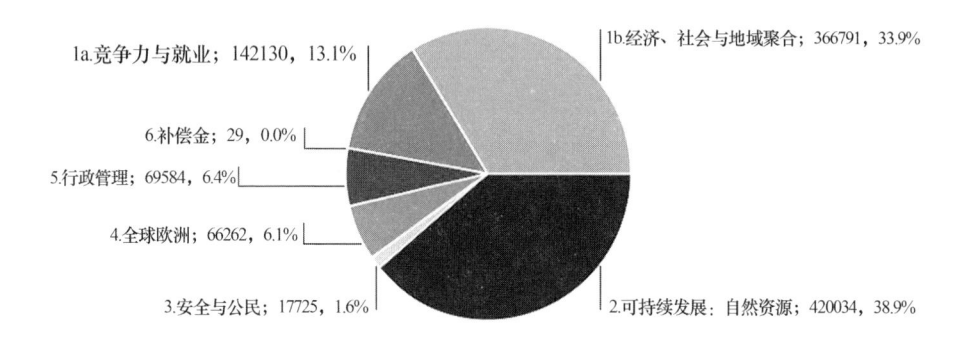

图 1—1 2014—2020 年规划期承诺预算

资料来源：欧盟委员会。

如果单独从年度预算看，欧盟地区政策投资各项内容所占比例基本类似。以 2015 年为例，欧盟预算为 1450 亿欧元。2015 年预算主要用于两项内容：一是经济增长和就业，二是农业和乡村地区发展：（1）46%用于智慧和包容性增长，其中 34% 用于帮助落后地区和社会领域的发展，12%用于帮助提升欧洲企业竞争力；（2）41%用于生产安全的食品、创新性农业以及高效的、可持续发展的土地和森林使用。此外，2015 年还有一些具体的项目：（1）致力于科研和创新的"欧洲地平线 2020"（Horizon 2020）项目（100 亿欧元）；（2）青年就业倡议（Youth Employment Initiative，YEI，140 亿欧元）；（3）用于资助小企业发展的 COSME 项目（3 亿欧元）；

---

① http://ec.europa.eu/budget/mff/figures/index_en.cfm#documents.

(4）联通欧洲的项目——交通、能源与数字网络（34亿欧元）；（5）用于教育、培训、青年和体育的"埃拉斯姆斯+"（Erasmus+）项目（16亿欧元）；（6）用于环境保护的环境金融工具（the Financial Instrument for the Environment）LIFE项目（4亿欧元）。（参见图1—2"2015年欧盟承诺预算框架"）

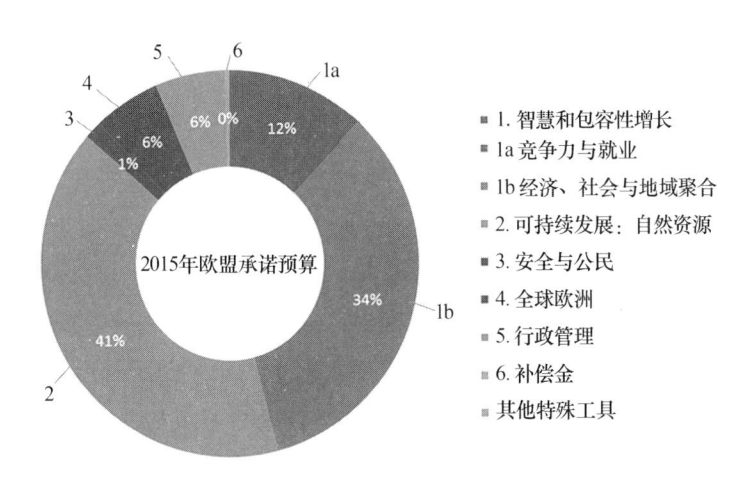

图1—2　2015年欧盟承诺预算框架

资料来源：欧盟委员会。

2.欧盟地区政策基金工具体系（以2014—2020规划期为例）

欧盟地区政策主要有两个基金工具：欧洲地区发展基金（European Regional Development Fund，ERDF）[约占欧洲结构与投资基金（European Structural and Investment Funds，ESI）的43%]和凝聚基金（Cohesion Fund，CF）（约占ESI的14%）。这两个基金与欧洲社会基金（European Social Fund，ESF）（约占ESI的18%）、欧洲农业与乡村发展基金（European Agricultural Fund for Rural Development，EAFRD）（约占ESI的22%）以及欧洲海洋与渔业基金（European Maritime and Fisheries Fund，EMFF）（约占ESI的1%）一起，共同组成欧洲结构与投资基金。

欧洲地区发展基金的主要目标是在欧洲地区与城市的促增长领域（growth-enhancing sectors）进行投资，提升竞争力和创造就业。该基金注重应对经济、环境和社会挑战，尤其关注城市的可持续发展。2014—2020规划期中，该基金的50%以上用于城市发展。该基金特别关注地域特性

(specific territorial characteristics），比如一些地理学意义上的落后地区（边远地区、山区以及人口稀少地区）。欧盟国家的有些海外地区（比如Canary Islands, Réunion and Guadeloupe）也可以从地区发展基金得到特殊的援助。地区发展基金同样支持跨边界、跨国家和地区间合作（cross-border, transnational and interregional cooperation），包括交通基础设施建设、创新、网络建设、跨界贸易、自然资源的联合治理以及城乡一体化等。这些合作不仅对欧盟，而且对邻近区域都有明显的附加值（clear added value）。

凝聚基金创建于1994年，在人均国内生产总值（GDP）水平低于欧盟28国平均水平90%的成员国（尤其是中东欧国家以及希腊、塞浦路斯、马耳他和葡萄牙）进行交通网络和环境方面的投资。该基金一方面旨在提升绿色经济增长（green economic growth），另一方面致力于通过加强地区连接和准入（connectivity and accessibility），缩小经济和社会差距。该基金支持泛欧交通网络（Trans-European Transport Networks, TEN-T）的建设，该网络有助于欧盟内部市场以及人员和商品的海陆空自由流动。欧盟凝聚基金对气候变化、危机防控、水资源保护、垃圾处理以及城市环境等方面也进行相应投资，还对致力于提高能源效率和再生能源利用的企业与公共基础设施进行投资。有一部分欧盟凝聚基金会在新的"联通欧洲"（Connecting Europe Facility）框架内对关键性交通和其他网络进行投资，该框架是一个旨在推动宽带基础设施、网络公共服务以及道路、铁路、电网和输气管道等方面建设的政策工具。

欧洲社会基金创建于1958年，是最早的结构基金。该基金旨在帮助寻求工作的人接受相应的培训，提升其就业能力，同时也帮助已经就业的劳动者再学习、再培训，以适应不断发展的职业形势。每年大概有1500万人参加数以千计的由欧洲社会基金联合资助的项目。欧洲社会基金还致力于减少各种形式的社会歧视，帮助边缘化的团体融入社会。它同时提供资金用以提高行政效率和公共服务水平，确保相关机构在教育、就业、社会融入等方面顺利开展工作。

在2014—2020年规划期，共有3518亿欧元用于欧盟地区政策投资。该规划期中，欧洲地区发展基金和欧洲社会基金在欧盟274个地区中的投资分布体现为以下三种类型：（1）较落后地区（Less developed regions）

（人均 GDP 低于欧盟 27 国平均水平的 75%）：1822 亿欧元；（2）过渡地区（Transition regions）（人均 GDP 高于欧盟 27 国平均水平的 75%，但低于欧盟 27 国平均水平的 90%）：354 亿欧元；（3）较发达地区（More developed regions）（人均 GDP 高于欧盟 27 国平均水平的 90%）：543 亿欧元。

此外，2014—2020 规划期凝聚基金为 653 亿欧元，欧洲地区合作项目基金（European territorial cooperation）为 102 亿欧元，"青年就业倡议"为 32 亿欧元，边远地区和人口稀少地区（outermost and sparsely populated regions）投资为 16 亿欧元。值得一提的是，2014—2020 规划期中，欧盟致力于创建一个清洁的、有竞争力的经济体（a clean and competitive economy）：至少有 20% 的欧盟预算适用于有关气候变化的项目，比如投资数额 35 亿欧元的 LIFE 项目，其宗旨就是要促进生物多样性和环境保护。

通过上面分析可以看出，欧盟地区政策在欧盟预算体系中占据非常重要的地位。欧盟地区政策基金约占欧盟总预算的 1/3（仅次于欧盟共同农业政策）。欧盟地区政策的主要政策工具——欧盟结构与投资基金，在欧盟投资中发挥着主导作用。欧盟地区政策在促进经济增长，推动就业，提升经济、社会与地域聚合等方面发挥着举足轻重的作用。对欧盟地区政策的深入研究，有助于我们了解整个欧盟政策体系的运作模式。

第二章　历次扩大背景下的欧盟地区政策改革

欧盟地区政策从萌芽、产生、发展到成熟，经历了近 70 年的历程，其间经过多次重要的改革。在这一章里，我们将具体讨论欧盟地区政策发展的几个重要阶段，着重探讨作为这些阶段划分标准的重要改革的内容。与此同时，正如有学者所指出的，正是欧盟的历次扩大使得欧盟地区政策的改革成为必要。[①] 因此，我们也将在本章的论述中着重探讨欧盟地区政策改革与欧盟历次扩大之间的内在关联。首先，我们将简单回顾一下欧共体"深化"与"扩大"的重要历史事件节点。

一、欧盟（欧共体）深化：主要里程碑事件

1. 欧洲共同体（欧共体）的成立

1951 年 4 月 18 日，法国、联邦德国、意大利、荷兰、比利时和卢森堡在巴黎签订了建立欧洲煤钢共同体条约（又称《巴黎条约》）。1952 年 7 月 25 日，欧洲煤钢共同体正式成立。1957 年 3 月 25 日，这六个国家在罗马签订了建立欧洲经济共同体条约和欧洲原子能共同体条约，统称《罗马条约》（Treaty of Rome）。1958 年 1 月 1 日，欧洲经济共同体和欧洲原子能共同体正式组建。1965 年 4 月 8 日，六国签订的《布鲁塞尔条约》（又称《合并条约》）决定将三个共同体的机构合并，统称欧洲共同体。但三个组织仍各自存在，具有独立的法人资格。《布鲁塞尔条约》于 1967 年 7 月 1 日生效，欧洲共同体正式成立。

2. 欧洲单一市场（European Single Market）的建立

1957 年签署的、标志着欧洲共同体成立的《罗马条约》首次提出共同体的目标就是要建立共同市场（第 2 条）。但随着关贸总协定对关税的大幅降低，国际范围内以非关税壁垒措施为贸易保护手段的新贸易保护主

---

① Charpin Jean-Michel, *l'élargissement de l'Union européenne à l'est de l'Europe: des gains à escompter à l'Est et à l'Ouest*, la documentation française, Paris, 1999, 1.1.2.

义猖獗，加上20世纪70年代的经济危机，共同市场"从未真正变成现实"，甚至被戏称为"非共同市场"（Uncommon Market）。

1986年，欧共体各成员国政府首脑签署了《单一市场法案》（Single Market Act），明确提出要在1992年12月31日前建成内部市场，该"内部市场应包括一个没有内部边界的区域，在此区域内，商品、人员、服务和资本的自由流通应予以保证"。这就是著名的"欧洲1992计划"（EC-92）。1993年1月1日，欧盟单一市场正式在当时的欧盟12个成员国启动。根据欧盟委员会和一般经济理论的解释，单一市场的实施预期有三个方面的经济效应。第一是资源配量效应。市场的扩大、竞争的加剧、资源的配置使生产效率得到提高，这是短期静态的效应。第二是增长效应。生产要素更快的积累、要素和商品更自由的流动以及科学技术方面更好的合作，将促进中长期的经济增长。这是长期动态效应。第三是产业重置效应。由于资源在欧盟范围内的更优配置以及商品和要素的更自由流动，产业于欧盟范围内也会在地理上重新定位。产业的地理区位变动会影响就业和收入，因此这也是一种收入分配效应。①

3. 《马斯特里赫特条约》（Treaty of Maastricht）

1991年12月9—10日，第46届欧共体首脑会议在荷兰的小镇马斯特里赫特（Maastricht）举行。经过两天的辩论，代表们通过并草签了《欧洲经济与货币联盟条约》和《政治联盟条约》，统称《欧洲联盟条约》，即《马斯特里赫特条约》。1992年2月7日，欧共体12国外长和财政部长在马斯特里赫特正式签署了该条约，条约正式生效。这一条约是对《罗马条约》的修订，它为欧共体建立政治联盟与经济和货币联盟确立了目标与步骤，是欧洲联盟成立的基础。

该条约规定，在欧盟内部要求实现资本的自由流通，真正实现统一市场，并使经济政策完美地协调起来。条约规定：最迟于1999年1月18日在欧共体内发行统一货币，实行共同的对外与防务政策，扩大欧洲议会的权力。

《马斯特里赫特条约》的主要内容包括：

---

① 尹翔硕："欧洲单一市场对欧盟成员国贸易流动和产业区位的影响"，《欧洲》2001年第2期。

（1）货币联盟第一阶段：期限为 1990 年 7 月 1 日至 1993 年，要求实现资本的自由流通，真正实现统一市场，并使经济政策完美地协调起来。第二阶段：从 1994 年 1 月 21 日开始，主要是建立欧洲中央银行的雏形——欧洲货币机构。该机构主席由各成员国中央银行总裁以外的人士担任。第三阶段：最早于 1997 年 1 月开始，最晚于 1999 年 1 月 1 日生效。将逐步建立"真正的"统一货币和独立的欧洲中央银行，该银行由欧洲理事会和成员国中央银行总裁理事会任命的管理委员会领导，英国和丹麦获得不进入第三阶段的权利。

（2）共同外交与安全政策将取代"欧洲政治合作"：在欧共体最重要的领域内采取的"共同行动"仍需一致通过，但也采用特定多数投票（实施共同行动）的原则。欧洲联盟的武装机构——西欧联盟"将执行欧洲联盟在防务方面做出的议定"。条约最终规定制定共同防务政策。

（3）欧洲公民身份：欧洲公民身份的主要内容是，联盟侨民无论是居住在欧共体的哪个成员国，在欧洲选举和市政选举中都有选举权和被选举权。承认任何公民有在欧洲议会请愿的权利。

（4）补充性：欧共体仅在专属自己的领域内，"在成员国无法令人满意地实现考虑采取的行动的目标时"进行干预。

（5）欧洲议会：在制度方面，欧洲议会通过投票任命欧共体执委会，任命接受公民诉状的调停者，并可能成立调查委员会。在立法方面，扩大合作程序。在欧洲议会与欧洲理事会发生分歧时，通过调解程序共同决策。

（6）欧共体执委会职能不变：但是由于任命方式改变，其地位有所提升。

（7）司法与内政：与"共同利益"有关的问题（避难、移民、签证、警察）将需要以一致通过的政府间合作方式展开。

（8）协调基金：设立该基金是为了在环境和基础设施方面援助最贫困的地区。

（9）新领域：在恪守辅助性原则的同时，欧共体可以在一些新领域（教育、公共卫生、职业培训等）进行干预。欧洲理事会可以建议成员国通过一些公约。

（10）社会政策：签字国保证推动社会发展，促进就业。

4.《申根协定》（Schengen Agreement）

1985年6月14日，德国、法国、荷兰、比利时和卢森堡五国在卢森堡边境小镇申根签署了《关于逐步取消共同边界检查》协定，又称《申根协定》其宗旨在于取消各成员国之间边境，自由通行，无限期居住。截至2011年12月，申根的成员国增加到26个：奥地利、比利时、丹麦、芬兰、法国、德国、冰岛、意大利、希腊、卢森堡、荷兰、挪威、葡萄牙、西班牙、瑞典、匈牙利、捷克、斯洛伐克、斯洛文尼亚、波兰、爱沙尼亚、拉脱维亚、立陶宛、马耳他、瑞士以及列支敦士顿。《申根协定》的主要内容为：（1）在协定签字国之间不再对公民进行边境检查；（2）外国人一旦获准进入"申根领土"内，即可在协定签字国领土上自由通行；（3）设立警察合作与司法互助的制度，建立申根电脑系统，建立有关各类非法活动分子情况的共用档案库。

5. 欧元区（Euro Zone）的成立

欧洲经济与货币联盟（European Economic and Monerary Union，EMU）是欧洲联盟的三大支柱之一。依据1970年提出的"维尔纳（Pierre Werner，卢森堡政治家）计划"，欧共体应在十年的时间里，分三个阶段把自己建设成在经济政策和货币政策上高度协调的经济与货币联盟。

1971年7月1日，共同体在大大减缩了目标后，开始实施相关计划——建立"欧洲货币蛇形体系"，但由于受到相继爆发的美元危机和石油危机的冲击，蛇形体系成型后不久就崩溃了。1974年，共同体理事会再次做出决定，在更高的程度上使共同体各成员国的经济协调一致，以使共同体经济稳定、增长并实现充分就业。1979年3月13日，"欧洲货币体系"建立。这个体系有三个支柱：欧洲兑换联盟、汇率与干预机制、信用机制。这个体系的功能是创造了共同体内部货币关系的稳定，并因此为共同体经济的稳定发展打下了基础，但仅此而已。为了彻底消除共同体内部存在的对商品、资本和劳务自由流动的障碍，1989年6月，欧洲理事会马德里会议根据欧委会主席雅克·德洛尔（Jacques Delors）的报告，确定了建立经济与货币联盟的一般性基本原则；决定分三个阶段于1999年1月1日前逐步实现经济与货币联盟。从1990年7月，即计划的第一阶段开始，以实现成员国之间完全的资本自由流动，加强成员国在货币政策、经济政策领域的协调一致为目标。东欧政治形势的剧变和德国的统一，使这项计划大大加速。1992年《欧洲联盟条约》（即《马斯特里赫特条约》）的签订和1993年的生效，使计划按时于1994年1月进入第二阶段。1998年欧洲中央银行的建立以及1999年1月欧元的正式启动，使共同体建立经济与货币联盟的计划进入实质性的第三阶段。2002年1月欧元正式流通，并于当年3月成为欧元区国家唯一的法定货币。

欧元区共有19个成员国，包括德国、法国、意大利、荷兰、比利时、卢森堡、爱尔兰、西班牙、葡萄牙、奥地利、芬兰、立陶宛、拉脱维亚、爱沙尼亚、斯洛伐克、斯洛文尼亚、希腊、马耳他、塞浦路斯，人口超过3.3亿。受欧债危机影响，欧元区经济自2008年以来陷入持续衰退状态。2012年10月8日，欧洲稳定机制（ESM）启动，向债务缠身的欧元区主权国家提供贷款。

6. 《阿姆斯特丹条约》与《尼斯条约》（Treaty of Nice）

1997年10月2日上午，欧盟15个成员国的外交部长在荷兰首都阿姆斯特丹的王宫正式签署了《阿姆斯特丹条约》。《阿姆斯特丹条约》是继《罗马条约》和《马斯特里赫特条约》后的第三个欧盟条约，为建设"社会的欧洲"建立了法律基础。在共同外交安全政策方面，欧盟各国也表现出一定的政治意愿。但表决机制的改革并没有达到预期的目标。此次签署的条约附件中增加了法国、意大利和比利时三国于1997年9月中发表的共同声明。该声明明确指出，《阿姆斯特丹条约》在改革欧盟机构以加强欧盟决策权方面没有取得实质性进展。

《尼斯条约》是欧盟15国于2000年12月在法国南部城市尼斯召开首脑会议时审议并通过的。2003年2月1日，《尼斯条约》正式实施，主要内容包括欧盟内部机构改革，从2004年起陆续接纳12个中东欧国家为新成员国需要解决的问题，以及欧盟扩大到27国后各成员国在欧盟委员会中占有的席位等。条约规定，暂定每个国家在欧盟委员会中占有一个席位，德、法、英、意、西五大国不再多派一名委员；重新分配各国在部长理事会的表决票数（德、法、英、意掌握的票数增加到29票，西班牙27票，波兰加入后也将拥有27票，荷兰13票，爱尔兰和丹麦各7票），当成员国达到27个时，总票数将为345票；欧盟各国部长共同决定一项措施时实行有效多数表决制，其比例将由原来的71.2%上升到73.9%，即255票；必须得到一半成员国的同意才能通过一项决策。

7. 从《欧盟宪法条约》到《里斯本条约》

2004年6月18日，欧盟25个成员国在比利时首都布鲁塞尔举行首脑会议，一致通过了《欧盟宪法条约》草案的最终文本。同年10月29日，欧盟25个成员国的领导人在罗马签署了《欧盟宪法条约》。条约须在欧盟全部成员国根据本国法律规定，通过全民公决或议会投票方式批准后方能生效。如获得所有成员国和欧洲议会的批准，条约应于2006年11月1日正式生效。

从其内容来看，《欧盟宪法条约》是根据欧盟发展的新情况，对其基础条约进行的一次重新整理汇编，并改革了原有的部分内容。宪法条约文本里有约80%的内容是重复或重组表述现有条约规定，是对欧盟现有条约的继承，只有20%左右的内容是创新性规定，其中对欧盟的决策方式和机构设置等进行了重大变革。

2004年11月，立陶宛议会率先批准该宪法条约。2005年1月，欧洲议会批准了《欧盟宪法条约》。2月，西班牙举行全民公决，以76.7%的支持率通过了《欧盟宪法条约》，成为欧盟25个成员国中第一个以全民公决的方式通过该宪法条约的国家。但法国、荷兰两个欧盟创始成员国分别在2005年5月和6月的全民公决中否决了该条约，《欧盟宪法条约》从此搁浅。截至2007年6月，已经批准《欧盟宪法条约》的国家有16个，另有7个国家冻结或无限期推迟了批约程序。

《欧盟宪法条约》失败后，欧盟领导人采取了更加务实的态度。在2007年6月的峰会上，欧盟领导人成功消除了已批准《欧盟宪法条约》国家和未批准《欧盟宪法条约》国家之间的意见分歧，果断从新条约中剔除"宪法"字眼，并舍弃让人联想到"超国家"性质的盟旗、盟歌等，为新条约的诞生设定了蓝图。

在此后的政府间会议架构下举行的谈判中，成员国采取了妥协的态度，尽量满足英国、爱尔兰、丹麦、波兰、奥地利、意大利等国的要求。这一系列让步最终使条约在2007年10月正式获得领导人批准。《里斯本条约》保留了《欧盟宪法条约》的基本内容，但并不一定要经过全民公决，所以降低了被否决的风险。

2007年10月19日，欧盟非正式首脑会议通过了欧盟新条约——《里斯本条约》。该条约于2007年12月13日由欧盟各国首脑在里斯本签署，随后交由各成员国批准。《里斯本条约》将取代2005年在荷兰和法国全民公决中遭否决的《欧盟宪法条约》。各国批准后，条约于2009年12月生效。但各国的批准进程比预想困难得多，一直到2009年11月3日，捷克总统克劳斯（Kraus）才宣布他已经签署了《里斯本条约》，成为27个成员国中最后一个签署国，至此欧盟27个成员国已全部批准该条约。《里斯本条约》的重要内容包括：

（1）设立常任欧盟理事会主席职位，取消目前每半年轮换一次的欧盟主席国轮替机制。主席任期2年半，可以连任。

（2）将目前的欧盟负责外交和安全政策的高级代表和欧盟委员会负责外交的委员这两个职权交叉的职务合并，设立欧盟外交和安全政策高级代表一职，全面负责欧盟对外政策。

（3）从2014年起，欧盟委员会的委员人数从27名减至18名，委员会主席的作用将加强。

（4）欧洲议会的权力将增强。此外，议会的议席数将从目前的785席减至750席，一些国家所占议席数将根据其人口数量做出调整。

（5）将更多政策领域划归到"有效多数表决制"决策的范围内以简化决策过程。司法、内政等敏感领域的一些政策也将以"有效多数制"表决，成员国不再能"一票否决"。但在税收、社会保障、外交和防务等事关成员国主权的领域，仍采取一致通过原则。

（6）从2014年开始，以"双重多数表决制"取代目前的"有效多数表决制"，即有关决议必须至少获得55%的成员国和65%的欧盟人口的赞同，才算通过。"双重多数表决制"实施后的3年为过渡期。

（7）成员国议会将在欧盟决策过程中发挥更大作用。例如，如果一项欧盟立法草案遭到1/3成员国议会的反对，将返回欧盟委员会重新考虑。

（8）欧洲法院将被赋予更大权力，可以就各国司法和内政相关的法律是否与欧盟法律相冲突进行裁决。

8. "里斯本战略"（Lisbon Strategy）与"欧洲2020战略"（Europe 2020 Strategy）

进入21世纪以来，欧盟先后制定了两个重要的十年经济发展规划——"里斯本战略"与"欧洲2020战略"。这两个战略之间有继承与超越的关系，为欧盟的发展起到重要指导作用。

（1）"里斯本战略"：为加快经济改革，促进就业，欧盟15国领导人于2000年3月在葡萄牙首都里斯本举行特别首脑会议，达成并通过了一项关于欧盟十年经济发展的规划——"里斯本战略"，其目标是希望通过鼓励创新，大力推动信息通信技术的应用与发展，探索面向知识经济的下一代创新，即创新2.0，其目标是使欧盟在2010年前成为"以知识为基础的、世界上最有竞争力的经济体"。

（2）"欧洲2020战略"：欧盟成员国领导人在2010年6月17日的峰会上通过了未来十年经济发展战略等一系列改革方案，以期引领欧盟经济走出债务危机，增强竞争力。欧盟领导人最终敲定了"欧洲2020战略"的五大核心指标，为欧盟推进结构性改革，重新迈上可持续增长的道路和创造就业明确了目标。根据这份指导欧盟经济未来十年发展的纲领性文件，欧盟经济将实现以知识和创新为基础的"智慧增长"（Smart Growth），以提高资源效应、提倡"绿色"、强化竞争力为内容的"可持续增长"，以扩大就业、促进社会融合的"包容性增长"。为此，欧盟领导人在创造就业、增加科研投入、减少温室气体排放、提高教育普及率和消除贫困等五个方面达成量化指标，接下来欧盟成员国将落实到各自的国家行动计划中去。

二、欧盟（欧共体）历次扩大简史

从1951年欧洲一体化进程开始以来，欧盟（欧共体）先后经历了四次大的扩大，由最初的六个成员国扩大为28个成员国（英国脱欧以后为27个成员国）：

1951年4月18日，六个创始国分别为：法国、德意志联邦共和国、意大利、荷兰、比利时、卢森堡。

1973年，英国、丹麦和爱尔兰加入欧共体。

1981年，希腊成为欧共体第十个成员国。

1986年，葡萄牙和西班牙加入欧共体。

1995年，奥地利、瑞典和芬兰加入欧盟。

2004年5月1日，马耳他、塞浦路斯、波兰、匈牙利、捷克、斯洛伐克、斯洛文尼亚、爱沙尼亚、拉脱维亚和立陶宛10个国家正式成为欧盟成员国。

欧盟地区政策研究：改革、效应与治理

2005年4月25日，保加利亚和罗马尼亚在卢森堡签署了加入欧盟的条约。

2013年，克罗地亚加入欧盟，成为其第28个成员国。

2020年1月31日，英国脱欧，欧盟成员国变为27个。

那么，我们接下来要思考的问题是：欧盟（欧共体）的不断深化与历次扩大之间是否有内在关联？作者认为答案是肯定的。欧盟（欧共体）的每次扩大都对其深化改革提出更高的要求。这一内在关联在欧盟地区政策改革的进程中得到充分体现。作者将这种内在关联浓缩在表2—1[①]中：

表2—1 欧盟地区政策改革与欧盟扩大的关系以及相关背景

欧盟（欧共体）扩大	相关背景	欧盟（欧共体）地区政策的重要改革
1972年：英国、爱尔兰和丹麦加入	20世纪70年代的经济危机	1975年欧洲结构基金的建立
向南欧的扩大：1981年希腊加入、1986年西班牙和葡萄牙加入	1986年欧洲统一白皮书，建立欧洲共同市场	1988年改革
1995年向北欧和中欧地区的扩大：奥地利、芬兰、瑞典	1992年《马斯特里赫特条约》	1993年改革
2004—2013年：中东欧国家的加入	1997年颁布《2000年议程》	1999年改革
	(2000年) 里斯本战略和哥德堡战略 (2001年)	2004—2006年改革

资料来源：作者自制。

欧盟（欧共体）的扩大并不是欧盟地区政策改革的唯一背景和原因，却始终是推动改革的最重要因素之一。下面我们将具体分析欧盟地区政策发展的几个重要阶段，以及欧盟地区政策改革与历次扩大之间的内在关联。

---

① 臧术美："欧盟地区政策的改革及发展趋势——以历次扩大为背景"，《上海行政学院学报》2009年第3期。

第一节 1957—1975 年：欧共体地区政策萌芽和初步形成

这一时期是欧共体在地区政策方面"相对不作为"（relative inaction）的时期。在 1956 年的《罗马条约》中，跟地区政策相关的结构性行为（actions structurelles）十分有限，人们甚至称之为"罗马条约的'沉默'"（le silence du dispositif du Traité de Rome）。[①] 虽然后来在 1975 年成立了欧洲地区发展基金，但直到 1986 年之前，欧共体的地区政策仍然处在十分弱势的地位（relativement modeste）。该时期的重要事件是《罗马条约》的签订，以及欧共体的第一次扩大对创立欧洲地区发展基金的推动。

一、《罗马条约》的相关条款

1957 年 3 月由法、德、意、比、荷、卢六国共同签署的《罗马条约》，标志着欧洲共同体的成立和欧洲一体化的全面展开。该条约对欧共体的发展做出整体规划，但并没有对欧共体地区政策做出明确的规定，欧洲的地区发展不平衡问题主要由各个成员国负责。[②] 不过，《罗马条约》里也以一定形式提到地区发展不平衡问题。该条约第 2 条规定：欧洲经济共同体的基本目标之一就是要促进成员国经济活动的和谐发展，以及持续、均衡的扩张。另外，《罗马条约》还有其他几个条款涉及不同地区之间的差距问题：第 118 条、第 125 条分别提到关于农业地区间差距、就业和社会保障（设立欧洲社会基金）等社会事务的成员国合作等相关问题，以及第 130 条中专门规定设立欧洲投资银行，向落后地区提供融资便利以促进成员国经济的平衡发展。这些规定都还是相对分散、不成体系的，欧共体地区政策并没有真正建立起来。但是，这些条文规定了"明确的目的和转移支付的实施办法"，为以后统一欧共体地区政策奠定了基础，可谓欧共体共同区域政策的萌芽。

按照西方学者的说法，这段时间的欧共体区域政策"起初长时期内是

[①] Doutriaux Yves, *La politique régionale de la CEE*, Presses Universitaires, 1991.

[②] 20 世纪 50 年代之前，只有意大利和英国具有一定的区域政策基础，其他成员国在 20 世纪 50 年代形成区域政策发展的一个高潮，但各国之间还缺乏协调。

不存在的，而后也仅处于边缘化的位置"（longtemps inexistante puis marginale）。① 这是与当时欧洲的总体形势和人们的思想观念紧密联系在一起的。当时的欧共体以及各成员国领导人更多地把精力放在"高效"发展经济和建立关税同盟、构建共同市场上，他们采用一种新古典主义经济学的思维方式，认为随着经济的不断发展，地区之间的差距最终会日趋缩小。② 因此，当时的地区发展不平衡问题并没有引起足够的重视，各成员国认为解决地区差距问题属于国内事务，并没有认识到建立一个共同的地区政策的必要性。直到20世纪70年代初，各成员国才正式认识到建立一个共同地区政策对欧洲建设的重要性。③ 这种新的认识跟欧共体第一次扩大有着内在的联系。

二、欧共体第一次扩大与欧洲地区发展基金创立：欧共体地区政策初步形成

到了20世纪70年代，欧洲关税同盟已经取得一定效果，欧洲经济与货币联盟计划已经开始实施。但是，各成员国家间的经济差距阻碍了这一计划的顺利实施。而且，随着英国、丹麦和爱尔兰三国的加入，欧共体各国之间的差距进一步扩大，这就增强了建立一个统一的欧共体地区政策的客观需要。具体而言，当时英国的人均GDP只有欧共体平均水平的85%，而爱尔兰则只有60%；丹麦虽然人均GDP相对较高，但也面临发展落后地区的问题（格林兰岛）。与此同时，第一次石油危机正好在1974年爆发，引发了许多地区工业萧条、失业率上升等问题，加剧了欧洲内部经济发展的不平衡。这就使得欧共体各成员国越发认识到建立统一地区政策的必要性。而且，随着英国的加入，为了更好地调节较为富裕的英国与落后国家之间的财富差距，欧共体也急切需要建立一个新的共同政策工具。④ 就是在这样的背景下，欧洲地区发展基金在1975年建立，这也标志着欧

---

① Doutriaux Yves, 1991.
② Charpin, 1999, p.180.
③ Guy Baudelle et Bernard Elissalde, 2007.
④ 为减少英国对成为"纯支出国"的恐惧，在英国加入欧共体之时设立了相关的附属条款，也就是英国对欧共体的贡献不应该超过它所获得的财政补贴。由于在农业方面所获得的补贴低于对欧洲共同农业政策的贡献，英国因此获得额外的补偿。

共体地区政策的初步形成。

不过，欧洲地区发展基金在创建初期并不能算作是一个真正的地区政策工具，而更多地是一种对"资金返还"（remboursement）进行调整的工具。这种调整主要是在成员国预先按照"配额"支付费用、事后由欧共体进行"返还"的框架内进行。在 1979 年，欧共体还创立了"配额外"（hors quota）政策（占据基金总额的 5%），向成员国与欧共体其他政策相关的特殊行为提供资金。最后，欧洲结构基金"配额"制度在 1984 年被废止。此外，欧洲地区发展基金建立初期的资金额度非常有限，只占欧共体预算的 4.8%（2.50 亿埃居①）。由此，在 1988 年改革之前，鉴于地区发展基金额度较小，具体实施程序复杂而低效，欧共体地区政策的效用十分有限，往往局限在对各成员国的协调与指导上。由此可见，1975 年欧洲地区发展基金的确立只是意味着欧共体地区政策的初步形成，该政策的框架并不完整和完善，缺乏有效的法律机制和制度原则，还需要进一步改革。

三、其他相关政策工具的初步建立

这一时期还产生了其他几个重要的欧共体政策。首先是 1958 年欧洲社会基金的创立，该政策的宗旨是促进就业，增强劳动力的专业流动和地域流动。其次是 1962 年欧洲农业指导与担保基金—指导部分（European Agriculture Cuidance and Guarantee Fund，EAGGF）的创立。宗旨是援助农业开发和农村地区基础设施建设。此外，还有几个相关的政策工具：欧洲投资银行有关促进地区发展的贷款项目以及欧共体煤钢联营对工业衰退地区的相关援助政策。但实际上，在这一个时期，并没有真正形成一个专门的地区政策工具。

不过，这一时期还有一个对地区政策发展比较重要的举措，就是在 1967 年成立了一个有关地区发展的统一指导机构"DG Regio"，该部门的

---

① 埃居（ECU）：欧元诞生之前所依托的欧洲货币单位（European Currency Unit，ECU）。ECU 创立于 1978 年，是由当时欧洲共同体九国货币组成的一个"货币篮子"。ECU 创立时，各国在其中的权重按其在欧共体内部贸易中所占权重及其在欧共体 GDP 中所占权重加权计算，以确定各国货币在 ECU 内占有权数和金额（联邦德国 27.3%、法国 19.5%、英国 17.5%、意大利 14% 等），并依当天汇率换算各国货币当天对 ECU 的比价。ECU 中各成员国货币所占的权重，每隔 5 年调整一次。

宗旨就是要建立一个欧共体地区政策。不过，这一"建立欧共体地区政策"的政治意图直到20世纪70年代初才正式得以确认。

第二节 1975—1988年：欧共体地区政策的成立与完善

这一时期是欧共体地区政策正式成立并不断成长的时期，标志性事件是欧共体向南欧的扩大、《单一市场法案》的发表和欧共体区域政策1988年的改革。

一、欧共体第二次扩大

在这一时期，欧共体吸收了三个相对比较落后的南欧国家：希腊（1981年）、西班牙和葡萄牙（1986年）。这次扩大使得欧共体的土地面积增加了20%，人口增加了18%，失业人口则增加了30%，进一步加剧了欧洲的地区发展不平衡问题。这些国家的加入，使得许多地区发展不平衡问题被提上议程，比如渔业落后地区的发展。与此同时，随着欧洲共同市场（后来是统一市场）的建立，欧共体急需建立一个统一的地区政策体系。

二、《单一市场法案》的签署

1986年2月，欧共体各成员国签署了《单一市场法案》，确定到1999年底实现商品、服务、人员和资本自由流动的统一大市场的白皮书，并明确提出要通过各个地区之间的"经济和社会聚合"（economic and social cohesion），来缩小共同体内部的地区差距。随着欧洲统一市场的形成，各种要素的自由流动可能会导致不同地区之间经济和社会发展的"极化"现象，由此导致欧洲地区之间的差距也日益增大。因此，过于软弱的欧共体区域政策已经不能适应新的形式，欧共体区域政策面临着更加深刻的改革需求。

《单一市场法案》引入"经济和社会聚合"的概念，使其成为欧共体建设的优先目标和欧共体地区政策的基础。在雅克·德洛尔的推动下，《单一市场法案》所提出的"竞争（包含'四个自由'——商品、服务、人员和资本的自由流动）、合作（科研、社会和环境合作）与团结（经济和社会聚合)"三角定律成为指导欧共体发展的重要法则。总之，《单一市场法案》的签署为欧共体地区政策在1988年的全面改革奠定了基础。

三、1988年改革

在1988年2月的布鲁塞尔会议上，各成员国决定以《单一市场法案》为蓝本，对欧共体地区政策进行根本性改革（欧盟理事会2052/88号决议）。通过这次改革，欧共体地区政策作为一个明确的、完整的欧共体层面的政策框架正式形成了。1988年改革可以称作是一次里程碑式的改革，其具体内容表现在：

1. 确定政策目标

在1988年结构改革之前，共同体选择援助对象主要依据"有资格接受成员国政府援助的地区，自动成为共同体区域政策的援助对象"原则。该原则导致成员国为了得到共同体更多配额而盲目扩大援助范围，不顾援助项目的经济效率。为此，1988年改革为共同体确定了明确的目标，以规范和引导共同体对成员国的援助行为。其实早在1986年《单一市场法案》（第130条）里，就已经明确规定了结构基金的五个目标：

目标1：促进共同体经济落后地区的发展。经济落后地区是指人均GDP不到共同体平均水平75%的地区，大约包括欧共体1/4的人口。对这类地区的资助占结构基金预算的67.7%。

目标2：工业衰退地区的经济转型和结构调整，主要包括煤矿、钢铁、纺织和造船业等就业严重衰退的地区，占欧共体人口的17%。对该目标地区的资助占结构基金预算的11.1%。

目标3：解决长期失业及未满25岁的求职者的就业问题，为年轻人提供工作机会，使失业工人重新进入劳动力市场，消除人们被劳动力市场排除在外的危险。

目标4：培训适应产业调整和新技术的劳动力。目标3和4地区覆盖整个共同体，但只可用结构基金的11%。

目标5（a）：加快农业和林业产品生产过程和市场结构的适应性改变，对该类地区的资助占结构基金的4.9%。

目标5（b）：促进农村地区的发展，对这类地区的资助占结构基金的5%。

2. 确立政策原则

1986 年的《单一市场法案》（第 130 条）明确规定了使用结构基金的四项基本原则：

第一，集中性原则（concentration）。就是把结构基金的使用集中在落后地区和人群，也就是已经确定的五个重点区域里。而根据结构基金的不同种类，其所集中使用的领域和目标也有所不同：欧洲地区发展基金主要用于促进生产投资，加快基础设施的现代化并促进落后地区的发展；欧洲社会资金的援助对象主要是长期失业者和年轻人，对以改善职业训练、创造自我就业为目标的各种措施提供援助；欧洲农业指导与保证基金，主要集中在对目标 5（a）、5（b）以及对目标 1 有关农业地区开发的援助上；其中，欧共体把 80% 的结构基金集中投向对目标 1 地区的援助，且资金额度到 1992 年提高到最初的两倍。关于不同基金与目标之间的关系，参见表 2—2：

表 2—2 1989—1993 规划期欧盟基金与目标之间的分配

	欧洲地区发展基金	欧洲社会基金	欧洲农业指导与保证基金指导部分	欧洲投资银行	欧洲煤钢联盟
目标 1	+	+	+	+	+
目标 2	+	+		+	+
目标 3		+		+	+
目标 4		+		+	+
目标 5（a）			+		
目标 5（b）	+	+	+	+	

资料来源：CEC [1989]，第 14 页。

第二，规划性原则（programmation）。所谓的规划性，就是制定一个延续几年的长期规划。第一个规划只有 5 年：1989—1993 年。第二个规划是 6 年：1994—1999 年。之后，每一期规划都固定在 7 年：2000—2006 年、2007—2013 年、2014—2020 年和 2021—2027 年规划期。这种规划是欧洲地区政策的一个重要变革，为保持该政策的稳定性、连续性和有效性提供了良好的政策基础。这种规划性原则最早发源于一个地中海一体化项目（programmes intégrés méditerranéens，PIM，参见欧盟理事会 2088/85 号决议）。

此后，规划性原则一直是欧洲地区政策的重要原则。1999年和2006年的欧盟理事会决议都对该原则进行了明确规定（决议1260/1999和1083/2006）。

第三，伙伴关系原则（partenariat）。伙伴关系原则指的是欧共体、成员国和地方三个层次之间保持协调和配合，以提高结构基金的使用效率。伙伴关系原则是一个非常核心的原则，确保了其他原则的贯彻实施。这一原则贯穿于地区政策的各个环节：准备、谈判、实施、跟踪和评估（préparation, négociation, mise en oeuvre, suivi et évaluation）等。

第四，附加性原则（additionnalité）。该原则指的是结构基金不能取代国家层次相关基金的使用，而是对成员国金融政策的补充，成员国必须始终让公共开支维持在每个规划初期的水平。

3. 提高预算比例，调整资金结构

首先，从资金比例上看，欧共体区域政策工具占欧共体财政预算的比例得到很大提升。从绝对数量上看，1988年布鲁塞尔欧盟理事会在"德洛尔计划"框架（paquet Delors）内规定欧共体结构基金在这第一个规划期将得到双倍提高（参见表2—3）。具体而言，1975年只有2.57亿欧元（占欧共体总预算的6%），到了1984年也不过是21.4亿欧元（占欧共体总预算的13%）。到1988年改革，欧洲结构基金占总预算的15%左右，占成员国国内生产总值（GDP）的约0.16%。

表2—3 1988—2006年欧盟资金预算分配情况（%）

	1988年	1993年	2000年	2006年
农业政策	60.7	50.9	45.2	43.7
结构基金	17.2	30.8	36.1	37.4
内部事务	*	5.7	6.3	7.1
对外事务	*	5.7	6.8	6.6
行政管理	*	4.7	4.6	4.6
其他	*	2.2	1	0.4

资料来源：Le Budget de l'Europe, LDGJ, 1997.

4. 地区发展基金性质的变化

欧洲地区发展基金由原来的配额分派制转为更加具有自主性的政策工具。1984年，欧洲地区发展基金的使用拥有了新的规定（决议1787/84），

欧盟地区政策研究：改革、效应与治理

增加了欧共体委员会在基金分配中的职能，配额制被废弃，实行一种新的基金分配制度（fourchettes indicatives de crédits par pays）；20%的资金在"项目"（programmes）形式下使用。

总之，通过1988年的改革，欧共体地区政策得到正式确立，并拥有一套比较完善的政策机制和法律框架。随着欧共体地区政策预算比重的增加和自身工具体系的完善，该政策的地位得到很大提升。但是，1988年改革并不意味着欧共体区域政策已经完全成熟。随着20世纪90年代新的国际国内形势的变化，新的变革也应运而生。

第三节　1989—1999年：走向成熟的欧盟地区政策

这一阶段跨越了前两个规划期（1989—1993规划期和1994—1999规划期），其标志性事件是欧盟第三次扩大与欧盟地区政策1993年改革。

经过1988年的改革，欧共体地区政策在各项新原则，尤其是"规划性原则"的指导下，开始确立明确的规划期。最初的两个规划期分别是5年和6年，从2000年开始，每个规划期固定为7年。在前两个规划期中，欧共体地区政策于1993年经历过一个较大的变革。但这次改革并不是欧盟地区政策一次根本的变革，更多地被认为是对1988年改革成果的巩固和修订。

改革背景主要是《马斯特里赫特条约》的签署以及1992年爱丁堡（Edimbourg）欧盟理事会的召开；早在《单一市场法案》中就已经把"加强经济与社会发展凝聚力"作为共同体发展的根本方向，而《马斯特里赫特条约》则正式把"经济与社会发展凝聚力"作为一个优先政策目标规定下来。《马斯特里赫特条约》提出要"强化经济及社会的团结"：（第130条a款）"共同体为了促进其整体协调的发展，发展强化其经济和社会团结的行动。特别是共同体将以缩小多种区域发展水平的差距以及包含农村地区等最落后地区的后进性为目的"。《马斯特里赫特条约》重申了地区政策的重要性，指出共同体和成员国都必须积极参与实现这一总体目标，其中包括对结构基金的有效使用。这样一来，欧盟地区政策的地位进一步提升。

虽然1988年改革提供了明确的法律框架和操作程序，但在具体实践

第二章 历次扩大背景下的欧盟地区政策改革

过程中，由于各成员国执行能力的差异，以及政策实施程序上的繁杂，欧盟地区政策在第一期规划的实施过程中出现了一些混乱的局面，再加上20世纪90年代初期欧洲经济发展不景气，失业问题越发严重，这些均对欧盟区域政策提出新的挑战。在这种背景下，欧盟地区政策在1993年做出适当的调整。但这个调整并不是根本性的调整，而是对1988年建立的新机制的完善。具体的调整表现在以下几个方面：

1. 目标区域的调整

扩大了目标1的范围，用于该目标的资金将扩大2/3。对目标1地区的资金分配，主要根据成员国的人口数量、国家富裕程度、区域富裕程度以及结构问题的严重程度来区别对待；同时还扩大了目标2的含义，在其中加入了青年就业一体化的内容；将目标3和目标4合并成新的目标3，增设了新的目标4，并在新的目标4中明确了专门帮助劳动者适应产业变化、对人力资源进行培训的内容，使劳动力市场成为资金资助的对象，这与《马斯特里赫特条约》第123条关于"促使工人适应工业变革与生产体制变革"的内容相一致。对于新的目标3的资金分配，主要根据人口数量、就业情况、教育培训情况、妇女的劳动参与率等因素综合考量。最后，针对1995年新入盟的奥地利、瑞典和芬兰创设了一个新的目标6，以促进这些国家尤其是后两个国家人口密度极低地区的经济发展与结构调整。其中，人口密度极低的地区的标准是人口不到欧盟人口总数的0.4%，每平方公里居民不足8人。具体参见表2—4。

表2—4 1994—1999年欧盟基金与目标分配

	欧洲地区发展基金	欧洲社会基金	欧洲农业指导与保证基金指导部分	渔业指导基金
目标1	+	+	+	+
目标2	+	+		
目标3		+		
目标4		+		
目标5（a）			+	+
目标5（b）	+	+	+	
目标6	+	+	+	+

资料来源：http：//www.europa.eu.int/.

2. 预算的增长

对于1989—1993规划期，1988年布鲁塞尔理事会决定预算基金在"德洛尔计划"框架内双倍增长。对于1994—1999规划期而言，结构基金预算也在原来的基础上增长了40%左右（该比例由1992年爱丁堡欧盟理事会确定），即从450亿埃居增加到超过900亿埃居。总体上，该规划期对结构基金和凝聚基金的援助超过1600亿埃居。[1]

3. 基金工具的充实与整合

这段时间基金工具的充实主要体现在欧洲渔业指导基金和凝聚基金的创立上。同样是基于欧盟第三次扩大的背景，为了吸收瑞典、芬兰和奥地利入盟，欧盟于1993年根据欧洲经济共同体EEC2080/93号决议，增设了欧洲渔业指导基金（Financial Instrument for Fisheries Guidance，FIFG）。该基金的目的是对渔业部门进行调整，对渔业船队更新、养殖业的发展、海域的保沪、渔港的建设、鱼产品加工和销售等提供资金上的优惠支持，旨在援助共同体内部渔业与养殖渔业地区。该基金与已有的各项基金政策整合在一起共同称为"结构基金"。[2]

1994年还创设了一个新的基金项目——凝聚基金（欧盟理事会1164/94号决议），主要是帮助受援助国家缩小经济和社会差距，促进经济稳定增长。鉴于20世纪80年代欧盟南扩（吸收希腊、西班牙、葡萄牙入盟）后所面临的新的地区差距，以及90年代初欧盟经济与金融市场的逐步建立，欧洲凝聚基金的建立便提上了日程。该基金最高可以提供85%的资金来推动环境保护、体育基础设施建设，以促进欧盟内部的凝聚力和社会团结。受凝聚基金援助的国家是指那些人均国内生产总值（GDP）低于欧盟平均水平的90%的落后国家。最早接受凝聚基金援助的主要对象是西班

---

[1] Charpin Jean-Michel, *l'élargissement de l'Union européenne à l'est de l'Europe: des gains à escompter à l'Est et à l'Ouest*, la documentation française, Paris, 1999.

[2] 在1994—1999年间，地区发展基金占结构基金的比重达到49.5%，用于目标1、目标2、目标5b和目标6；社会基金所占比例为29.9%，用于目标1、目标2、目标3、目标4、目标5b和目标6；农业基金中指导部分占结构基金的17.7%，用于目标1、目标5a、目标5b和目标6；渔业指导财政手段比例最低，只有2.9%，用于目标5a和目标6。与结构基金相比，凝聚基金则专门用来资助希腊、葡萄牙、西班牙和爱尔兰四国的环保及交通基础设施项目。1993—1999年间，凝聚基金总额达到151.5亿埃居，其中西班牙获得的基金浮动资助比例最高，为52%—58%，希腊和葡萄牙均为16%—20%，而爱尔兰则只得到基金的7%—10%。

牙、葡萄牙、希腊和爱尔兰（这四个国家被称为"凝聚国家"）。但在 2004 年欧盟东扩以后，欧洲凝聚基金的援助对象国家也随之扩大，包括塞浦路斯、西班牙、爱沙尼亚、希腊、匈牙利、拉脱维亚、立陶宛、马耳他、波兰、葡萄牙、捷克、斯洛伐克和斯洛文尼亚等。在 2004—2006 年间，欧盟凝聚基金就花费了 159 亿欧元（2004 价格水平），其中超过一半（84.9 亿欧元）被用于新成员国。[①] 该基金在运行规则和数额上跟结构基金有着很大的不同，其资金总额相对较小，且主要针对成员国整个国家而言，不具体到成员国内部的地区层次。但是，大量的调查结果显示，凝聚基金的绩效对于提高受援助国家的经济发展水平有很大的帮助（除了在希腊的绩效相对不明显之外）。这也成为欧盟维护其地区政策绩效的一个有力支撑。

4. 政策工具职能的适当调整

欧洲社会基金增加了强化和改善教育制度以及进行科学技术领域的人才扩充等内容；欧洲发展基金增加了教育、研究开发、保健和泛欧洲广播网等投资内容；欧洲农业指导与保证基金的"指导"部分在目标 1 和目标 5b 框架内，对促进当地加工、防止最边远地区的自然灾害、保护村落以及农村遗迹等提供援助。

在各种政策优先目标（objectifs prioritaires）之外，还有一种政策工具就是共同体倡议行动（CIS, Community initiatives/PIC, Programme d'Initiative communautaire）。共同体倡议行动的目的是处理欧盟整体所面临的问题，属于对结构基金的补充，是在共同体层面或成员国层面谈判决定的共同行动。根据欧盟委员会第二份经济、社会与地域聚合报告，共同体倡议行动的主题虽多，但具有某些共性：（1）鼓励跨国、跨边境和跨区域合作；（2）增进基层人员的参与；（3）促进创新，并把所吸取的教训纳入区域、成员国和欧洲政策当中；（4）有助于受工业衰退影响地区经济活动的分散化。在 1994—1999 规划期中，共同体倡议行动占用了欧盟结构基金预算总额的 9.4%。随着欧盟地区政策的改革，共同体倡议行动的种类呈逐渐减少的趋势：从第二个规划期的 13 个简化为第三个规划期的 4 个，直至第四个规划期（2007—2013 规划期）完全取消。这充分体现了欧盟地区

---

① http://ec.europa.eu/regional_policy/funds/procf/cf_fr.htm.

政策日益"简化"的改革趋势。

此外,在《马斯特里赫特条约》的提议下,欧洲地区委员会在这一时期得以创立。而且,这一时期欧盟地区政策的监督、控制和评估等措施都得到进一步加强。但是,随着欧盟最大的一次扩大——欧盟东扩以及全球化背景下国际竞争的加剧,欧盟地区政策面临着更深层次的变革需求。

第四节 2000年以后:欧盟地区政策的深化发展

这一时期跨越了2000年以来最新的三个规划期(2000—2006年、2007—2013年和2014—2020年),标志性事件是欧盟东扩以及1999年改革和2004—2006年改革。

一、背景分析

进入21世纪,国际竞争日益加剧,而欧盟经济发展过缓导致其竞争力有所下降。这也就是著名的"里斯本战略"和"哥德堡战略"(Göteborg)所要解决的问题。与此同时,欧盟东扩又进一步加剧了其内部发展不平衡问题,进一步限制了欧盟凝聚力和竞争力的增强。在这样的背景下,欧盟地区政策先后经过了1999年和2003年两次大的调整和改革,以求实现"里斯本战略"和"哥德堡战略"的目标。

1.《2000年议程》(Agenda 2000)

到20世纪90年代后期,欧盟已经建立起完整的地区政策。但是,随着欧洲一体化进程的加速发展,尤其是欧盟东扩步伐的日益临近,欧盟地区政策再度面临着更加严峻的挑战。于是,欧盟委员会于1997年7月公布了《2000年议程》,针对欧盟东扩、增强竞争力、加强经济和社会凝聚力、协调内部政策以及结构基金改革等问题提出构想。《2000年议程》为1999年欧盟地区政策的改革奠定了良好基础:该议程率先提出欧盟改革,特别是对如何推进地区政策的调整进行了讨论,具体包括结构基金预算、集中政策目标、确定目标地区、分权化管理和程序简化等多方面,这些都将是1999年改革的重要内容。不过,从性质上看,《2000年议程》尚不能算作是一份真正的改革计划，更多地是一份谨慎的改革建议书。① 真正的改革决定是两年后在柏林召开的欧盟理事会上做出的。

2．"里斯本战略"与"哥德堡战略"

19世纪末20世纪初，经济全球化给欧盟带来了前所未有的竞争压力，欧盟经济增长率落后于美国和日本（参见图2—1）。从20世纪90年代末开始，欧盟经济增长开始放缓。2005年之前，欧盟经济增长已经连续4年下降。2003年欧盟15国的国民生产总值增长率从1.0%降至0.8%，欧元区12国的增长率则从0.8%降到0.4%。同时，由于长期的经济萧条，欧盟失业率在20世纪90年代后期下降后又开始出现反弹的趋势，2003年欧元区12国的失业率高达9%。而在欧洲内部，欧洲人口老龄化日益严重，社会福利制度和养老金制度不堪重负，逐渐显现出"硬化症"特征。预计65岁以上人口与就业年龄人口的比例将从2002年的25%增加到2015年的30%，到2030年达到40%。此外，欧盟的扩大也使得其必须面对新老成员国经济社会发展不平衡的重大挑战。因此，促进经济增长，提高欧洲经济的增长潜力和竞争力便成为当务之急。于是，欧洲人就给自己制定了一个雄心勃勃的"赶超美国"的"里斯本战略"。

2000年3月，欧盟15国领导人在葡萄牙首都里斯本举行特别首脑会议，通过了一项关于欧盟十年经济发展的规划，即"里斯本战略"，其目标是使欧盟在2010年前成为"以知识为基础的、世界上最有竞争力的经济体"。"里斯本战略"总共制定了28个主目标和120个次目标，旨在解决经济发展、就业、科研、教育、社会福利、社会稳定等多方面的问题。其中，最重要的两个目标是就业率和科研投入。"里斯本战略"提出以加速经济发展推动就业增长，在中长期内创造3000万个就业机会，争取在2010年把欧洲的平均就业率从2000年的61%提高到70%。为达到这一目标，欧盟计划向知识经济全面过渡，将年经济增长速度提高到3%。在科研投入方面，"里斯本战略"提出，欧盟各国2010年将把科研投入所占国内生产总值的比例从2000年的1.9%提高到3%。

但遗憾的是，"里斯本战略"在实施过程中进展缓慢，在许多方面没有达到预期目标。由荷兰前首相维姆·科克（Wim Kok）起草的"科克报

---

① 张广翠：《欧盟区域政策研究》，吉林大学博士学位论文，2006年。

欧盟地区政策研究：改革、效应与治理

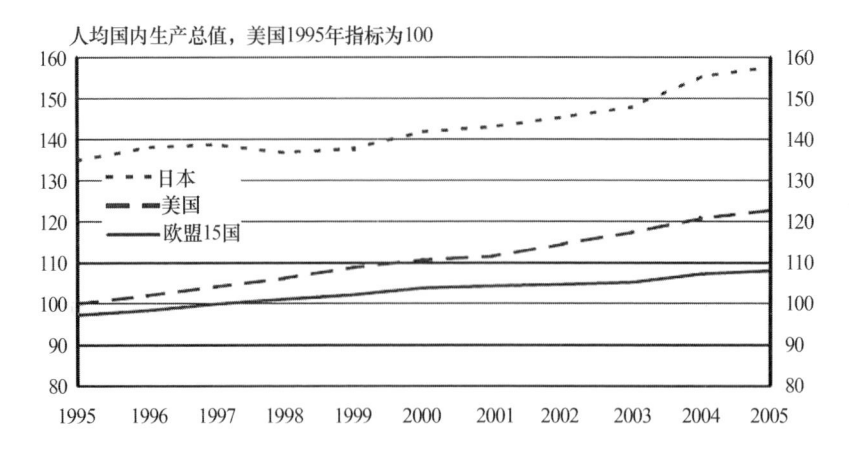

图 2—1　1995—2005 年间美国、欧盟 15 国、日本生产力增长
(Croissance de la productivité)

资料来源：欧盟统计局（Eurostat）。

告"曾指出：虽然肯定欧盟国家在发展信息产业和改革劳动力市场方面做了一些努力，平均就业率也从 1999 年的 62.5% 升至 2003 年的 64.3%，但离 2010 年升至 70% 的"里斯本目标"仍相距甚远。而同期美国的平均就业率已达 71%。与 2000 年相比，现在的欧盟经济距离成为"最富活力和竞争力的经济体"的目标更加遥远。为了挽回"里斯本战略"失败的命运，科克呼吁各成员国领导人在清除统一市场障碍、减少企业行政负担、改革劳动力市场等方面采取更强有力的行动。

欧盟认识到形势的严峻性，进而对"里斯本战略"进行了适度的调整。2005 年 2 月初，欧盟委员会提出新的"增长与就业伙伴计划"，确定以经济增长和就业为优先目标，到 2010 年将欧盟的经济增长率提高到 3%，并新增 600 万个就业机会。2005 年 3 月，欧盟首脑会议正式决定重新启动"里斯本战略"，欧盟各国也根据各自情况确立为期 3 年的"里斯本战略"实施方案。欧盟委员会每年发表一份相关实施情况评估报告。重新启动后的"里斯本战略"开始显现其积极效果，欧盟委员会 2007 年 2 月 22 日公布的研究结果显示，欧盟与美国在创新能力方面的差距进一步缩小。

与此同时，还有一个战略与"里斯本战略"相辅相成，那就是 2001 年欧盟首脑会议所颁布的"哥德堡战略"。该战略有两个重要议题，一是

第二章　历次扩大背景下的欧盟地区政策改革

宣布欧盟东扩"不可逆转",二是在环境方面实施可持续发展战略。这样,"里斯本战略"和"哥德堡战略"就成为指导 21 世纪初期欧盟发展的两个重要战略。

3. 欧盟东扩

欧盟东扩是欧盟制定新时期战略的重要背景,也是欧盟地区政策调整和变革的重要依据。"欧盟东扩"指的是 2004 年塞浦路斯、捷克、爱沙尼亚、匈牙利、拉脱维亚、立陶宛、马耳他、波兰、斯洛伐克、斯洛文尼亚十国的加入,以及 2007 年保加利亚和罗马尼亚的加入。东扩以后,欧盟人口由原来的 3.7 亿变为 4.75 亿,面积由 320 万平方千米扩展为 430 万平方千米。东扩一方面使得欧盟内部市场和资源空间扩大,欧盟也因此成为世界最大的区域经济体;另一方面也带来很多新的矛盾和挑战,具体表现在:

首先,欧盟成员国之间的差距进一步扩大,欧盟内部富国与穷国之间的矛盾更加尖锐。中东欧国家同欧盟现有成员国贫富差距十分悬殊(见表 2—5)。根据欧洲统计局的数据,欧盟从 15 国扩大到 27 国之后,人口增加 27%,面积扩大 1/3,GDP 增加 11%,但人均 GDP 却降低了 14%。根据欧洲边缘与沿海地区研讨会(Conférence des Régions Périphériques et Maritimes de l'Europe,CRPM)的测算,欧盟东扩之后,最富裕地区与最贫穷地区人均 GDP 之比将从 1∶5 上升到 1∶9(EU25)。[1] 要缩小新老成员国之间如此巨大的经济差距,对欧盟而言是一个十分严峻的挑战。而且,中东欧国家之间的经济差距也很大,比如斯洛文尼亚的人均 GDP 接近欧盟平均水平的 67%,而拉脱维亚则只有欧盟平均水平的 25%。[2] 罗马尼亚和保加利亚的人均 GDP 也只有欧盟平均水平的 1/3 左右。进一步说,成员国内部的地区差距也非常大。中东欧国家内部也普遍存在首都城市及周围地区与非首都城市和地区之间差距明显的局面,而且靠近西欧国家的西部地区与东部地区之间的差距也有扩大的趋势。所有这些不同层面的差距,都为欧盟地区政策提出新的挑战。

---

[1] CRPM (2000): *Towards a new regional policy in 2007*, Report from de the Conference of Peripheral and Maritime Regions of Europe.

[2] European Commission (1999), *Six Periodic Report on the Regions: Summary of main findings*, Fact Sheet, Luxemburg.

欧盟地区政策研究：改革、效应与治理

表 2—5　2005 年欧盟各国人均 GDP

	EU25国平均	EU15国平均	波兰	匈牙利	捷克	马耳他	爱沙尼亚	塞浦路斯	拉脱维亚	立陶宛	斯洛文尼亚	斯洛伐克
EU15 = 100	92.2	100.0	45.9	57.1	65.9	65.4	46.8	78	43.1	47.6	73.2	51.3
EU25 = 100	100.0	108.7	49.9	62.1	71.6	71.1	50.9	84.8	46.8	51.7	79.6	55.8

PPS：EUR25 = 100

资料来源：欧盟官方网站。

随着中东欧 12 国的加入，欧盟地区政策面临严重的资金缺口。如果按照人均 GDP 小于欧盟平均水平 75% 来确定目标 1 地区的话，新成员国中除了塞浦路斯和斯洛文尼亚之外，都得被划入目标 1 地区。如果欧盟维持 2000—2006 规划期援助基金占欧盟 GDP 的比重（约 0.31%）的话，那么 2007—2013 年度援助基金约为每年 345 亿欧元，远远低于未来地区政策所需要的资金量，使欧盟地区政策出现巨大的资金缺口。根据 2007—2013 规划期的相关决议，实际的援助总额被确定为 3080.4 亿欧元，而 2000—2006 年总额为 1950 亿欧元（1999 年价格），也就是说，欧盟东扩的确使得欧盟地区政策的预算大幅度提高了。

欧盟东扩带来的预算扩大问题还会引发新老成员国之间的冲突。新入盟的 12 个中东欧国家的人口数占目前欧洲人口总数的 30%，而它们的国民生产总值却只占全欧总值的 7%。欧盟中那些富裕的国家（比如德国、法国和英国等净支出国）已经为希腊、爱尔兰、葡萄牙和西班牙这四个相对贫穷的"凝聚国家"提供了不少经费，东扩后的欧盟自然会减少对这些国家的援助。随着欧盟地区政策向更加贫穷的中东欧国家倾斜，原先的四个"凝聚国家"（爱尔兰、希腊、西班牙、葡萄牙）则因相对"富裕"而不得不退出对既有基金的享受，而且有可能由原来的净收入国转为净支出国。10 个新成员国的 1.05 亿人口中有 9800 多万将会被划入目标 1 地区，而在新入盟国被划入目标 1 地区的同时，原成员国将会有 16 个地区的 1640 万人口被挤出目标 1 地区，这将在一定程度上损害这些国家的经济发展。① 实际上，欧盟根据实际情况制定了所谓"过渡地区"的政策，把对

---

① 周茂荣、祝佳："论欧盟区域政策新一轮改革及其前景"，《经济评论》2008 年第 2 期。

第二章　历次扩大背景下的欧盟地区政策改革

这些国家和地区的援助以渐进的方式慢慢撤出。"过渡出"（phase-out）地区的产生是因为欧盟东扩后，欧盟人均 GDP 下降，一些原有的目标 1 地区的人均 GDP 也就随之超过欧盟平均水平的 75%（不是自身经济增长导致的）。欧盟委员会特地安排了 221.42 亿欧元用于援助这些被动离开原有目标 1 的地区，而且这些援助中的 98% 分配给欧盟老成员国。而对于那些因经济增长迅速而实际超过欧盟人均 GDP 平均水平的地区，也就是所谓的"过渡入"（phase-in）地区，欧盟将其纳入新规划期中的竞争力和就业目标领域进行援助。

其次，还有一点值得一提，就是原附加性原则对新入盟国家负担过重。[①] 原有的附加性原则上限是针对希腊等"凝聚国家"而设定的，对于更加落后的中东欧国家而言，原来的上限标准超出了这些国家的实际财政能力。如果仍然要求中东欧国家按照原共同融资率进行投资，很可能会导致这些国家出现财政赤字，从而影响其经济发展与稳定。[②] 有学者指出，正是由于这种附加性原则，富裕地区因财力强大、资金配套能力更强而能够更好地享受欧盟的援助。相反地，落后地区因资金配套能力弱而无法充分享受很多欧盟项目。这种差异进一步加大了富裕地区和贫困地区之间的差距。

再次，欧盟扩大对欧盟决策效率的挑战。欧盟地区政策的援助本来就是欧盟内部比较有争议的问题，援助方案往往需要耗费很长时间才能在成员国和共同体之间达成妥协和让步。欧盟的急剧扩大进一步降低了欧盟地区政策的运作效率和实际效用。比如，东扩以后，欧盟内部的官方语言就有 20 多种，很多重要的文件都要同时以各种语言版本印发，加大了欧盟的支出，降低了工作效率。

最后，新成员国在文化、制度等方面与欧盟现有规则的差异和冲突。这些也为扩大后欧盟的运作增加了很多成本。成员国应该在多大程度上适应欧盟的制度要求，也就是所谓的"欧洲化"问题，已经成为欧盟发展的重要议题。本书将在第三部分详细探讨"欧洲化"问题。

为了应付上述困难，根据 15 国在 2002 年 10 月召开的布鲁塞尔首脑

---

① 附加性原则指援助资金对落后地区发展起辅助作用，成员国必须提供相应的配套资金，一般用共同融资率来表示欧盟援助资金占总投资的比例。

② 周茂荣、祝佳："论欧盟区域政策新一轮改革及其前景"，《经济评论》2008 年第 2 期。

欧盟地区政策研究：改革、效应与治理

会议上达成的协议，欧盟将在2004—2006年间为东扩提供超过390亿欧元的财政费用，并将拨出230亿欧元作为支持新成员国经济发展的结构基金和凝聚基金。欧盟还为这些国家制定了财政补偿机制，以避免它们在入盟后的最初几年成为欧盟共同财政的净贡献国。

二、1999年改革和2004—2006年改革

1. 1999年改革

1999年欧盟理事会在柏林召开，会上有关各方通过了新的预算和新的结构基金管理规则（1260/1999号决议），经欧洲议会批准后于1999年6月底正式实施。这也就是欧盟地区政策的1999年改革，主要是为2000—2006规划期做准备。这次改革的主要内容包括：

第一，目标的调整。

为精简目标区域和政策工具以实现集中性原则，欧盟地区政策将原来的六个目标缩减为三个新的目标（参见表2—6）：

目标1仍然被定义为"刺激经济发展滞后地区的发展和结构调节"，基本原则仍然要求人均GDP低于欧盟平均水平的75%，原目标6和属于有关成员国的最外围地区也被纳入新的目标1。该目标所用的工具有欧洲地区发展基金、欧洲社会基金、欧洲农业指导和担保基金以及渔业指导基金。

目标2为支持面临结构性困难地区的经济与社会转变，尤其包括工业与服务部门中正在发生社会与经济变迁的地区、衰落中的乡村地区、处于困境中的城市地区和依赖捕鱼业的萧条地区。该目标所用的工具有欧洲地区发展基金和欧洲社会基金。

目标3旨在支持教育、训练和就业政策与体制的调整并使之现代化。该目标所用的工具仅限于欧洲社会基金。

表2—6 2000—2006年欧盟基金与目标分配

	欧洲地区发展基金	欧洲社会基金	欧洲农业指导和担保基金	渔业指导基金
目标1	+	+	+	+
目标2	+	+		
目标3		+		

资料来源：欧盟官方网站。

第二章　历次扩大背景下的欧盟地区政策改革

从表2—6可以看出，无论是从目标还是工具层面来讲，整个结构基金的运作都被大大地简化了。这就在程序上大大提升了欧洲地区政策的效率。

第二，基金的小幅增长。

迫于部分老成员国（比如以德国、法国和英国为代表的净支出国）的压力，加之欧盟自身预算的限制，欧盟理事会规定，在第三个规划期（2000—2006年）中，结构基金在欧盟总预算中的比例将维持在1999年占欧盟15国国民生产总值（GNP）0.46%的水平，不再增加。2000—2006年第三个规划期的结构基金总额为1950亿欧元（1999年价格），其中用于新的目标1、目标2和目标3地区的相应比例分别为69.7%、11.5%和12.3%，用于共同体倡议行动（CIS）及技术创新资助的比例分别为5.35%和0.65%。

地区政策的预算安排中还包括在同期内向4个"凝聚国家"（爱尔兰、希腊、西班牙、葡萄牙）提供180亿欧元的凝聚基金，并规定任何成员国所得到的地区政策资助额不得超过该国GDP的4%。

第三，新成员国的凝聚政策。

对于中东欧国家，1999年欧盟理事会决定在2000—2002年间，每年从欧盟预算总额中拨出31.2亿欧元作为"入盟前援助"，用于农业及地区结构调节等领域，具体包括：

PHARE计划。目标是帮助申请国进行法律改革、参加共同体计划、地区开发与社会开发、产业再建和中小企业振兴等。PHARE计划通过投资帮助申请国的公司和基础设施达到欧盟标准。这部分投资资金占PHARE计划预算的70%，即每年15.6亿欧元。

SAPARD计划，即入盟前农业援助手段，目标是实现农业现代化和农村开发。自2000年开始，入盟前农业援助预算达到每年5.2亿欧元。

ISPA计划，即入盟前结构政策手段。这一政策支援基础设施的政治和环境保护。自2000年开始，入盟前结构政策手段预算达到每年10.4亿欧元。

总体上讲，1999年的欧盟地区政策改革并没有对地区政策进行根本变革。1999年改革虽然在简化目标数目、削减政策工具、集中使用资源以及矫正地区政策操作程序中的官僚主义倾向等方面取得一定进展，但在其他领域却成效不大,甚至有负面影响。一些棘手的问题,比如为欧盟东扩募集资源、改革欧盟现有财政体制等方面的改革,最终还是被制止了。[1]

2. 2004—2006 年改革

欧盟委员会于 2004 年 2 月提出针对 2007—2013 规划期的欧盟财政框架。最终,2006 年 7 月的欧盟理事会通过了关于欧洲地区发展基金、欧洲社会基金以及凝聚基金的相关决议(1083/2006)。该决议最终确定了欧盟地区政策在 2007—2013 规划期的改革内容。2006 年的改革是 2004 年 2 月的财政框架的延续和深化。这次改革是欧盟地区政策改革中最广泛、最深刻的一次。具体而言,在这份最新的决议中,改革内容可以归纳为以下几个方面:

第一,精简目标区和政策工具,制定新的预算安排。

本次改革将原有的国家倡议、共同体倡议以及凝聚基金的援助目标综合起来简化为三个目标:

第一个目标是"趋同"(convergence)目标,接近于第三规划期的目标 1,旨在加快经济落后但潜力大的地区的发展;主要包括人均 GDP 低于欧盟 25 国平均水平 75% 的地区、受统计影响的地区,[2] 以及国民总收入(GNI)低于欧盟 25 国平均水平 90% 的地区。[3]

第二个目标是"地区竞争力和就业"(Compétitivité régionale et emploi)目标,目的是在全欧范围内加强地区竞争力和促进就业。主要包括所有"趋同"目标以外的地区,也包括仍在"趋同"目标之内但到 2007 年将退出该目标的地区。

第三个目标是"欧洲领土合作"(Coopération territoriale européenne)目标,代替了原有的共同体倡议中欧洲地区合作项目(INTERREG)的相关内

---

[1] 马颖:"德国财政平衡的区域政策功能及其对我国的启示",人大全文 2000 年经济类专题:《世界经济与政治》2000 年第 10 期,第 53—57 页。

[2] 指那些欧盟扩大致使统计基数变化而使人均 GDP 超过了 EU25 国平均水平 75% 的国家,而实际上其人均 GDP 仍低于 EU15 国平均水平的 75%。这些地区被纳入新的"趋同"目标,是为了照顾原有受益国,但这些地区的补助将在计划内逐步减少至正常水平。

[3] 指凝聚基金影响地区,其中也包括受统计影响的地区,这些地区也将在计划内逐步减少补助到正常水平。

容，主要包括处在成员国交界处的地区以及一些海岸地区。

此外，此次改革把欧洲农业指导与担保基金（EAGGF）和渔业指导基金（FIFG）分离出去，只保留了欧洲地区发展基金、欧洲社会基金以及凝聚基金作为政策调节工具，同时出台了相关规则来协助目标3地区合作项目的顺利进行。具体政策工具和预算分配参见表2—7。

表2—7 2007—2013规划期欧盟基金与目标分配

目标	欧洲地区发展基金	欧洲社会基金	凝聚基金	援助额度
"趋同"目标（接近于原目标1内容）	+	+	+	2837亿欧元
"地区竞争力和就业"目标（接近于原目标2和3内容）	+	+		309亿欧元
"欧洲领土合作"目标（愿共同提倡议INTERREG内容）	+			80亿欧元

资料来源：根据DG Regional and Urban Policy, Infoview database 2016年4月14日数据制作。

第二，对新成员国的援助。

2004—2006年之间，欧盟从预算中拨出240多亿欧元作为结构基金和凝聚基金给10个成员国，其中1/3强（85亿欧元）分配给凝聚基金，凝聚基金的重要性日益凸显（从将近结构基金总额的1/10增至约1/3）。对个别成员国，如塞浦路斯、爱沙尼亚、拉脱维亚、斯洛文尼亚而言，凝聚基金援助几乎占所有结构基金援助的一半。这些基金不仅支持经济和社会发展方面的投资，而且提供技术援助以强化行政能力。在新成员国中推行的这些计划优先体现大环境建设，包括提高经济竞争力和人力资源开发的措施、基础设施建设、自然环境条件和乡村水产业的发展。新成员国在2004—2006年间将获得57.6亿用于农村发展。

2006年7月17日召开的欧盟理事会决定（1085/2006号决议）建立一个入盟前援助政策（Instrument for Pre-accession Assistance，IPA/l'instrument d'aide de pré-adhésion，IAP），作为2007—2013规划期发展新的入盟国家的指导政策。该政策整合了以前的PHARE计划、SAPARD计划、ISPA计划以及跨边界合作计划（la coopération transfrontalière，CBC）、CARDS计

划等。主要干预内容包括以下五个方面：制度转型；（与欧盟成员国以及其他 IPA 合作国的）跨边境合作；地区发展（交通、环境和经济发展）；人力资源；农村地区发展。IPA 受益国主要分为两种类型：欧盟候选国（包括克罗地亚、土耳其、前南斯拉夫马其顿共和国）；西巴尔干地区潜在的候选国（阿尔巴尼亚、波斯尼亚—黑塞哥维那、黑山共和国、塞尔维亚，也包括新独立的科索沃），这些国家只能享受前两个方面的援助。

第三，程序的简化与管理和监管制度的进一步完善。

欧盟结构基金的运作存在着系统复杂、程序官僚化的问题，这就要求对其实行一定的"分权化"和简化管理，把部分权力下放给成员国，同时简化相关规定和程序。

在项目规划方面，欧盟改革区域政策操作方式，实行"三步法"：各国根据"共同体指导意见"的基本规则制定出各国"参考框架"，并在此基础上决定实施具体的"项目"。欧盟从原来的具体项目的规划上升到投放领域的规划，除增值税等少数领域外，资金投向的地区由成员国自主决定。欧盟只对成员国提交的计划执行的年度报告进行评估和审核，而把管理责任大部分移交给成员国。

在资金管理和监督方面，欧盟实行"比例"原则（proporationnalité），即如果成员国的财务体系经欧盟评估后认为值得信任，且成员国拥有独立的审计机构，那么该国出资占项目总投资的比重越大，所获得的自主权就越多。相反，如果欧盟委员会对各国资金管理和监督体系或者项目执行的规律性有所怀疑，欧盟将削减对该国或者该领域的援助。

此外，这次改革的一个重大突破就是充分考虑了各成员国之间巨大的区域差异，在制定改革方案时采取了分层措施：[1] 首先，这次改革针对附加性原则制定了新的共同融资率，将欧洲地区发展基金和欧洲社会基金的共同融资率从 75% 放宽至 85%。这种做法充分考虑了落后地区（尤其是新入盟的中东欧国家）的财政能力，保证了各成员国都能在财政能力许可范围内提供有效的配套基金。其次，对成员国使用援助金总额制定"梯形上限"的方法以及"n+2""n+3"[2] 规则，充分考虑了成员国在资金吸

---

[1] 周茂荣、祝佳："论欧盟区域政策新一轮改革及其前景"，《经济评论》2008 年第 2 期。
[2] 对超过规划使用期限两年或三年还没有使用的资金予以扣除。

收能力和管理水平方面的差异，既有利于加强潜力较大的地区的发展，也有利于提高援助资金的使用效率。第三，额外财政补助的特殊条款针对各成员国或地区的特殊性，以及可能出现的特殊情况都做出一定的安排，有利于发挥各成员国特有的优势。

三、2014—2020规划期与2021—2027规划期的调整

按照欧盟官方网站的表述，2014—2020年规划期的欧盟地区政策进入一个战略性投资的新时代（a new era of strategic spending）。欧盟地区政策在最新的2014—2020年规划期表现出进一步明确目标、简化规则、加强监管、提高效率的政策动向。这一动向跟欧盟地区政策之前30年的演变方向基本一致。2014—2020规划期为保证投资效率做出三个方面的改革：（1）为项目增设"前期条件"（ex ante conditionalities），保证实施效率。欧盟各项资金使用之前，会紧紧围绕仅有的几个战略性投资优先目标（strategic investment priorities），采用更新的"前提条件"，项目开始实施以后将采用更细致的监管措施，从而确保各项基金用到最需要的地方。（2）智慧的专业化（smart specialisation），调动和凝聚研究机构、商业、高等教育、公共机构以及市民社会等各种地方力量，以加强对地方潜力和市场机会的把握。这是欧盟最为"分权化"（decentralised）的政策举措。（3）更注重结果导向（result-orientation）。截至2017年7月，已经有39%的资金分配到各个项目中。①

此外，2014—2020规划期的改革措施还包括：

（1）新的、更简化的规则（new, simpler rules）：将增强不同基金工具之间的协调性，增强不同政策领域（科技与创新、共同农业政策、教育和就业等）之间的互补性；更加简化的规则（包括120项左右的简化措施），可以使政策受益者更容易明了基金运作情况，减少操作中的失误。用于资助小企业发展的COSME项目中的"零官僚性"（zero bureaucracy）方案，以及电子业务办理（e-submission）、电子报告（e-reporting）等方面的进展。程序简化有助于各项商贸活动更集中于自身核心业务，具有更大的创新性和竞争力。

---

① 第七次经济、社会与地域聚合报告，以后简称"聚合报告"，第xxiv页。

(2）通过落实地区政策投资的明晰的、可操作的目标（clear and measurable targets），欧盟成员国和地区可以证明其为实现"欧洲2020战略"（Europe 2020）目标关于可持续发展和创造就业机会方面所做的贡献。

（3）欧盟地区政策的实施机制将在一个更加稳定的框架内拥有更多灵活性。具体表现在：（a）修正了基金分配的条件，增加了对地区财富、欧盟范围的挑战、人口变化、失业率、移民和气候变化等方面的关注。（b）增加了国家出资在共同出资（co-financing）中的比例。（c）在每一个预算周期的初始，保留一个不确定的基金分配额度，以应对预期外的发展内容，并帮助快速应对新挑战。①

（4）第七次聚合报告建议欧盟地区政策应该坚持在所有的欧盟地区进行投资，但主要集中于三个目标的实现：（a）支持各地区经济转型、创新、工业现代化和技术提升；（b）降低失业率，增加在技术和贸易发展方面的投资，与社会排斥和社会歧视做斗争；（c）支持结构性改革，提升公共管理能力，扩大投资的积极效应。②

在2017年3月颁布的《欧洲未来白皮书》③中，针对凝聚政策提出三个重要问题：需要在哪些方面进行投资？这些投资的优先目标是什么？凝聚政策该怎样执行？为此，欧盟官方网站公布的2021—2027新规划期的欧盟地区政策重点包括：

（1）欧盟地区政策的投资仍将通过划分三类地区——欠发达地区（less-developed regions）、过渡地区（transition regions）和较发达地区（more-developed regions），对欧盟所有地区采用不同方案进行投资。地区发展投资将重点关注目标1和目标2。根据成员国自身的相对财富支撑能力，65%—85%的欧洲地区发展基金和凝聚基金会投入这两个目标。各项投资将主要基于人均GDP水平。但需要更加关注几个新的条件（年轻人就业、低教育水平、气候变化与移民接收和融入），以更好地反映当地情

---

① 前三条措施参见欧盟官方网站关于欧盟地区政策（regional policy）的内容，https://el.europe.eu/regional_policy/en。
② 第七次聚合报告前言。
③ European Commission "*White Paper on the Future of Europe Reflections and Scenarios for the EU – 27 by 2025*"，COM（2017）2025 of 1 March 2017.

况。边远地区（outermost regions）将继续接受欧盟特殊基金的帮助。

（2）更加关注本土化的城市可持续发展，6%的地区发展基金将会投入城市可持续发展，设立一个新的欧洲城市倡议项目（European Urban Initiative），以推动城市管理者们的能力建设，构建网络管理平台。支持环境友好型投资，设立专门的"改革支持项目"（Reform Support Programme）。

（3）更加简单高效明晰的规则。具体包括80项简化措施。[①] 单一规则手册（single rulebook）涵盖了7项（与欧盟成员国共同管理的）欧盟基金。增加对成员国体系的依赖，扩大"单一审计程序"（single audit），避免重复监管（avoid duplication of checks）。

（4）更加灵活的运行框架。既要保证投资的稳定性，也要保持一定的灵活性，以应对变化。结合现有目标的落实情况、各项目的执行情况以及成员国最新的特殊建议，中期评估（mid-term review）将会决定是否在项目执行期的最后两年做出调整。在一定条件下，有些项目的资源调配可以不经过欧盟委员会的正式批准。此外，有一项特殊条款可以确保在发生自然灾害时，欧盟有关资金可在第一时间得以调动。

在政策制定和执行过程中，成员国的建议将会有两次机会被予以考虑：第一次是在项目开始设计时，第二次是在中期评估时。为了更好地确保实现"增长"和"就业"两个目标，也会设立一些新的保障条款（enabling conditions），这些保障条款会在整个运行期间可以适当调整。

（5）与欧盟其他政策工具之间的协同性将会增强。单一规则手册（single rulebook）涵盖了凝聚基金与避难和移民基金（Asylum and Migration Fund）。避难和移民基金将主要处理移民到达时的短期需要，而凝聚基金将主要支持他们的社会和职业融入。单一规则手册之外，欧盟各项基金——比如共同农业政策、"欧洲地平线"（Horizon Europe）欧盟环境金融工具（the Financial Instrument for the Environment，LIFE）以及"埃拉斯姆斯+"项目（Erasmus+）之间的协作也会有所增加。

（6）跨地区项目INTERREG：设立欧洲跨边界机制（European Cross-Border Mechanism），支持边界融合与创新项目。进一步推动地区间与跨边

[①] 可参考 https：//ec.europa.eu/regional_policy/sources/docgener/factsheet/new_cp/simplification_handbook_en.pdf。

欧盟地区政策研究：改革、效应与治理

界的合作，将会帮助推动一个地区更加便利地使用其自身资金来实现与其他地区间的合作。鉴于 2014—2020 已经成功实施"先锋行动"（pilot action），将设立地区间创新投机基金（Interregional Innovative Investments）。对于符合"智慧特性"（smart specialisation）优势的地区，将会给予更多的支持，以创建一个有关大数据、循环经济、高端制造业以及网络安全等方面的"泛欧集聚群"（pan-European clusters）。

（7）完善欧盟各项基金的执行体系。所有的项目将会继续在一个执行框架内（performance framework）开展。这个新的执行框架将采用年度执行评估（annual performance review），该评估由项目执行主体与欧盟委员会通过政策对话（policy dialogue）的方式完成。该执行框架中也包含一个中期评估。为了确保透明性，方便市民了解和跟踪项目执行信息，成员国需要每两个月提供所有的执行数据。

（8）增加各项金融工具的使用，并吸引更多私人资本。各项补助并不能解决所有的投资缺口，因此需要通过各项金融基金的使用来进行补充，以起到一定的杠杆效用，也能够更加适应市场需求。各成员国以自愿为基础，可以将其部分凝聚政策资金融入新的、统一管理的欧盟投资基金（Invest EU fund）中。

（9）进一步推动与民众之间的互动和交流，增加民众对聚合政策的了解。创建一个更加"亲民"的欧洲，需要进一步与民众沟通凝聚政策的积极效应。为此，成员国和地区都被要求增加与民众的交流，比如可以组织一些活动公开展示欧盟资助的项目。与此同时，为了方便展示和交流，欧盟资金项目也设立了统一的数据平台。①

最新的两个规划期所做的这些调整，其效应如何，能否进一步有效缩减各个层面的欧盟地区差距，仍然需要更长的时间段去考察。

综合本章所述，欧盟地区政策一直处在不断改革的过程中，历次扩大都为该政策的深化改革提供了重要推动力。欧盟地区政策在欧共体产生初期仅处在边缘位置，直到 1975 年欧洲地区发展基金的诞生以及随后以《单一市场法案》为基础的 1988 年改革之后，才得以真正建立起来。在之

---

① https：//ec. europa. en/regional_policy/en/2021_2027，https：//ec. europa. eu/regfional_policy/sources/docgener/work/2015 - 03 - impact - crisis. pdf，2019 年 6 月查阅。

后的两个规划期中，欧盟地区政策日渐成熟完善，结构基金得到双倍提升，各项政策目标和工具也逐步充实与协调，形成一个完善的政策体系。但是，由于20世纪90年代以来国际竞争力的日益加剧，加之欧盟东扩的严峻形势，欧盟不得不思考如何应对这些新的挑战，因而制定了以发展知识经济为指导思想的"里斯本战略"，以增强自身竞争力和凝聚力，并试图赶超美国。由此，1999年和2004年的改革就紧紧围绕"里斯本战略"展开，继续加大对欧盟地区政策的资金投入，同时进一步简化程序，实行分权化管理，进一步协调政策目标和工具，加强监管。最新的两个规划期也继续在简化程序、提高效率方面有所改进。接下来，我们将对欧盟地区政策几十年来改革的主要特点与趋势进行提炼和归纳分析。

欧盟地区政策研究：改革、效应与治理

第三章　欧盟地区政策演变的特点和趋势

欧盟地区政策随着欧盟的历次扩大而不断变革，一个最明显的变化趋势就是结构基金数量和比重的不断提升。从图3—1"1986—2023年的凝聚政策资金使用情况"[1]可以看出，欧盟地区政策的基金在欧盟GDP总量中所占的比例基本呈现上升趋势。不同的线条，分别代表欧盟地区政策的五个规划期1989—1993年、1994—1999年、2000—2006年、2007—2013年和正在进行中的2014—2020年。每个规划期之所以会出现抛物线形状，主要是因为基本上在每个规划期的中间时段，基金投入都将达到最高。

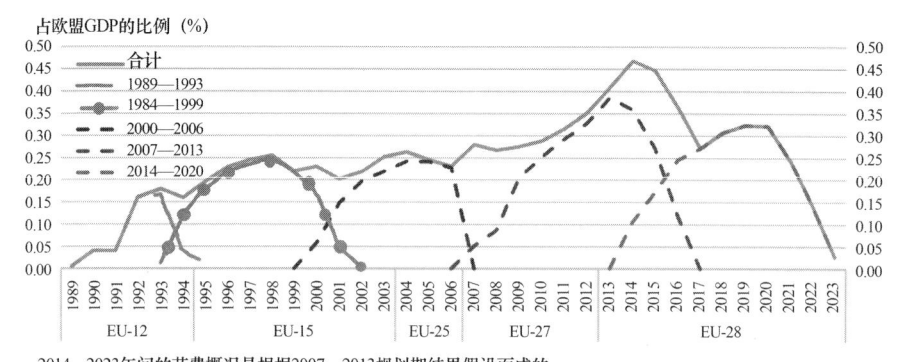

2014—2023年间的花费概况是根据2007—2013规划期结果假设而成的。

图3—1　1986—2023年的凝聚政策资金使用情况

资料来源：DG REGIO的历史数据。

除了基金数量和比重不断提升之外，欧盟地区政策改革背后还隐藏着其他几个共性的特性和趋势，我们将从四个方面进行解析：

---

[1] 第七次聚合报告，第178页。

第三章 欧盟地区政策演变的特点和趋势

第一节 "凝聚力"（公平）与"竞争力"（效率）的双重强化趋势

"凝聚力"（Cohesion）与"竞争力"（Competitiveness）的对立统一，本质上就是"公平"与"效率"之间的关系，这是任何一个国家或地区的地区发展政策都要面临的深层次困境。几十年来，欧盟一直致力于凝聚力的提升，但 21 世纪以来，欧盟的经济增长率一直落后于美国和日本，中国和印度等新兴发展中国家也日益壮大，欧盟的国际竞争力正在遭受前所未有的挑战，因此欧盟不得不在继续坚持加强凝聚力的同时，积极提高自己的竞争力。比利时经济学家安德烈·萨皮尔（André Sapir）在 2003 年提交给欧盟委员会的《萨皮尔报告》[①] 中主张，欧盟地区政策是"失败"的，在加强欧盟竞争力的时候，欧盟地区政策已经失去了意义，应该把欧盟地区政策的权责归还给各成员国。这一观点过于强调竞争力的作用，而忽视了凝聚力的长远作用，是一种较为短视和极端的观点。但这一观点的存在以及它引起的巨大反响，也充分反映了欧洲人对自身命运的重新思考。也正是在这样的大背景下，欧盟提出两个新的战略——"里斯本战略"和"欧洲 2020 战略"，明确了加强欧盟竞争力、追求可持续发展以及保护环境等总体发展思路。欧盟地区政策的战略方向逐渐向"增强竞争力"方向。但是，总体而言，欧盟对凝聚力的追求仍然没有减弱，因为从长远来看，这也是欧盟经济持续发展的重要依托和保障（虽然短期内凝聚力与竞争力的目标之间可能会有所冲突）。因此，综合欧盟地区政策几十年改革历程来看，欧盟是在走一条由以"凝聚力"为主到"凝聚力"与"竞争力"并重的路线。

"凝聚力"和"竞争力"是欧盟地区政策两个最核心的优先目标。在欧盟委员会负责地区政策的委员达努塔·胡布纳（Danuta Hübner）看来，欧盟地区政策的根本目的就是要增强欧盟的"凝聚力"和"竞争力"。她

[①] Sapir André, *An Agenda for a Growing Europe: The Sapir Report*, Oxford University Press, European Commission, 2004. 2002 年 7 月，欧盟委员会主席普罗迪邀请布鲁塞尔自由大学经济学教授萨皮尔（André Sapir）组成高水平研究小组，对欧盟经济政策进行考察，以寻求促进欧洲经济增长的方案。2003 年便产生了《萨皮尔报告》。

欧盟地区政策研究：改革、效应与治理

在回答"为什么需要欧盟地区政策"这一问题时回答道：是为了缩减经济和社会差距，构建一个团结和富有竞争力的欧洲。具体而言，"一方面，欧盟地区政策的宗旨就是要通过缩小地区差距，提高欧盟内部经济和社会凝聚力来确保整个欧洲社会的团结。这一点主要可以通过提高地区层面在经济增长和竞争力方面的地位，并在各地区之间展开积极的交流来实现。而且，为了迎接 21 世纪的挑战，我们需要构建一个在科技上占优势的、有活力的欧洲，一个有竞争力的欧洲，一个每人都公平享有就业和受教育的权利，能够自由流动、老有所养、病有所医，没有污染，对世界事务负有责任的、团结的欧洲"。[1]

作为欧盟地区政策的两个最重要目标，"凝聚力"和"竞争力"的地位并不是完全相同的。"凝聚力"目标从欧盟地区政策萌芽和产生之时至今，一直是其最重要的目标，而"竞争力"目标是随着欧盟内部和外部形式的变化而逐步加强的。尤其是 20 世纪 90 年代以来受欧盟经济发展放缓、国际竞争加剧、欧盟东扩等因素的影响，"竞争力"才成为一个越来越重要的目标。20 世纪 90 年代以来，欧盟地区政策就形成一个"凝聚力"和"竞争力"并重的局面，而且两个目标都有不断被强化的趋势。作者把这种趋势称作"双重强化"趋势。

一、"凝聚力"的强化

欧盟之所以成为当今世界区域一体化的典范，主要是因为欧盟把内部经济和社会凝聚力的提升作为根本目标。欧盟不仅仅是一个自由的、鼓励竞争的和科技的欧盟，而且是一个团结的、社会的和公民的欧盟。[2]

《罗马条约》《单一市场法案》以及《马斯特利赫特条约》中都以不同形式将缩小地区差距、实欧洲社会和谐与聚合作为欧洲建设的重要目标。而且，从第一个规划期（1989—1993 年）开始，欧共体地区政策的首要目标都是促进落后地区的发展，缩小地区之间的差距。这一首要目标的实现始终是欧盟地区政策预算的最重要援助内容。直到 2007—2013 规

---

[1] http：//ec. europa. eu/regional_policy/policy/why/index_fr. htm.

[2] CEDECE, Sous la direction de Guillermin Guy et Oberdorff Henri, *la Cohésion économique et sociale：une finalité de l'Union Européenne*, Actes de colloque de Grenoble 19 – 21 octobre 1998, la Documentation Française, Paris, 2000. p. 7, préface.

划期,"地区竞争力"才作为一个明确的目标被固定下来(即2007—2013规划期的第二个目标)。但是,原先的"凝聚力"目标并没有因此而弱化,相反还得到一定程度的加强。这一点从欧盟地区政策"集中性原则"就可以看出来,该原则的最重要内容就是把资金预算更加集中在对落后地区的援助上。这样,"凝聚力"和"竞争力"就开始成为欧盟地区政策发展的两个并行不悖的重要目标。

在2000—2006规划期中,在"集中性原则"的指导下,"落后地区的发展"再次成为结构基金的首要援助目标。爱丁堡欧盟理事会决定把结构基金的2/3都用于这一目标的实现。而欧盟也制定了相关标准,要求成员国把有困难的落后地区,包括特别边远地区和"过渡地区"的发展作为与欧盟共同进行援助的对象。这些标准跟1994—1999规划期所用的标准比较类似,主要包含:选区人口、国家财富、地区财富、结构问题的严重性,尤其是失业水平等。在2007—2013规划期中,由于中东欧国家的加入,欧盟内部的地区差距进一步扩大,就业问题也更加突出。在这一背景下,加强经济和社会凝聚力,实现和谐、平衡和持续发展就显得越发重要。在2006年欧盟理事会的决议(1083/2006,第31条)中,对于落后地区,包括统计上受影响的"过渡地区"的援助再次成为"集中性原则"指导下的援助重点。在这一规划期中,绝大部分的预算会集中在"趋同"目标,也就是对最落后地区的援助上。跟以前几个规划期相比,用于这一目标的预算比例得到很大提升。1989年用于对落后地区的援助仅占56%,而在2007—2013规划期中,这一比例已经达到81.5%。其中大部分受援助国家集中在新入盟的中东欧国家,它们人口占欧盟的21%,而所受的援助却超过整个欧盟地区政策预算的52%。

二、"竞争力"的强化

"竞争力"原本是一个适用于企业的词汇,但后来越来越多地用于比较不同国家和地区的经济与社会发展结果。[①] 根据欧盟地区发展统一指导部门(DG Regio)的解释,"竞争力"是指一个地区预知并应对内外经济和社会挑战,并为本地居民提供更好的经济、社会发展机遇和更高生活质

---

① Guy Baudelle et Bernard Elissalde,2007.

量的能力。为了更好地实现经济增长,提高就业率,欧盟地区政策把提高"竞争力"调整到与提高"凝聚力"同等重要的地位。①

在 1994—1999 规划期中,主要目标是缩小地区差距和解决就业问题,针对地区发展和竞争力问题并没有做出明确的规定。在 2000—2006 规划期中,有关鼓励发掘地区内在潜力以提高"竞争力"的内容已经开始有所涉及。这一规划期的优先目标包括:为经济持续发展创造条件;加速经济增长、增强竞争力和增加就业;为提高竞争力,推动科技创新和中小企业的发展;促进就业——推动人力资源发展,在保护环境的前提下实现经济可持续发展,等等。在 2000—2006 年规划期中,目标 2 就更多地提到国家和地区层面的经济发展问题,比如加强对科技创新的鼓励和支持等内容。这一趋势在最新的规划期中得到更充分的体现。

在 2007—2013 规划期中,"竞争力"已经作为一个明确的目标被规定下来,也就是第二个目标"地区竞争力和就业"。2006 年欧盟地区政策改革中(欧盟理事会决议 1083/2006,第 32 条)就涉及这一内容:通过集中投资增强欧盟各地区竞争力,提供机遇以使欧盟内部民众各尽其能。而在"欧洲空间研究规划网络"(ESPON)② 2007—2013 规划期新的研究任务当中,"区域空间发展、竞争力和凝聚力"也成为首要目标。③ 新的"地区竞争力和就业"目标特别强调科技创新,该目标 75% 的预算用于科学研究(R&D)、企业发展、信息技术、培训、人力资源和交通等方面的发展。成员国制定的发展规划必须严格遵循"里斯本战略"和"哥德堡战略",这两个战略的核心内容就是提升欧盟的竞争力。有学者指出,如何协调"凝聚力"和"竞争力"之间的关系以寻求更为平衡的发展,已经成为 2008—2009 年间欧盟预算调整的重要议题。④ 欧盟地区政策作为"实现欧盟野心的最重要工具",必须确保把欧洲建成一个更能吸引投资和

---

① 第四次聚合报告。

② European Spatial Planning Observation Network,ESPON(http://www.espon.public.lu/fr/espon/index.html)。

③ http://www.espon.eu/mmp/online/website/content/programme/1455/file_3291/nr-espon-2013_9-11-2007.pdf。

④ Rui Azevedo, nouvelles configurations des territoires après cinq ans de construction européenne, *l'Information géographique*, 2007, No. 4。

劳动者的地方与一个经济发展迅速、富有竞争力和创新能力的地区。这种趋势与"里斯本战略""把欧盟建成最具有竞争力和活力的地区"的目标是一致的。有学者认为"竞争力"作为优先目标是欧盟地区政策的一个重要转变，甚至有学者担心2007—2013规划期似乎有些过分强调"竞争力"：除了竞争力，就没有什么了吗？(la compétitivité, sinon rien?)①

由此可看出，欧盟地区政策的两个核心目标就从原来的"凝聚力"目标为主转变为"凝聚力"与"竞争力"并重的双重目标。这是欧盟适应全球化竞争局势的必然要求。不过，如何在两个目标之间实现协调统一，并不是一件容易的事。有学者认为欧盟地区政策本身就是限制"竞争力"发展的（如《萨皮尔报告》），这一观点虽然有失偏颇，但无不反映了凝聚力和竞争力目标之间的一定矛盾性。虽然从长远来看两个目标是统一的，但是从短期来看，欧盟地区政策优先的资金究竟应该向哪一个目标倾斜，还需要在实践中继续摸索。

第二节　程序的简化以求更高的效率

欧盟地区政策在不断完善和发展，另一个非常重要的表现就是程序上的不断简化。欧盟地区政策程序的复杂性和运作的"官僚化"导致了其运作成本的增加和效率的低下。为了进一步提高欧盟地区政策的效能，欧盟在历次改革中都非常注重对该政策体系和程序的简化，尤其是最近在两个7年规划期中，程序的简化得到较为明显的体现。即将到来的2021—2027规划期更加强调简单高效的程序规则，具体包括80项简化措施。② 最新出版的单一规则手册涵盖了7项（与欧盟成员国共同管理的）欧盟基金的内容，便于使用者了解和运用。

欧盟地区政策的程序简化改革主要表现在以下几个方面：政策目标和政策工具的集中化、政策工具之间的协调以及不同层级之间职权的明晰和"分权化"等。

---

① Guy Baudelle et Bernard Elissalde, 2007.
② https://ec.europa.eu/regional_policy/sources/docgener/factsheet/new_cp/simplification_handbook_en.pdf.

一、基金使用的"集中化"

早在1986年颁布的《单一市场法案》（第130条）中就已经明确把"集中化"作为一个欧共体地区政策工具的四个主要原则之一。集中性原则（concentration），就是把结构基金的使用集中在落后地区和人群，也就是已经确定的5个重点区域里。而结构基金的不同种类，其所集中使用的领域和目标也有所不同。随后，第1和第2个规划期（1989—1993年，1994—1999年）中，这一原则得到一定程度的贯彻。结构基金按照不同的目标被分配在不同领域使用。不过，最早两个规划期的目标比较多，这使得基金的使用过于分散化，影响了政策目标的实现。于是，在最新的几个规划期中，"集中化"原则进一步得到强化，政策目标和政策工具都得到很大程度的精简和浓缩。

在2000—2006年和2007—2013年两个规划期（参见表3—1）中，欧盟地区政策工具的"集中化"运作主要表现在四个层面：

表3—1 2000—2006年和2007—2013年目标与基金工具的简化

2000—2006年	–	2007—2013年	–
目标	基金工具	目标	基金工具
凝聚基金	凝聚基金	"趋同"目标	ERDF
目标1	欧洲地区发展基金（ERDF）	–	ESF
–	欧洲社会基金（ESF）	–	凝聚基金
–	欧洲农业指导与担保基金（EAGGF）	–	–
–	渔业指导基金（FIFG）	–	–
目标2	ERDF	"地区发展与就业"目标	ERDF
–	ESF	地区层次	ESF
目标3	ESF	国家层次：欧洲就业战略	–
INTERREG *	ERDF	欧洲地域合作	ERDF
URBAN *	ERDF	–	–
EQUAL *	ESF	–	–
LEADER + *	EAGGF	–	–

续表

2000—2006 年	–	2007—2013 年	–
农村发展与目标1之外的渔业重建	EAGGF	–	–
	FIFG	–	–
9 个目标	6 种工具	3 个目标	3 种工具

资料来源：欧盟官方网站。带有＊标志的属于"共同体倡议（CIS）"内容。

第一，优先目标和共同体倡议的"集中化"。2000—2006规划期把1994—1999规划期的6个优先目标调整为3个新的目标，把原来的14个共同体倡议缩减为3个，而共同体倡议的基金占用比例也从1994—1999年间的9%压缩为2000—2006年间的5%。到了2007—2013规划期，共同体倡议则已经完全取消了。

第二，从政策干预的领域来看，也有一定程度的压缩。不同层级政策工具之间也加强了协调，防止了政策工具不必要的分散化。

第三，接受援助的人口范围缩小，从1994—1999年间的52%缩减为35%—40%。不过，这种缩减还配合了一定的缓冲手段，那就是对"过渡地区"的援助。对这些过渡地区的援助根据政策目标的不同而区别对待：对原有的目标1给予6年的援助，而对目标2给予5年的援助。

第四，对于落后地区的"集中"援助。2000—2006年间，用于目标1的基金占结构基金总预算的2/3。而到了2007—2013年间，这一比例得到进一步提升，占欧盟结构基金总预算的81.5%。

二、政策工具的整合

程序的简化并不仅仅依靠政策目标和工具的"集中化"，还需要不同政策工具之间的整合。欧盟不同政策工具之间可能会对同一个区域进行援助，造成一定的重叠，而且由于缺乏必要的监督和跟踪，很难确定哪一个区域已经接受了哪些援助（比如1981—1989年间的法国朗格多克—鲁西永大区就遇到这种情况）。这样就造成欧盟不同政策之间的重叠、交叉和相互干涉，比如地区政策的工具也可以对农业领域进行援助。[1] 于是，如何对欧盟不同政策工具进行有效整合便越来越成为一种必要。总体而言，政策工具之间的整合具有以下几方面的优点：提高政策工具的运作效率和彼此之间的合力效应；增强政策工具在实地应用过程中的灵活性和弹性空间；促进各项基金实践之间的协调统一。

欧盟地区政策的各项工具之间也需要内在的整合。1988 年的欧盟地区政策改革中并没有明确规定如何在三个不同基金之间进行整合。虽然 1988 年改革曾经提到要把三个基金的任务予以梳理和协调（《单一市场法案》第 130 条 D 款），但实际上，这种工具之间的协调更多停留在"信息交流"的层面，而不是真正意义上的"合作"，更不是一种"整合"（intégration）。[2] 这也可以被称作一种"流于形式"（artificielle）的整合。[3] 1993 年欧盟地区政策改革也没有沿着《马斯特利赫特条约》提出的相关要求对不同工具进行重新组合，不同政策工具之间仍然是重叠和交错的"马赛克"式的拼图。随后，在最新的几个规划期中，不同工具之间的整合得到一定程度的推动。

对于 2000—2006 规划期，程序的简化一方面通过对政策目标和工具的精简来实现，另一方面则通过确立一个在目标 1 和 2 范围内，每个地区只建立一个"多年规划"的原则来实现。对于 2007—2013 规划期，这一原则得到更为彻底的贯彻。在 2006 年的欧盟理事会决议中，欧盟地区政策工具得到进一步整合。为了防止基金分配过于分散化而导致的效率低下，2007—2013 规划期对农村地区发展和工业转型相关基金进行了整合。新的整合规则是每个地区只有一个统一的项目（programme）（欧盟理事会决议 1083/2006 第 45 条）。这可以被简化为一个等式：一个项目 = 一种基金（Un programme = un fonds）。有一个例外就是欧洲地区发展基金和凝聚基金在援助基础设施建设和环境保护项目时可以进行共同援助。新的整合规则具体表现为：

首先，把凝聚基金完全纳入结构基金的"规划"里；之前的凝聚基金

---

[1] CEDECE, 2000. Marie-Madeleine Doré-Lucas, p. 386.

[2] *Rapport annuel de la Cour des comptes des Communautes europeennes relatif à l'exercice 1990*, J. O. C. E. C 324 du 13 December 1991, p. 114.

[3] Doutriaux Yves, p. 54.

第三章　欧盟地区政策演变的特点和趋势

的目标独立于"结构基金"目标之外，而在新的规划期里，凝聚基金共同参与对"趋同"目标的援助。

其次，把负责农业地区发展的欧洲农业与乡村发展基金（EAFRD）以及负责渔业发展的欧洲海洋与渔业基金（EMFF）分别整合到欧洲共同农业政策和共同渔业框架内，并与欧盟地区政策工具进行协调。实际上，地区政策和农业政策之间的交叉重叠一直是欧盟政策体系内部的一个重要问题。欧盟地区政策的农业指导与保证基金——指导部分对欧洲农业发展（尤其是农业基础建设）直接进行干预，使得欧盟地区政策与农业政策之间难以建立协调统一的关系，而且影响了欧盟地区政策对非农业地区的援助效力。[1] 不过可喜的是，这一局面在2006年改革中得到很大改善。

但是，欧盟地区政策的整合依然面临一定的挑战。整合后的政策工具的运行效率还需要在实践中进一步检验。而且，由于欧盟地区政策的运行同时涉及几个不同的指导部门，这也为进一步的整合设置了一定的阻力。而与此同时，欧盟层面的整合并不能改变成员国内部不同部门之间的职能重叠与交错，"一个项目往往需要跟五六七八个部门打交道"。[2] 这样，就是为欧盟地区政策的有效运行又设置了一重障碍。

接下来，欧盟地区政策程序的简化和效率的提高还与另一个现象紧密相关，就是不同层级之间的合作与分工的加强。这是程序简化的重要保障。

第三节　不同层级之间"合作"的加强与职权的明晰

一、伙伴关系原则与辅助性原则的扩大和深化

伙伴关系原则（Partnership/Partenariat）是欧盟地区政策自1988年改革以来最重要的原则之一。这一原则把不同的行为体在政策准备、执行、跟踪和评估等各个阶段都紧密地联系起来。1988年欧盟地区政策改革的

---

[1] Christian Talgorn: "Une politique confortée par des mesures de développement du monde rural" dans *Quel avenir pour la PAC?*, Colloque, 29 septembre 1995, Centre de Recherches européennes de Rennes, Edition Apogée, Rennes, 1996, p. 56.

[2] Monika Wulf-Mathies: les leçons du passé, les pistes de l'avenir, Discours de clôture du Forum sur la cohésion, Bruxelles, 30 avril 1997, p. 7.

一个重要内容就是加强了不同层级之间的纵向联系，赋予地区层级在援助基金的决策上以重要地位。在遴选受援地区的过程中，要分别在国家和地区层面建立"地区发展总体计划"（Plans Généraux du Développement Régional）和"执行项目"。而且，所有的计划都应该由国家或地区与欧洲共同体共同出资进行援助。这样，欧共体地区政策就成了一个在财政上连接各个层级的重要载体。1993年的改革深化了"伙伴关系"原则，把经济和社会行为体（比如企业和大学）作为地方开展合作的重要对象（欧盟理事会决议2081/93第4条第1款）。1999年改革则在1993年改革的基础上进一步深化和扩大了不同行为体之间的"伙伴关系"，把工会组织也加入"伙伴关系"范围（欧盟理事会决议1260/1999第8条）。而在2007—2013规划期中，这一原则得到进一步强化，地区和地方层面的政府机构、环保机构、经济和社会团体、非政府组织等作为"伙伴关系"对象的地位更加巩固。在2006年的欧盟理事会决议中，"伙伴关系"原则继续被作为重要原则而确定下来（欧盟理事会决议1083/2006第11条）：各项基金的目标在欧盟委员会和各成员国之间的紧密合作框架内实现。与此同时，各成员国在严格遵守各国法规和实践的基础上，要积极开展与以下机构的合作：（1）地区政府、地方政府以及其他具有相当公共行政能力的政府组织等；（2）经济和社会合作伙伴；（3）其他公民社会团体、环保组织、非政府组织、促进男女平等的组织机构等。这些"伙伴关系"的运作要充分尊重不同机构的制度、司法、财政基础。这些"伙伴关系"要贯穿于"执行项目"的制定、执行、跟踪和评估的整个过程。

伙伴关系原则的实施与辅助性原则（subsidiarité）有着内在的联系。辅助性原则的主要内容是：执行项目的实施应当由成员国层面负责，各成员国可根据自身的机构体系采取不同的方法，但这一实施责任应当符合欧盟地区政策的各项规定。与这一规则比较接近的另外一条原则是"执行层次适切"原则（niveau territorial de mise en oeuvre），也就是说项目执行要根据各国体制安排在合适的行政和地域层次上（欧盟理事会决议1083/2006第12条）。伙伴关系强调不同层级（主要是欧盟委员会、国家和地区）的行为体都参与到共同决策和运作过程中，这就涉及一个新的问题，那就是如何界定不同行为体之间的权责。这就是辅助性原则所要回答的问题。欧洲地区委员会认为："伙伴关系原则与辅助性原则之间的联系是非

第三章　欧盟地区政策演变的特点和趋势

常深刻的。这两个原则要求在共同体政策制定和实施过程中要赋予地区与地方层面更多的权责，也就是实行'分权化'（decentralisation）。"[1] 欧洲地区委员会提出在基金运作程序的不同阶段都要加强对地区和地方政府的参与，具体包括协议的签订、政策目标的确定、监控和评估等。欧盟委员会在1996年的第一份聚合报告中也指出："辅助性原则必须与广泛开展、富有成效的'伙伴'关系密切配合。""欧盟凝聚政策（欧盟地区政策——作者注）应该为辅助性原则和伙伴关系原则提供足够的弹性空间，以指导地区和地方政府解决自身问题。只有不同行为体之间开展密切合作，才能实现各地区之间的平衡发展以及欧盟整体的发展。"[2]

不同层级之间的合作关系在最新规定的其他各项原则当中（欧盟理事会决议1083/2006第9—15条）也得到不同程度的体现：

（1）补充性、一致性、协调性和确定性原则（complémentarité, cohérence, coordination et conformité）：欧盟基金在符合共同体优先目标的基础上对国家以及地区和地方层面行为进行补充；欧盟委员会和成员国确保基金工具跟共同体行为、政策和优先目标协调一致，并与共同体其他政策工具互为补充；这种一致性和补充性尤其要体现在"共同体凝聚力战略指导""成员国战略参考框架"以及"执行项目"当中。（欧盟理事会决议1083/2006第9条）

（2）按比例进行干预的原则（Intervention proportionnelle），是指欧盟和成员国在"执行项目"运行过程中按比例共同分担金融和行政资源，主要涉及的领域包括：政策指标的选择；政策评估（欧盟理事会决议1083/2006第47、48条）；监管机制基本原则的确立；各种报告的制作。同时，对于基金运行的"控制"（contrôle）也适用该比例原则。（欧盟理事会决议1083/2006第13条）

（3）分工管理原则（Gestion partagée）：基于欧盟理事会1605/2002号决议的相关内容，欧盟委员会和成员国在基金预算管理实行分工原则。此外，欧盟委员会根据以下几点确保其在欧盟总体预算中的责任：确保成

---

[1] *Rapport sur les pouvoirs régionaux et locaux, acteurs de l'Union politique de l'Europe*, Rapporteur Jacques Blanc, 7 October 1996.

[2] 第一次聚合报告，第72页。

员国监管制度的良性运作；当成员国监管不力时，欧盟委员会可以进行质询或者延期发放基金等。（欧盟理事会决议 1083/2006 第 14 条）

（4）附加性原则（Additionnalité）：欧盟结构基金不能代替成员国结构性公共开支，对于接受"趋同"目标援助的地区，欧盟委员会和成员国可以共同决定结构性公共开支的水平。一般而言，新规划期的结构性公共开支水平至少应该与上一规划期年平均实际支出水平持平。对于"趋同"目标，欧盟委员会在跟成员国合作的基础上于 2011 年中期考察中核查"附加性原则"的落实情况，并于 2016 年 12 月 31 日的后期考察中对该原则进行进一步核查。欧盟理事会决议 1083/2006 第 15 条制定了新的共同融资率：凝聚基金共同融资率的上限为 85%。对于 2001—2003 年间人均 GDP 低于欧盟 25 国平均水平 85% 的国家及偏远地区，欧洲地区发展基金和社会基金的共同融资率上限为 85%。对于其他受凝聚基金援助的目标 1 地区以及 2007 年之前处在目标 1 而 2007 年之后属于目标 2 的地区，欧洲地区发展基金和社会基金的共同融资率上限为 80%。目标 3 地区和其他目标 1 地区为 75%，而其他目标 2 地区为 50%。对于 2001—2003 年间人均 GDP 低于欧盟 25 国平均水平 85% 的成员国，在计算共同融资率时，还可以包括私人投资。

然而在欧盟地区政策实践过程中，"伙伴关系"原则和"辅助性"原则的履行依然存在不少的问题。欧盟在制定规划时比较仓促，且缺乏跟成员国和地方政府相关政策的协调一致。现行程序中存在的"极端集中主义"（centralisation excessive）现象在很大程度上影响了具体项目规划的预期收益。[①] 实际上，在欧盟地区政策的实践中，欧盟、国家、地区以及其他合作伙伴之间并没有进行充分的"合作"。我们可以将这种现象称为一种"合作赤字"（déficit participatif）。比如在法国，1998 年的特鲁梭（Trousset）报告就指出在监督委员会（comités de suivi）的运行过程中并没有充分尊重"辅助性"原则：一方面，监督委员会每年聚会两次，这样就降低了实际决策的效率，从监督委员会做出一个决策到该决策被欧盟委员会予以确认，中间往往需要 12—18 个月的时间；另一方面，在国家、

---

① Charpin Jean-Michel, *L'élargissement de l'Union européenne à l'est de l'Europe : des gains à escompter à l'Est et à l'Ouest*, la documentation française, Paris, 1999.

地区以及各个省之间的权力存在层级上的不均衡性，国家层面往往占据绝对主导地位。这在一定程度上扭曲了"伙伴关系"原则的本意。

为此，"伙伴关系"原则和"辅助性"原则并不能仅仅停留在"协议"层面上，而是要尽可能地落实到具体的实践当中。不同层级之间的权责必须得到更加精确而透明的规定。2000年以来的最新几个规划通过实行更加彻底的"分权化"，进一步明晰不同层级的职权，使得"伙伴关系"原则和"辅助性"原则得到强化。具体表现在两个大的方面：一是欧盟委员会职权的集中，使得欧盟的作用更加集中在"策略"的制定和监督上；二是通过"分权化"强化成员国和地区层面职权。

二、欧盟委员会职权的集中：更加注重战略性指导

在欧盟地区政策不断完善和发展的过程中，欧盟委员会的地位也发生着微妙的变化。通过不断的"分权化"，欧盟委员会的职权越来越具有"战略性"（stratégique），而不是拘泥在对具体政策的制定和执行上。随着《马斯特里赫特条约》的签署以及随后雅克·德洛尔任期的结束（1994年12月），欧盟委员会一改原来的"经理人"（entrepreneur）和"政策发起者"（provocateur politique）角色，不再寻求改变成员国内部的地域关系（relations territoriales）。在最初两个规划期中，由于不同层级之间权责混乱、程序复杂，结构基金的效率也比较低下。为此，在新的规划期中，欧盟委员会对自身的职权进行了进一步明确，那就是欧盟委员会的职责将集中在战略规划（programmation stratégique）的制定上，并通过跟踪、评估和监控等措施加强对政策运行结果的考核。在这一过程中，"辅助性"原则进一步得到强化。欧盟从结构基金日常管理中抽身，将之交由成员国负责，并同时加强了与地区层面的密切合作，比如在新的目标1和目标2运行的过程中就把权力充分下放给地区层级。这样，虽然欧盟在促进各层级之间总体合作方面的作用空前提高，但基于更加明确的分权，欧盟和地区层级之间的关系表面上就有所疏远了。[1]

比如在2007—2013规划期中，欧盟地区政策采取了一种新的"战略

---

[1] Hooghe Liesbet and Gary Marks, *Multi-level Governance and European Intégration*, Rowman & Littlefield Publishers, Inc, 2001, pp. 84, 89, 90.

性"管理方法（une nouvelle approche stratégique），首先由欧盟制定明确的发展战略，然后由国家和地区及地方具体贯彻实施，欧盟除了进行监督之外，不过多干涉具体政策的运行。这种"战略性"管理方法增强了经济发展的活力，增加了政策运行的透明度，有利于不同层级之间职权的明晰。这一方法是在"里斯本战略"框架内建立的共同体战略方向，为成员国制定国家地区发展战略提供了有利的指导。[①] 具体而言，每一个具体规划的制定过程都有三个步骤：

（1）欧盟委员会在跟成员国紧密合作的基础上制定"共同体凝聚力战略指南"（Orientations Stratégiques de la Communauté pour la cohésion，OSC）。这一战略指南是为了确保成员国在执行具体规划的时候充分尊重欧盟所制定的政策目标，包括对创新和企业发展的鼓励、保障知识经济发展以及促进更多优质就业等。

（2）各成员国在与欧盟保持持久对话的基础上，准备一份与"共同体凝聚力战略指南"协调一致的"国家战略参考框架"（National Strategic Reference Framework，NSRF/Cadre de référence stratégique national，CRSN）。协议要求成员国在接纳"共同体凝聚力战略指南"后5个月内向欧盟委员会提交其"国家战略参考框架"。该框架中包含成员国选择的发展战略以及可以付诸实施的"执行项目"（Operational Programes，OP/Programmes Opérationnels，PO）清单。欧盟委员会在收到成员国提交的"国家战略参考框架"后，应该在3个月之内给出评价并可要求提供补充信息。

（3）欧盟委员会部分赋予"参考框架"和"执行项目"以效力。基于这种新的"战略性"指导角色，欧盟委员会不再参与具体的项目执行。但是，欧盟委员会在对项目执行跟踪方面的作用却得到进一步强化。欧盟委员会对项目执行的"战略性"跟踪（suivi stratégique）与成员国和地区层面的具体跟踪措施紧密合作、协调一致，共同构成完整的监管系统。比如在2007—2013规划期中，欧盟理事会1083/2006号决议对这种"战略性"跟踪做出一些详细规定：

第29条：成员国的战略报告：2007年第一次开始，成员国在关于

---

① 欧盟委员会第四次聚合报告。

"国家改革计划"实施的年度报告中要设计一部分内容，介绍具体"执行项目"对"国家改革计划"发展的贡献情况。2009年底和2012底之前，成员国制作一个有关"执行项目"信息的报告。

第30条：欧盟委员会战略报告与关于欧盟凝聚政策的辩论：从2008年第一次开始，之后每一年一次，欧盟委员会要在其提交给春季召开的欧盟理事会的年度报告中，列出专门一部分，对各成员国的报告内容进行汇总。在2010年和2013年的4月1日之前，欧盟委员会根据第29条规定，制作一个汇总了各成员国报告内容的战略报告。欧盟理事会在适当期限内对该战略报告予以审查。该报告将会被提交给欧洲议会、经济和社会委员会以及地区委员会共同开展相关讨论。

第31条：根据《马斯特里赫特条约》159条制作聚合报告。

第49条：欧盟委员会可以进行战略性评估，欧盟委员会在与成员国和管理机构密切合作的前提下，于2015年12月31日之前为每一个目标进行"事后评估"。

三、成员国和地区权责的完善："分权化"管理

欧盟地区政策按照"自下而上"的原则，在明确欧盟委员会、成员国和地区各自责任的前提下，以分权管理方式履行。明确责任意味着由欧盟委员会提出责任管理规则，从而对成员国的提案产生影响，使之按照欧盟的意图调整地区发展战略并突出重点。成员国方面则应对资助的申请进行决策并详细说明要资助的内容、形式及用途。分权管理意味着对资金支出的管理归成员国而非欧盟，即欧盟地区政策的具体执行应该根据各国情况被确定在最合适的地区层次上。欧盟机构从具体的管理中撤出，其责任主要调整为实行监督、制定管理规则、突出政策优先顺序以及利用储备金奖励绩效先进的地区，从而影响成员国的操作过程。"分权化"管理一方面表现在规划程序的制定和执行上，另一方面则表现在监管系统的完善上。

1. 规划（programmation）程序中的"分权化"

欧盟地区政策的"规划"先后经历了一些变革，共同的趋势是"分权化"管理和程序的不断简化。对于第一个规划期1989—1993年来说，"规划"的基本程序是：首先，由欧盟委员会遴选出受援助地区并制定"信贷"分配指导标准；其次，各成员国把制定好的"计划"（plan）交

送欧盟委员会；然后，欧盟委员会采纳其与成员国和地区政府协商后产生的"共同体支持框架"（cadres communautaires d'appui）；最后，各成员国提交其以"执行项目"为主要形式的"竞标要求"（demandes de concours）。[1]

对于1994—1999规划期来说，每一个政策目标都有相应的"计划"或"共同体支持框架"；但关于"执行项目"和"特殊规划文件"（DCOUP, documents uniques de programmation）的内容没有做出明确规定。这一时期的规划已经在一定程度上得到"分权化"：监督委员会（comité de suivi）[2]可以经欧盟委员会确认后对"计划"进行部分修改。

对2000—2006规划期来说，"计划""共同体支持框架"和"特殊规划文件"的内容都得到明确规定，对共同体倡议（CIS）也做出规定。根据欧盟理事会决议1260/1999的规定，这一时期的"分权化"管理主要表现在：在辅助性原则指导下，欧盟委员会从对基金的日常管理中撤出。但同时，要求对基金使用的监管和评估更加严格，地区和地方机构在执行政策工具时占据更重要的地位。具体而言，在与欧盟委员会协商一致的前提下，各成员国负责每一个"执行项目"或"特殊规划文件"的运作。与此同时，各成员国必须遵守欧盟委员会制定的一系列标准。根据欧盟理事会1260/1999号协议规定，成员国和管理机构制作"跟踪补充"（complément de suivi）并将其同时递交给欧盟委员会备案，还可以在政策目标框架内部分修改"规划补充"（complément de programmation），实施"执行项目"等。监督委员会也可以对"规划补充"提出意见。

2007—2013规划期的"规划"程序得到进一步简化和"分权化"。新的"规划"程序（参见图3—2）是：

（1）欧洲结构基金的预算和使用规则在欧盟理事会提案基础上由欧盟理事会和欧洲议会决定；

（2）欧盟委员会在与成员国紧密合作的基础上制定"共同体凝聚力战略指南"。

（3）由各成员国在与欧盟保持持久对话的基础上，准备 份跟"共

---

[1] Doutriaux Yves, 1991, chapitre 5.
[2] 监督委员会由欧盟委员会派驻的代表与成员国、地区和地方政府的代表共同组成。

同体凝聚力战略指南"协调一致的"国家战略参考框架"。

（4）欧盟委员会部分赋予"参考框架"和"执行项目"以效力。"执行项目"包含成员国或地区的优先目标内容以及它们开展规划的具体方式。有一个限制性规定是：对接受"趋同"目标援助的地区，60%的开支应该用于实现促进经济发展和就业的优先目标。对于"地区竞争力和就业"目标地区，则应该有75%的开支用于实现这一优先目标。2007—2013规划期中有450个左右的"执行项目"。经济和社会团体以及公民社团机构也可以参加总体规划的制定以及执行项目的管理。

（5）欧盟委员会在对"执行项目"做出决定之后，由成员国和地区付诸实施。此时，要选择成千上万的"工程"（projets），并对它们进行监控和评估。这些工作都是通过不同国家和/或地区的特殊机构——管理机构（autorités de gestion）来开展的。

（6）欧盟委员会负责成员国启动"执行项目"的相关费用。

（7）欧盟委员会支付经成员国确认的相关费用。

（8）欧盟委员会参与成员国对"执行项目"的跟踪监督。

（9）由欧盟委员会和成员国制作战略报告（rapports stratégiques）。

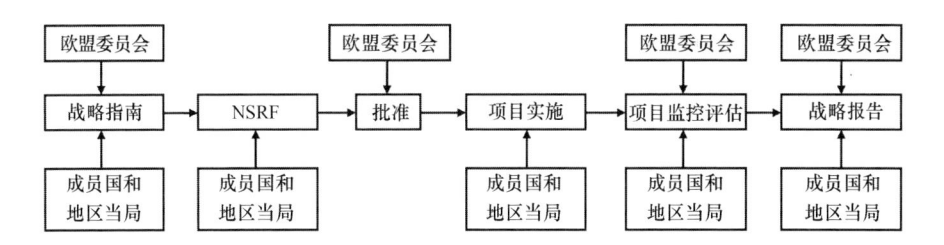

图3—2 欧盟地区政策的决策程序

资料来源：欧盟委员会网站。

从上面的程序中可以看出，成员国和地区层面对规划的制定、执行、监督和评估负有直接责任，而欧盟委员会主要在与成员国合作的基础上实行战略性的指导和监督。也就是说，相比以前的几个规划期，新的规划程序进一步"分权化"了，成员国和地区层面在政策执行和跟踪监督方面拥有了更多的自主权。当然，这种分权并不意味着各层级之间的"合作"减少了。实际上，欧盟对成员国和地区层面的监督较以前也严格了许多。一

欧盟地区政策研究：改革、效应与治理

方面，成员国和地区有更多的积极性来执行各种规划项目。另一方面，这种被"分权化"的行为被更严格地监管起来，这样就确保了欧盟地区政策能更加有效地运行。这也是欧盟地区政策历次改革的一贯趋势和重要方向。

2. 监管系统的完善：管理（gestion）、跟踪（suivi）与监控（contrôle）

"分权化"一方面是指欧盟把"规划"过程中的诸多权限下放给成员国和地区来实施；与此同时，欧盟还需要进一步完善整个监控系统：欧盟指导并参与成员国和地区的监控过程，以保障和提高欧盟地区政策的效率。在最新的几个规划期中，跟踪监控系统得到进一步改进，欧盟采取一种"战略性跟踪"，而成员国和地区也负有具体的监督责任。

欧盟地区政策的发展经历了几次重要的改革（在第二章进行了详细描述），该政策的跟踪和监控系统也由此不断完善。1988年改革已为欧盟地区政策制定了几个重要的原则，包括建立中期规划和建立金融管理与监控、评估体制等。成员国对共同体基金的良性运作以及对非法使用的基金进行补偿负有责任。欧盟委员会可以在不预先告知的情况下随时进行实地监控。具体操作是通过一个特殊的机构——监督委员会（Comité de suivi）进行的，该机构由欧盟委员会派驻的代表与成员国、地区和地方政府的代表共同组成。在某些限定条件下，监督委员会可以决定对"共同体支持框架"进行部分修改。每一个政策目标都要在国家或地区层面建立一个相应的监督委员会。

但实际上，欧盟地区政策的监管体制在最早的两个规划期并不令人满意："对欧盟地区政策体制的一个主要批评，就是该政策缺乏有效的监控。"[①] 欧洲审计院在其1996年的年终报告中就指出，现行结构基金的运作缺乏必要的监督和控制系统，而且缺乏透明度和应有的效率。这样，欧盟地区政策的监管和控制体系就面临着进一步改革的需求。

1993年结构基金改革把提高透明度、改善和简化决策程序作为一部分内容，并试图改善地区政策的评价机制：首先，提高实施结构基金援助的透明度，对接受援助的项目，用共同体公报的形式记录。其次，结构基金评估范围扩大，评估标准也更加严格。在第一个规划期（1989—1993

---

① Charpin 1999, p. 190.

第三章 欧盟地区政策演变的特点和趋势

年）中，监管及评估体制得到基本确定，而 1992 年的爱丁堡欧盟理事会进一步要求重视监管并进行前期及后期的评估。随后，1993 年改革将前期评估、中期评估和后期评估这三个阶段更加明确地区分开来。具体而言，这次改革确定了欧盟委员会和成员国负有评估的责任；成员国的地方政府负责用最有效的办法实施前期及后期评估；在提出区域发展计划时，要求各成员国提供比以前更多的相关信息，主要包括：区域发展状况，第一个规划期（1989—1993 年）共同体资金援助的影响、有效性及对未来发展目标的影响。1993 年改革还强化了监督委员会对结构基金的监管责任，确认该委员会拥有在一定条件下修订援助手段及资金计划的权力。

对于 2000—2006 规划期，结构基金的管理被进一步分权化了，在国家、地区或地方层面建立如下机构：

（1）管理机构（autorités de gestion）：专门对基金工具进行管理的公共或私人机构；

（2）支付机构（autorités de paiement）：专门负责建立、提交支付请求以及接收基金的公共或私人机构；

（3）中间机构（organismes intermédiaires）：负责以上两个机构账户问题的机构。

每个成员国向以上各个机构提供关于管理和控制的指南（orientations）。欧盟委员会对这些指南按照欧盟法律进行考察和确认。此外，管理和控制系统中必须确保有一个审计部门（un audit）。成员国需要向欧盟委员会提供建立监管系统的草案，以及一份对该系统运行的评估报告。

对于 2007—2013 规划期，为了确保基金的有效运行，欧盟地区政策的运作程序得到进一步简化和"分权化"，运作程序的透明度也有所提高。根据 2006 年结构基金、社会基金和凝聚基金一般协议的规定（欧盟理事会 1083/2006 号决议，第 59 条），每一个"执行项目"都需要建立一套相应的监管系统：

（1）管理机构（autorité de gestion）：国家、地区或地方层面负责管理资金执行计划的公共机构或组织；

（2）认证机构（autorité de certification）：国家、地区或地方层面负责对资金申请和支付情况（在上交给欧盟委员会之前）进行确认的公共机构或组织；

（3）审计机构（autorité d'audit）：国家、地区或地方层面委派给每一个资金执行计划的专门负责监管的公共机构或组织；

此外，成员国还有权指派一个或几个中间机构（organismes intermédiaires），帮助管理机构和认证机构完成全部或部分任务。

2007—2013规划期有关监管系统的规定与2000—2006规划期相比有一些不同之处：(1) 增加了两个新的机构：认证机构和审计机构。这就使得管理和控制功能得到进一步完善。(2) 对于各项程序的时间期限进行了更严格的限制。(3) 通过建立更加完善的管理和控制系统来简化程序、明确不同层级之间的权责，从而使欧盟地区政策基金的运作效率进一步提高。

此外，与2000—2006规划期相比，2007—2013规划期还有几点不同之处：[1] (1) 规定结构基金的各项变革都适合于凝聚基金。(2) "开支遴选"（l'éligibilité des dépenses）的规则是由国家制定的，不再由共同体制定。(3) 共同出资的比例有所改变：在2000—2006规划期，预付款占所涉及总资金的7%（对欧盟15国而言），到2004年，对新加入的10个成员国而言，这个比例为16%。(4) 第一次"中间支付"（paiement intermédiaire），只能在成员国向欧盟委员会提交了说明其管理机构、认证机构以及审计机构运作情况的文件后才能拨付。(5) 对于第一次"中间支付"的申请，应该在欧盟委员会支付了第一笔预付款后24个月之内提出（否则，预付款应该由成员国偿还）。(6) 过去的规划期中，曾经多次出现援助已经到位，但成员国未能把资金足额投入的情况，导致资金使用效率低下。由此，欧盟委员会提出"自动扣款机制"（decommitment或"n+2规则"，即对超过规划使用期限两年还没有使用的资金将予以扣除）。不过，这一制度也受到一些质疑。受到这一原则的限制，很多企业不得不放弃对质量的追求而快速投资，影响了正常的创新和创业周期，限制了很多投资周期比较长的产业的发展。基于这样的考虑，以及中东欧国家的特殊情况，一种新的"n+3规则"开始适用。(7) 对基金的管理更加灵活：一个"执行项目"中的部分项目可以在整体项目结束之前提前结束。

---

[1] http://ec.europa.eu/régional_policy/policy/manage/index_fr.htm.

第三章　欧盟地区政策演变的特点和趋势

与此同时，欧盟委员会还制定了其他各项措施来对基金使用进行监督管理，以提高使用效率，比如吸收/封顶，资金上、下限（20%）奖罚制度（违规处罚：欧盟明确规定成员国在管理和控制体系、开支认证、防止调查和纠正不符合规定的行为等方面负有义务），质量和表现储备制度（performance reserves）等。其中，欧盟委员会在 2000—2006 规划期就提出表现储备制度。在 2007—2013 规划期中，这一资金储备率在趋同目标和竞争力与就业目标中的各项目中达到 3%。这一储备基金主要用于奖励一些执行良好的项目。

总之，在欧盟地区政策规划、管理、监督和控制系统的发展过程中，欧盟的权责被越来越"分权化"了，欧盟把部分权责下放到成员国、地区和地方层面，只是在与其他层级紧密合作的前提下进行总体的"战略性"指导和监督。这样就形成一个鲜明的"多层级治理"的模式。欧盟理事会 1260/1999 号决议和 1083/2006 号决议详细描述了 2007—2013 规划期欧盟成员国和地区之间在管理和监控系统中的关系：

（1）管理机构与认证机构是平行的机构，后者必须向欧盟委员会提交支付请求和支付认证（欧盟理事会 1083/2006 号决议，第 61 条），而审计机构必须向欧盟委员会提交年度控制报告（欧盟理事会 1083/2006 号决议第 62 条第 1 款）：审计机构在 2009—2015 年间，每年 12 月 31 日之前，应向欧盟委员会提交一份年度控制报告，对截至 6 月 30 日的前 12 个月期间的审计和监控结果进行陈述。

（2）监督委员会（欧盟理事会 1083/2006 号决议，第 63—68 条）：由成员国在与管理机构协商一致的基础上，在一个"执行项目"确立 3 个月内为其配置一个监督委员会，用以保证该执行项目的实施效率和运行质量。一个监督委员会也可以同时监督多个"执行项目"的实施。监督委员会对管理机构向欧盟委员会提交的年度报告和最终执行报告（rapport final d'exécution）进行检查和确认（欧盟理事会 1083/2006 号决议，第 67 条）。从 2008 年开始直到 2017 年 3 月 31 日，管理机构每年 6 月 30 日之前向欧盟委员会提交执行项目的年度报告和最终执行报告。监督委员会在"执行项目"的实施过程中占有重要地位，成员国所做的各项评估都应该同时向监督委员会和欧盟委员会报告（欧盟理事会 1083/2006 号决议，第 48 条）。而欧盟委员会所做的评估结果也应该向监督委员会提交（欧盟理事会 1083/2006 号决议，第 59 条）。

（3）各项评估由接受委托的独立于管理机构、认证机构和审计机构之外的专家或中间机构完成。（欧盟理事会 1083/2006 号决议，第 47 条）

（4）欧盟委员会进行各种常规性的评估活动。[①] 每一个总体规划部门（Directions générales）都有自己的评估职能。欧盟地区政策的评估体系是建立在各个层级的"伙伴关系"和"比例性原则"基础上的（参见欧盟理事会 1083/2006 号决议，第 47 条）。其中，欧盟委员会为成员国的评估以及成员国之间的经验交流提供指导，包括一些评估技术的指导（参见欧盟理事会 1083/2006 号决议，第 103 条）。地区层级在评估过程中也要接受国家层面的技术指导。一般而言，评估分为前期评估、中期评估和后期评估三种：

（1）前期评估，由成员国负责。前期评估是为规划的建立做准备，主要检查各项目标政策是否符合现实需要、各项政策工具是否能够有效实施。

（2）中期评估，由监督委员会负责。这一评估贯穿于执行项目的整个实施过程。

（3）后期评估，由欧盟委员会负责，主要是提高规划运作的效率，并对规划实施的绩效进行汇总。欧盟委员会的后期评估是在与成员国和管理机构密切合作的基础上进行的。这一评估被称为是"战略性评估"（évaluations stratégiques）（参见欧盟理事会 1083/2006 号决议，第 49 条）。

此外，各项评估也可以被分为"战略性"评估（stratégique）和"执行性"评估（opérationnelle）两种。前者主要是对某一项或多项"执行项目"完成欧盟和国家战略目标的情况进行评估；后者主要是贯穿于整个运行过程的跟踪和评估手段（参见欧盟理事会 1083/2006 号决议，第 47 条）。

第四节 不断朝向更加"绿色""智慧"与"亲民"的欧洲

欧盟地区政策对环境保护和智慧城市的建设越来越重视。2014—2020

---

① http://ec.europa.eu/budget/sound_fin_mgt/évaluation_fr.htm.

规划期的欧盟地区政策目标包括：智慧的专业化（smart specialisation），通过调动和凝聚研究机构、商业、高等教育、公共机构以及市民社会等各种地方力量，加强对地方潜力和市场机会的把握。该规划期修正了基金分配的条件，增加了对气候变化等方面的关注。第七次聚合报告指出，需要把两个要素——《联合国气候变化框架公约》第21次缔约方会议（COP21）协定与联合国2030可持续发展目标——纳入考量范围。该规划期要求欧盟成员国和地区证明其为实现"欧洲2020战略"目标中关于可持续发展和创造就业机会方面所做的贡献。

第七次聚合报告第三章专门对"地域聚合"情况进行了汇总，介绍了能源联盟（energy union）同气候变化、环境状况、城市可持续发展与跨边界合作以及凝聚政策的地域向度等方面的成果和挑战。该报告认为，欧盟地区政策对于构建欧盟能源联盟、确保能源安全起到关键性作用。2014—2020规划期中，欧洲地区发展基金与凝聚基金21%的投入有关气候变化方面，有约780亿欧元基金被投入低碳经济、气候变化与危机预防、环境保护等方面。欧盟已经推出相关措施以确保2050年之前有效减少温室气体排放，这些内容在"2020气候变化与能源框架"（climate and energy framework）与"2030气候变化与能源框架"中都有具体体现。

对于即将开始的2021—2027新规划期，欧盟也已经给出新的指导框架。[①] 新规划期将围绕5个优先投资目标展开：

（1）创造更加智慧的欧洲（Smarter Europe），加强创新、数字化、经济转型以及对中小企业的支持。

（2）实现更加绿色的、无碳的欧洲（Greener, carbon-free Europe），实施《巴黎协定》，增加能源转型、可再生能源、反对气候变化等方面的投资。

（3）实现更加联通的欧洲（more Connected Europe），构建战略交通（strategic transport）和数字化网络。

（4）更加社会化的欧洲，保护公民社会权利，支持高质量的就业、教育、技能培训、社会融入和平等的医疗保险准入（equal access to healthcare）。

---

① https：//ec.europa.eu/regional_policy/en/2021_2027/.

(5)一个更加接近民众的欧洲（a Europe closer to citizens），鼓励本土化的发展战略（locally-led development strategies）和可持续的城市发展。"欧洲晴雨表"调查机构（Eurobarometer flash survey）曾经针对欧洲民众对欧盟地区政策的了解做过一个调查，81%的人相信该政策对他们的生活有积极的影响，尽管他们之中只有40%的人对该政策的具体项目比较了解。欧盟委员会已经就新的规划期项目与社会各界展开交流，征求他们的建议。根据"欧洲晴雨表"的调查，多数受访者（91%）认为欧盟应该在教育、健康和社会基础设施建设、环境保护等方面加大投资，很多受访者认为应该加大对高失业率地区（69%的受访者）、城市贫困地区（deprived urban areas，54%的受访者）以及边缘地区和山区（52%的受访者）的关注。[1]

综合第一部分的论述，我们可以看到，经过一系列改革，欧盟地区政策越来越成熟和完善，但仍然存在不少问题：(1)新成员国缺乏基本的经济、社会基础设施，还不具备发展知识经济的良好基础，如果过分强调"里斯本战略"，有可能会导致地区政策效果下降；私人资本利用方面并没有很大的突破，在制定共同融资率时继续忽略了私人投资部分（少数地区除外）；(2)欧盟层面职权的进一步精简和"分权化"，使得欧盟由原来的具体项目的管理者变为整个地区政策的管理者，提高了国家和地区层次的自主性和积极性，有助于提高欧盟地区政策的运作效率，但是欧盟地区政策新的运行程序仍然十分复杂烦琐，国家和地区在遵循欧盟共同指导意见的过程中，自主立项的弹性空间仍然十分有限。而且，日趋严格的监督评价措施虽然在理论上能够提高欧盟地区政策的效率，但是也加大了劳动量，又反过来影响了政策的运行效率。[2]总之，欧盟地区政策虽然在改革中不断完善和发展，但仍然面临着效率、程序等方面的问题，还需要根据新的形势不断调整与改革。

在第一部分，我们已经深入探讨了欧盟历次扩大背景下的欧盟地区政策改革进程，寻找到欧盟地区政策改革的几个重要趋势："凝聚力"与"竞争力"双重强化、程序简化以及更加趋向绿色和智慧的欧洲。接下来，

---

[1] https://ec.europa.eu/regional_policy/index.cfm/en/information/publications/studies/20.
[2] 周茂荣、祝佳："论欧盟区域政策新一轮改革及其前景"，《经济评论》2008年第2期。

第三章 欧盟地区政策演变的特点和趋势

我们要探讨的问题是，这样一个不断改革的政策，其效应是怎样的？该政策是否在推动欧盟不断趋向于趋同（convergence）和聚合（cohesion）？这就涉及另一个重要问题——欧盟地区政策的效应研究，这也是我们第二部分的主要内容。可以理解的是，一个有成效的地区政策，会有效推动整个欧盟不断趋向于趋同与聚合，从而推动一体化的深化发展；反之，一个失败的或者成效不佳的地区政策，则无法实现其推动趋同与聚合的根本任务，因而也就无法有效推动一体化的深入发展。甚至可以说，一个不成功的地区政策本身已经印证了一体化本身效力的不足。我们之所以要重点研究欧盟地区政策的效应，归根结底就是要借此政策探讨欧洲一体化本身的成效、困难与未来。

第二部分

欧盟地区政策的经济、社会与地域效应

欧盟地区政策的效应可以分为多个方面：经济和社会效应、地域效应以及制度效应。其中前三种效应经常作为一个固定的表达方式出现在欧盟官方文件中："经济、社会和地域凝聚力"（economic, social and territorial cohesion）。在第二部分，我们将对这三种效应进行详细研究。而对于"制度效应"，则留待第三部分专门进行探讨。

对欧盟地区政策效应进行研究的群体大体可以分为以下几个类别。首先，欧盟层面的常规性研究，主要由欧盟委员会来执行；其次，一些有关地区层面的组织，比如欧洲地区委员会、欧洲边缘与沿海地区研讨会（Conférence des Régions Périphériques et Maritimes de l'Europe，CRPM）以及各成员国内部国家或地区层面的相关组织［比如在法国就涉及中央相关部委和大区议会（regional council）］，还包括跨国或跨地区组织等；第三，学界也对欧盟地区政策的效应进行了大量研究。学者们往往采用更加复杂的理论模型进行更加深入的研究，并对欧盟研究的结果和理论依据提出各种批评。

在第四章里，我们将首先对欧盟官方对地区政策的评估结论进行梳理，并指出欧盟评估所使用的理论模型及其缺陷。在第五章中，我们将把视野拓宽到学者们，尤其是经济学家和地理学家们所使用的更广泛的理论模型以及所得出的更加复杂的结论上。具体而言，我们将介绍三种主要的区域经济理论模型：新古典经济学、内生经济增长理论和新地理经济学。其中，新古典经济学认为不同国家和地区间最终会走向"趋同"；后两种理论则认为在缺乏有效干预的情况下，欧盟地区间差距将不断扩大。但这些消极结论并不意味着对欧盟地区政策的完全否定，对此我们将在第五章第四节做出专门的论证。最后，值得一提的是，在不同理论模型的演进关系中，"空间"和"地域"因素越来越受到重视，对此我们将在第六章进行详细探讨。

第四章 欧盟委员会对欧盟地区政策的官方评估及理论支撑

第一节 欧盟委员会对欧盟地区政策效应的官方评估

欧盟地区政策的萌芽和产生可以追溯到1975年结构基金的建立以及1987年《单一市场法案》的颁布（该文件是欧盟地区政策1988年改革的重要基础）。而对欧盟在提升"凝聚力"方面的相关努力进行系统化和标准化的评估，便是从《单一市场法案》颁布后才开始的。1992年的欧盟委员会报告中就涉及300个相关研究课题。其基本的结论是，地区发展基金对于人均GDP发展和就业问题的效应是积极的。根据《马斯特里赫特条约》159条的规定，欧盟委员会必须每三年向欧洲议会、欧盟理事会、欧洲经济和社会委员会提交有关经济和社会发展凝聚力进展情况的报告。该报告的名称就是"经济、社会与地域聚合报告"（Report on Economic, Social and Territorial Cohesion），简称聚合报告（Cohesion Report）。欧盟从1999年开始就对地区政策进行规范的评估，其主要结论都显示在这些报告中。截至2017年，欧盟委员会已经发表了七份聚合报告[①]（第一份报告发表于1999年，每隔三年发表一次，第七次聚合报告于2017年发布）。根据这些报告的评估结果，欧盟委员会认为各成员国和各地区在整个欧盟层面实现了"趋同"，但在成员国内部则并没有实现这种"趋同"。比如在第四次聚合报告中，欧盟委员会就认为在1994—2006年间实现了国家和地区层面的"趋同"。2017年颁布的第七次聚合报告也得出类似的结论，两者最大的不同是，2008—2010年间的欧债危机打断了这一"趋同"的趋势，目前这一"趋同"趋势正在慢慢恢复中。在欧盟理事会有关结构

[①] 第七次聚合报告，7th Report on Economic, Social and Territorial Cohesion, http://ec.europa.eu/regional_policy/en/information/publications/reports/2017/7th-report-on-economic-social-and-territorial-cohesion。

基金和凝聚基金的决议中，"评估"（evaluation）被规定为欧盟委员会干预欧盟地区政策的管理、跟踪和监控过程的一种重要原则。欧盟委员会的评估不仅集中体现在上述聚合报告中，还体现在其他各种类型的报告中，包括结构基金运行过程中的各种评估报告。

按照欧盟地区政策的运行周期，2007—2013 规划期的评估结果到 2017 年 9 月才正式呈现在第七次聚合报告中。本节将主要结合第四次和第七次聚合报告的主要结论以及其他相关研究成果，对欧盟地区差距的演变与最新形势以及欧盟地区政策在危机前后的最新进展和效应进行分析。[①]

按照欧盟官方报告的研究成果，欧盟地区政策的效应主要呈现在三个层面：(1) 欧盟成员国之间的差距；(2) 欧盟整体地区（régions dans l'ensemble de l'UE）之间的差距；(3) 成员国内部地区间差距。总体来说，欧盟成员国之间的差距不断缩小，逐步实现"趋同"；欧盟层面地区之间也实现了"整体上"某种程度的趋同，但很多成员国内部的地区差距仍有扩大趋势。首先来看一下 2007 年发布的第四次聚合报告的基本结论：

一、欧盟成员国之间实现了"趋同"

最明显的例子就是在 1994—2006 年间，鉴于"凝聚国家"（主要是指希腊、西班牙、爱尔兰和葡萄牙）的经济发展实现了较高的增长速度，这些国家与其他成员国之间实现了较大程度的趋同。1995—2005 年间，希腊与其他成员国之间的差距大大缩小，其人均国内生产总值从占欧盟平均水平的 74% 上升到 2005 年的 88%。同一时期，西班牙和爱尔兰的人均国内生产总值分别从占欧盟平均水平的 91% 和 102% 上升到 102% 和 145%。葡萄牙从 1999 年开始却没有加入这个上升的团队，尽管其在 2005 年人均

---

① 此外，关于 2007—2013 规划期的评估，还可以参考以下网站信息：(1) WP1：Synthesis report：*Expost Evaluation of Cohesion Policy Programmes 2007 - 2013*, focusing on the European Regional Development Fund (ERDF) and the Cohesion Fund (CF), ISBN 978 - 92 - 79 - 61655 - 6, © European Union, 2016; (2) 欧盟宏观区域战略（macro - regional strategies）第二次执行报告：https：//eur - lex. europa. eu/legal - content/EN/TXT/? uri = CELEX：52019DC0021；(3) 欧盟官方网站还可以查到成员国对 2007—2013 规划期的评估报告，例如关于法国的报告：http：//files. evaluation-helpdesk. eu/BEE1. pdf；(4) 以下欧盟网站还可以查到各种类型的报告：https：//ec. europa. eu/regional_ policy/en/information/publications? title = &themeId = 0&typeId = 14&countryId = 0&periodId = 0&fundId = 0&policyId =0&languageCode = en。

第四章　欧盟委员会对欧盟地区政策的官方评估及理论支撑

国内生产总值达到欧盟平均水平的74%。

2004年和2007年新入盟的12个成员国，尤其是其中经济特别落后的国家，实现了更为显著的经济增长和赶超（参见图4—1）。三个波罗的海国家的人均国内生产总值在1995—2005年间翻了一番；波兰、匈牙利和斯洛伐克的经济增长率超过成员国平均经济增长率的两倍还要多。

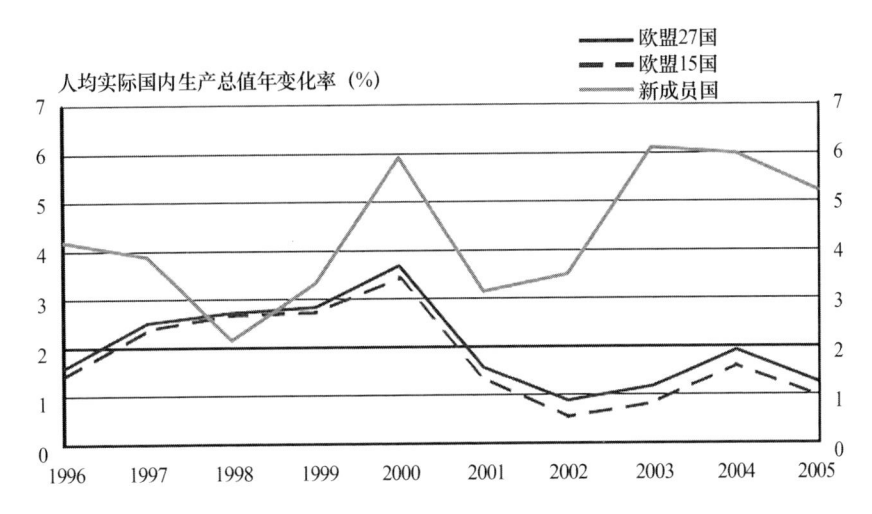

图4—1　欧盟15国①与新成员国人均国内生产总值相较于欧盟27国增长状况比较

资料来源：欧盟统计局（Eurostat）；欧盟委员会第四次聚合报告，第3页。

二、欧盟层面地区之间实现了"整体上"（dans l'ensemble de l'UE）的趋同

欧盟委员会第四次聚合报告指出：（1）2000—2005年间欧盟地区就业率在欧盟和国家层面实现了一定程度的趋同。（2）地区失业率差距也有一定程度的缩减。2000—2005年间，欧盟落后地区的总体失业率从13.4%下降到12.4%，虽然仍有17个落后地区的失业率增长超过2%。（3）但欧盟落后地区的贫困状况依然严峻。2004年大约有7500万人口陷入贫困，占欧盟人口总数的16%。（4）总体受教育水平在上升，但落后地

---

① 此处的"欧盟15国"是指欧盟27国（克罗地亚当时尚未加入）去掉2004年和2007年新入盟的12个国家（被称为"欧盟12国"）后剩余的15个国家。

欧盟地区政策研究：改革、效应与治理

区上升情况较为缓慢。

该报告还指出，1995—2004 年间，以人均国内生产总值为基准的欧盟内部地区之间的差距大幅缩小。最落后地区的经济增长率高于其他地区。从图 4—2 中可以看出，人均国内生产总值低于欧盟 27 国平均水平 50% 的地区在 2000—2004 年间的增长率超过 1995—2000 年。而其他较富裕的地区没有出现这一趋势。

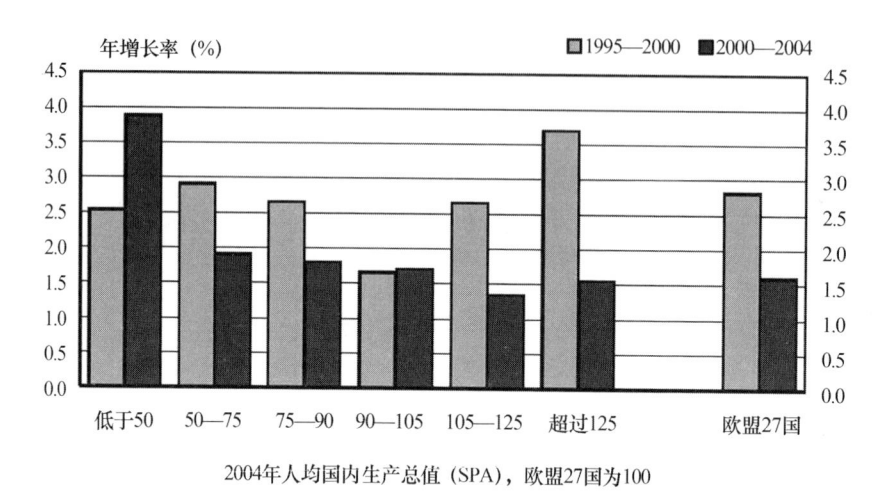

图 4—2　欧盟地区人均国内生产总值增长状况

资料来源：欧盟统计局以及 DG REGIO 的统计数据；欧盟委员会第四次聚合报告，第 9 页。

结果就是，在 1995—2004 年间，人均国内生产总值低于欧盟平均水平 75% 的地区数量从 78 个减少到 70 个，而人均国内生产总值低于欧盟平均水平 50% 的地区数量则从 39 个减少到 32 个。

欧盟委员会第四次聚合报告指出，从地域聚合的角度看，欧盟整体地区之间也有一定的"趋同"。有数据表明，1995 年到 2004 年间，欧洲传统核心地区——伦敦、巴黎、米兰、慕尼黑与汉堡组成的"五角形"（pentagon）的财富集中有所弱化（虽然这些核心地区人口比例相对稳定）。与这一趋势相辅相成的是，一些新的经济增长中心出现了，比如都柏林、马德里、赫尔辛基、斯德哥尔摩以及华沙、布拉迪斯拉发、布达佩斯等。但在国家层面，却出现城市的"郊区化"以及某些农业地区人口的

第四章 欧盟委员会对欧盟地区政策的官方评估及理论支撑

持续减少。这说明欧盟地域聚合现象主要出现在欧盟层面，而在国家内部却没有出现明显的地域聚合。

但实际上，欧洲的地区差距形势远比这些评估更为严峻。欧盟委员会考察"地区差距"的时候，实际上将这一概念划分为两个层次的含义：一个是欧盟"整体"上的地区差距，另一个是"成员国内部"的地区差距。上面的讨论只是肯定了第一个层面的地区差距在缩小，而第二个层面的地区差距形势远没有第一种乐观，接下来我们来看一下欧盟委员会的相关结论。

三、欧盟地区差距依然严峻且成员国内部地区差距逐渐扩大

欧盟委员会第四次聚合报告同时指出，欧盟不同部分之间的地区差距仍然很悬殊，即使是同一个地区内部的不同部分之间仍存在很大差距。该报告指出，欧盟内部有些地区发展存在很大困难：1995—2004年间，多个人均国内生产总值超过欧盟平均水平75%的地区出现了经济增长率较低的情况。同一时期，包括三个法国地区（圭亚那、香槟—阿登大区和普瓦图—夏朗德大区）与德国柏林地区、意大利瓦莱达奥斯塔（Valle d'Aosta，意大利西北部行政区）地区在内的五个地区出现了人均国内生产总值减少的情形。此外，还有12个地区出现了低于0.5%的低增长率。此外，2000—2004年间，有27个地区出现了负增长，且有24个地区出现了低于0.5%的低增长率。其中有5个地区的人均国内生产总值甚至跌到欧盟平均水平的75%以下。

该报告一方面认为有些成员国内部的地区发展呈现一定程度的"趋同"，但同时也承认另外一些国家出现了相反的情形。比如在奥地利，1995—2004年间，各地区之间的人均国内生产总值差距在逐渐缩小。但德国、法国、希腊、西班牙、意大利以及比利时和芬兰，地区差距则没有出现明显的改变。英国、瑞典、荷兰、葡萄牙在2000—2005年间的地区差距有所扩大；2000—2004年间，英国和葡萄牙的地区差距仍然在缓慢扩大，而在瑞典和荷兰却出现了微弱的"趋同"。对于中东欧国家而言，比如波兰和匈牙利，1995—2000年间的地区差距普遍在扩大。之后直到2004年，中东欧地区的地区差距呈相对稳定的状态。而对于捷克共和国、罗马尼亚和保加利亚而言，其地区差距一直呈现上升的态势。斯洛伐克的

情形也大致如此，只是程度较低。

同样地，第七次聚合报告也显示欧盟地区间"趋同"的形势仍然比较严峻，中东欧地区和南欧部分地区仍然远远落后于发达地区，很多成员国内部的地区差距也非常明显（比如意大利北部和南部之间差距明显，中东欧地区首府都市圈与外围地区之间的差距也很明显）。

同样的结论也出现在欧盟委员会之外的研究中。有学者指出，欧洲的地区差距十分悬殊：1999 年，在欧盟地区政策实施超过 10 年的时候，欧洲地区差距的局面并没有发生实质性改变。[1] 对落后地区连续十多年的援助并没有真正实现欧盟委员会所期望的"聚合"目标。边远地区的持续贫困使得成员国内部的地区差距不断扩大。

此外，还有许多学者提出类似的观点。有研究表明，欧洲总体上的地区差距在缩小，但速度很慢，成员国内部的地区差距则因边远地区的持续贫困而扩大。欧洲一体化似乎对落后国家的富裕地区帮助很大，但却没有促进国内落后地区的赶超。首先，在四个"凝聚国家"中，爱尔兰的地区差距是不断扩大的。在其他三个国家中，西班牙地区差距扩大的程度较高，欧盟援助的主要受益地区集中在富裕地区。除了梅利利亚（Melilla）和巴利阿里群岛（Baleares）两个地区之外，没有出现经济落后程度与赶超速度之间的正相关。埃斯特雷马杜拉（Extremadura）作为西班牙最贫困的地区，其收入水平连续 15 年以上维持在全国平均水平的 65%。而里奥哈（Rioja）、亚拉贡（Aragon）、马德里（Madrid）和加泰罗尼亚（Catalogne）等较发达地区与落后地区的差距则日益扩大。葡萄牙的地区差距也迅速扩大：马德拉（Madère）和亚速尔群岛（Açores）地区没有达到国家平均水平，而中央区（Centre）和阿尔加维（Algarve）地区则发展迅速。对于希腊而言，地区差距一直比较稳定，伊庇鲁斯（Ipeiros）地区处于最落后的地位，而南爱琴大区（Notio Aigaio）和克里特岛（Kriti）两个地区的发展则十分迅猛。[2] 与此同时，地区差距扩大的现象不仅发生在欧盟贫穷国家，而且几乎发生在所有国家，只是具体情况各有不同罢了。意大利

---

[1] Dall'erba Sandy（2004），*Les politiques de développement régional en Europe à la lumière des outils récents de la science régionale*，thèse soutenue les 25 Juin 2004（Université de PAU et des Pays de l'Adour），p. 9.

[2] Dall'erba Sandy，2004，p. 95.

第四章　欧盟委员会对欧盟地区政策的官方评估及理论支撑

内部的地区差距是最为严峻的，梅索兹阿诺（Mezzogiorno）地区始终没有赶上北部地区。而在英国，地区差距似乎有所缩小，但这主要是建立在各地区制造业萎缩的基础上的。

综上所述，欧盟层面的国家间差距和地区差距则有不同程度的缩小，成员国内部的地区差距则有所扩大。欧盟地区政策的基本目标就是"缩小地区间差距，推动落后地区的赶超"（《马斯特里赫特条约》第158条）。但根据上述评估结果，欧盟地区政策显然没有完全实现其目标。

2008年爆发的欧债危机，对欧盟地区差距形势的演变产生了很大的影响。接下来，作者将结合欧债危机的影响，探讨过去30年欧盟地区差距演变的情况。

第二节　欧盟最新评估：结合欧债危机的影响进行分析

从2007年欧盟发布第四次聚合报告到2017年发布第七次聚合报告，这10年间发生了一次非常重要的事件，就是爆发于2008年的欧债危机。此次危机对整个欧盟的经济发展产生了较大的影响。欧盟地区政策的作用也在危机期间得到进一步凸显。[①] 此处将结合欧债危机的影响，对欧盟过去30年的地区演变进行一个宏观梳理：

一、近30年欧盟地区差距演变

欧盟地区政策的效应主要分为经济效应、社会效应和地域效应三个方面。对这些效应进行评估具有一定的难度，因为评估结果受到各个方面的制约和影响：首先是理论模型不同，有时候会导致不同甚至相反的评估结果；其次，由于欧盟本身的多层级性，同一个政策在不同层级产生的效应也可能是不同的。根据以往欧盟官方的和学者的研究成果，有一个基本的共识，就是从三个层面对欧盟地区政策的效应进行评估：一是欧盟整体地区之间的差距（overall disparities），二是欧盟成员国之间的差距（between

---

[①] 关于金融危机对凝聚政策改革的影响，可参考欧盟官方报告《2008—2013：金融危机对凝聚政策改革的影响》：https：//ec.europa.eu/regional_policy/sources/docgener/work/2015_03_impact_crisis.pdf。

countries），三是成员国内部的差距（within countries）。正如在上一节所论述的，总体而言，在过去的几十年中，欧盟成员国之间的差距、欧盟总体地区之间的差距都呈现出不断缩小的趋势，而成员国内部地区之间的差距则有扩大的趋势。① 不过，这个总体的判断也会因不同时间段、不同国家和地区而有所不同。学者们的观点也会因时间段、理论模型的不同而呈现出多样化的结论。

以下主要结合图4—3、图4—4、图4—5介绍第七次聚合报告的主要观点：

过去30年，无论是欧盟15国（即欧盟27国除掉2004年以后12个新入盟国家之外的其他欧盟成员国）的落后地区，还是欧盟12国（2004年和2007年新入盟国家）的落后地区，都实现了一定程度的赶超。在过去的20—30年间，人均GDP水平较为落后的地区，其经济增长速度相对更快。但是，这一追赶速度在欧债危机爆发前已经有所降低，欧债危机爆发后降低得更明显。2000—2006年间，NUTS－2地区之间的差距明显缩小，这一趋势一直延续到2009年；2009—2011年间，NUTS－2地区差距有轻微的扩大，2011—2014年间又开始有轻微的缩小。②

从下面欧盟27国NUTS－2地区人均GDP差距变化图③［图4—3"2000—2014年间欧盟27国NUTS－2地区人均GDP（PPS）差距"］可以看出，成员国之间的差距以及欧盟总体地区之间差距一直保持缩小趋势，但这一趋势因受危机的冲击而有所放缓。与之不同的是，欧债危机之前，成员国内部地区间差距基本保持不变；危机爆发后，成员国内部地区之间差距有所扩大，然后依然基本保持稳定。

如果把欧盟内部分为欧盟15国和欧盟12国两个大的区域来看，其具体情况又有所不同。图4—4"2000—2014年间欧盟15国NUTS－2地区人

---

① 臧术美："欧盟地区政策经济、社会与地域效应研究"，《德国研究》2011年第3期。
② WP1: Synthesis report: *Ex post evaluation of Cohesion Policy programmes 2007 – 2013, focusing on the European Regional Development Fund (ERDF) and the Cohesion Fund (CF)*, ISBN 978 – 92 79 – 61655 – 6, © European Union, 2016. pp. 70 – 73.
③ WP1: Synthesis report: *Ex post evaluation of Cohesion Policy programmes 2007 – 2013, focusing on the European Regional Development Fund (ERDF) and the Cohesion Fund (CF)*, ISBN 978 – 92 – 79 – 61655 – 6, © European Union, 2016. p. 73.

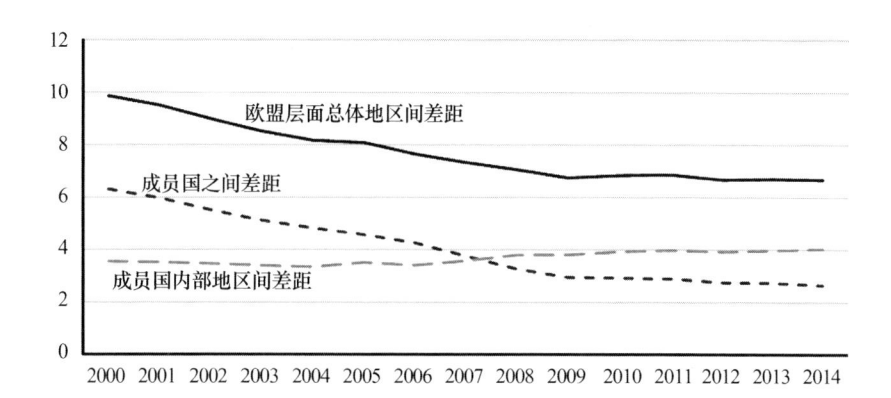

第四章　欧盟委员会对欧盟地区政策的官方评估及理论支撑

图4—3　2000—2014年间欧盟27国NUTS-2地区人均GDP（PPS）差距

资料来源：欧盟统计局、各地区统计数据。

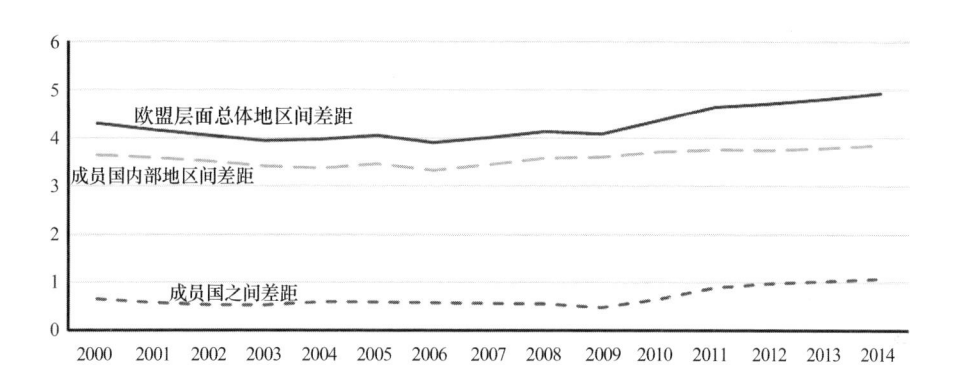

图4—4　2000—2014年间欧盟15国NUTS-2地区人均GDP（PPS）差距

资料来源：欧盟统计局、各地区统计数据。

均GDP（PPS）差距"中显示：2007—2014年间，欧盟15国整体地区间差距有所扩大，尤其是在2009—2011年间。成员国之间的地区差距也有所扩大，这主要是因为同时受到南欧国家GDP下降与德国及其周边国家经济增长的双重影响。与此同时，成员国内部的地区差距也在扩大，尽管这一扩大的趋势在2011年后有所放缓。[1]

---

[1] WP1：Synthesis report：*Ex post evaluation of Cohesion Policy programmes 2007–2013, focusing on the European Regional Development Fund（ERDF）and the Cohesion Fund（CF）*，ISBN 978-92-79-61655-6，ⓒ European Union，2016. p. 74.

欧盟地区政策研究：改革、效应与治理

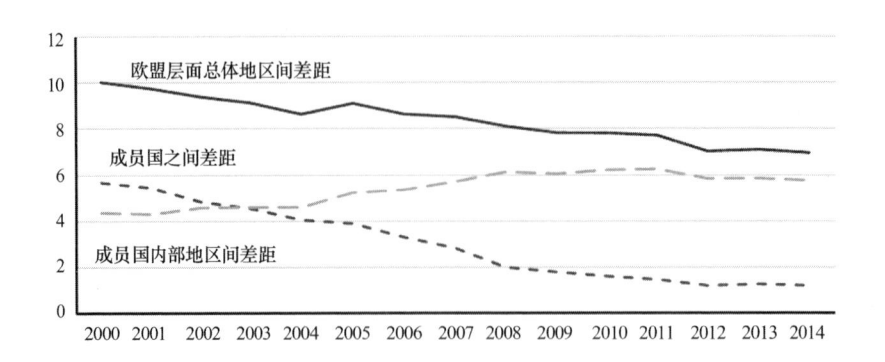

图4—5　2000—2014年间欧盟12国NUTS-2地区人均GDP（PPS）差距
资料来源：欧盟统计局、各地区统计数据。

而欧盟12国的情况有所不同。2000—2014年间，欧盟12国整体地区间差距和成员国之间的地区差距一直在缩小，不过在2009—2011年危机期间，这一趋势有所放缓。而成员国内部的地区差距却一直保持扩大趋势，但在欧债危机爆发后，该差距有轻微的缩小。参见图4—5"2000—2014年间欧盟12国NUTS-2地区人均GDP（PPS）差距"。[①]

从图4—2、图4—3、图4—5的对比分析可以看出，欧盟整体地区间差距呈现不断缩小的趋势，尽管因受到欧债危机的一定冲击而放缓，但此后又在慢慢恢复。需要指出的是，这一缩小趋势主要归功于欧盟12国整体国家间和地区间差距较大程度的缩小（尽管成员国内部地区差距仍有轻微扩大）。从这个角度讲，以中东欧国家为代表的落后国家和地区的确一直在实现"赶超"，欧盟地区间差距总体在实现一定程度的"趋同"。但遗憾的是，具体到欧盟15国地区差距以及成员国内部地区差距，我们却得出相反的结论。由此可见，欧盟地区差距的演变问题依然是复杂而严峻的。

---

① WP1：Synthesis report：*Ex post evaluation of Cohesion Policy programmes 2007 - 2013, focusing on the European Regional Development Fund (ERDF) and the Cohesion Fund (CF)*, ISBN 978 - 92 - 79 - 61655 - 6，© European Union，2016. p. 74.

第四章 欧盟委员会对欧盟地区政策的官方评估及理论支撑

二、欧债危机对 GDP、就业率和地区差距的影响

欧债危机导致欧洲政府债务增加，投资和消费降低，进出口贸易减少，进而减少了工作岗位，贫困和社会排斥（social exclusion）也有所增加。危机中有约 40% 地区的人均 GDP 水平有所降低，主要在爱尔兰、意大利、西班牙、葡萄牙和希腊。从图 4—6 "2000—2016 年间欧盟 28 国 NUTS-2 地区人均 GDP、(20—64 岁人口) 就业率和失业率变化图"[①] 中可以明显看出，欧盟 28 国 NUTS-2 地区人均 GDP、失业率和就业率都受到欧债危机很大冲击。

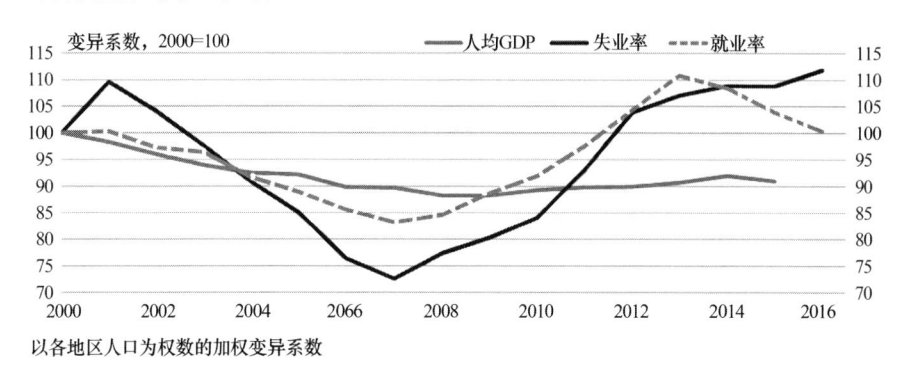

以各地区人口为权数的加权变异系数

图 4—6 2000—2014 年间欧盟 28 国 UNTS-2 地区人均 GDP、(20—64 岁人口) 就业率和失业率变化图

资料来源：欧盟统计局以及 DG REGIO 的相关统计数据。

从具体国家和地区来看，它们普遍受到危机的影响，但受影响程度较为多样化。2007—2010 年间，有 2/3 的欧盟地区 GDP 负增长，GDP 最高可达 -6%。受冲击最大的 10 个地区发生在 3 个波罗的海国家以及其他不同国家的不同地区，它们的 GDP 降低了超过 3%。西班牙遭受比 GDP 下降更为严重的就业率的下降，而希腊的衰退大部分出现在 2010 年后。失业率冲击最严重的是南欧国家。2008—2012 年，欧盟层面的失业率由 7% 上升到 10%。受冲击最严重的 5 个国家中，失业率最低的是塞浦路斯（12%），最高的是西班牙（达到 25%）。拉脱维亚、爱沙尼亚、斯洛伐克、

---

① 第七次聚合报告，第 4 页。

斯洛文尼亚和丹麦的就业也受到很大冲击。这些可以从图4—7"2007—2011年间各成员国经济衰退境况"中更直观地看到。①

	国内生产总值(GDP)	就业率年均变化(%)	两个指标结合	对经济衰退的影响
欧盟27国		-0.2	-0.2	温和
欧盟15国	-0.2	-0.3	-0.3	温和
欧盟12国	1.6	-0.1	0.7	低
拉脱维亚	-4.5	-6.4	-5.5	非常高
希腊	-3.9	-1.9	-2.9	非常高
爱尔兰	-1.8	-3.9	-2.8	非常高
立陶宛	-1.5	-2.7	-2.1	非常高
爱沙尼亚	-2.0	-2.1	-2.1	非常高
西班牙	-0.7	-2.7	-1.7	非常高
葡萄牙	-0.6	-1.3	-1.0	高
丹麦	-1.0	-0.8	-0.9	高
保加利亚	0.6	-2.3	-0.8	高
匈牙利	-0.8	-0.8	-0.8	高
意大利	-1.1	-0.4	-0.8	高
斯洛文尼亚	-0.7	-0.8	-0.8	高
罗马尼亚	0.3	-1.0	-0.3	温和
英国	-0.6	-0.1	-0.3	温和
芬兰	-0.7	0.2	-0.2	温和
法国	0.0	-0.1	0.0	温和
瑞士	0.2	0.3	0.2	温和
捷克	0.7	-0.1	0.3	温和
塞浦路斯	0.9	0.5	0.7	低
比利时	0.6	0.9	0.7	低
奥地利	0.6	0.9	0.8	低
瑞典	1.1	0.5	0.8	低
德国	0.7	0.8	0.8	低
斯洛伐克	2.0	0.4	1.2	低
卢森堡	-0.1	2.7	1.3	低
马耳他	1.4	1.6	1.5	低
波兰	3.7	1.4	2.6	低

* GDP的平均变化与就业率变化
** 欧盟12国是指2004年、2007年加入的成员国

图4—7 2007—2011年间各成员国经济衰退境况表

资料来源：欧盟统计局。

正如前面已经提到的，欧债危机打断了长期以来欧盟整体地区间差距不断缩小的趋势。具体来看，2000年，欧洲最发达地区的人均GDP是最落后地区的3.5倍，而到2008年已经缩小为2.8倍，② 但危机导致2013

---

① *The urban and regional dimension of crisis: Eighth progress report on economic, social and territorial cohesion.* 此报告是"经济、社会与地域聚合报告"颁布之前颁布的阶段性报告。

② Patrick Faucheur, *Cohesion Policy Facing the Crisis: What Effects for the EU's Regions?* Policy paper, Notre Europe, Jacques Delors Institute, 15 Janurary 2014.

第四章　欧盟委员会对欧盟地区政策的官方评估及理论支撑

年的地区间差距超过2000年的水平。好在2011年以后，落后国家的赶超趋势又有所恢复，但较危机之前的追赶速度有所放缓。总体而言，2007—2014年间，中东欧12国落后地区的人均GDP增长速度高于欧盟其他地区，同时也高于中东欧国家自身的首都地区，比如捷克、匈牙利和斯洛伐克的首都地区。

类似情况也出现在就业率方面。许多国家在危机期间的失业率达到历史最高。2012年，有些国家的青年失业率竟然超过20%。危机之前，欧盟整体层面地区之间的就业率差距有所减小，但危机发生后又有所扩大（主要是受到希腊、西班牙和意大利等国家大规模失业潮的影响，而这些国家内部的落后地区的失业现象尤其严重）。

三、危机后欧洲经济复苏与地区差距新形势

欧债危机过后，欧洲经济正在反弹（bouncing back）中，GDP和就业都达到一个新高度，地区经济差距已经重新开始缩小，但是地区发展的速度并不一致。[1] 第七次聚合报告（第一章）指出，2014年起，地区之间的就业率差距开始缩小；2015年起，地区之间的GDP差距也开始缩小。但是，许多地区的GDP水平和就业率都没有恢复到危机以前的水平，国家公共投资也未恢复到危机前的水平。2007—2012年间，欧盟地区政策帮助成员国创建了76.9万个工作岗位，对22.5万个较小企业进行了投资，资助了7.2万个研究计划，为超过500万欧盟居民开通了宽带网络，通过1.1万个不同的工程（projects）提升了城市居民的生活质量。[2] 2007—2014年间，有40万个中小企业受到欧盟地区政策的援助，并创立了100万个新增工作岗位。但尽管如此，地区差距形势仍然非常严峻。

首先，关于人均GDP的差距，第七次聚合报告（第一章）分别介绍了以下三类地区的情况：

（1）落后地区：2015年，27%的欧盟人口（NUTS–2地区）生活在人均GDP低于欧盟平均水平75%的地区。其中绝大部分处在中东欧国家、

---

[1]　2020年初期以来的新型冠状病毒带来的冲击无疑也是巨大的，但本研究所考察的时期不包含这一最新危机。

[2]　http：//eur – lex. europa. eu/summary/chapter/regional_policy/2601. html？root = 2601.

希腊、葡萄牙、西班牙和意大利南部地区。2000—2015年间，所有的中东欧地区的人均GDP增长水平都超过欧盟平均水平。其中最明显的国家和地区是罗马尼亚的首都城市地区以及保加利亚。2000—2015年间，许多落后地区的人均GDP朝向欧盟平均水平实现了趋同，生产率快速增长，就业率也有所提升。在这一趋同过程中，制造业发挥着举足轻重的作用。但这种创造业的优势会在因全球化、技术化进程的发展而受到冲击，因此地区需要做出相应的改革。

（2）发达地区：很多人均GDP水平较高地区的增长速度超过欧盟平均水平，这主要受益于首都或大城市地区的聚合经济（agglomeration economies），以及一些小城市群之间形成的共享特殊服务（specialised services to be shared）和规模经济效应（economies of scale）。

（3）中间地区：一些人均GDP比较接近欧盟平均水平（介于欧盟平均水平75%—120%之间）的地区，却处在一种"中等收入陷阱"（middle-income trap）的局面。2000—2015年间，它们的GDP增速远远低于欧盟平均水平。这些地区的制造业比发达地区和落后地区都要弱：与落后地区相比，其劳动力成本太高；与发达地区相比，它们的创新系统更弱。想要推动这些地区的发展，需要促进其出口导向转型，推动科技创新，增加教育与培训，改善商业环境。

需要特别指出的是，在第七次聚合报告中，创新依然受到高度关注。欧洲西北部国家中，高技术水平的劳动力和良好的商业环境对周边地区产生了很好的创新带动作用。而欧洲南部和东部国家，其创新力相对弱得多，周边地区也受益较少。

其次，关于就业率方向的地区差距，根据第七次聚合报告（第二章）"社会聚合"（social cohesion）部分的描述，就业率和失业率的基本情况是：2016年，20—64岁人口就业率首次超过危机前的水平，达到71%，超过2008年70%的水平。在西班牙，就业水平仍然比危机前低5个百分点，塞浦路斯则要低8个百分点，而希腊却要低10个百分点。只有6个国家（瑞典、德国、丹麦、英国、爱沙尼亚和荷兰）2016年的就业率水平超过"欧洲2020年目标"（Europe 2020 Target）要求，达到75%。过半数欧洲国家就业率低于70%，希腊、西班牙、克罗地亚、法国和意大利低于65%。欧债危机使得"欧洲2020年目标"似乎难以实现。失业率方

第四章　欧盟委员会对欧盟地区政策的官方评估及理论支撑

面，欧盟的失业率从2013年的10.9%降低至2016年的8.6%和2017年的7.7%，但总体仍然高于2008年7%的水平。捷克、德国、匈牙利、马耳他、波兰和英国的失业率已经低于2008年的水平，而希腊、西班牙、意大利、塞浦路斯依然比2008年高出5个百分点。青年人口的失业率也大体呈现相似状况，其中希腊和西班牙的青年失业率高达40%。贫困化和社会排斥的危险已经回落到危机前的水平，但是欧盟15国的城市地区贫困化和社会排斥形势依然严峻，而这些国家的乡村地区以及中东欧国家的地区却呈现比较低的危险水平。

由此可以看出，欧债危机对欧洲不同国家和地区的冲击程度虽有不同，但都造成较大的影响，目前它们仍处在恢复过程中。需要特别指出的是，在整个危机过程中，欧盟地区政策及其各项基金，在缓解危机的冲击尤其是公共投资严重缩水的形势面前，发挥了举足轻重的作用。

四、欧盟地区政策在欧盟公共投资中的地位及其在欧债危机中的表现

1. 欧盟地区政策在欧盟公共投资中的地位

第七次聚合报告指出，欧盟地区政策所提供的公共投资占欧盟公共投资的8.5%，在欧盟13国（2004年和2007年新入盟国家，再加上克罗地亚）中，这一比例达到41%，甚至有些国家会超过50%。从图4—8"2015—2017年间凝聚政策（即地区政策）的资金占公共投资的比例"中可以看到2015—2017年间欧盟地区政策基金在欧盟各国公共投资中所占的比例，其中中东欧国家所占比例相对较高。

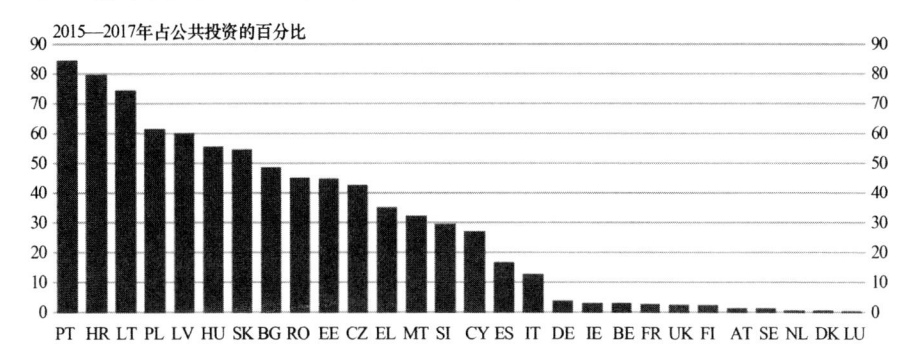

图4—8　2015—2017年间凝聚政策的资金占公共投资的比例

资料来源：欧盟统计局及DG REGIO。

欧盟地区政策研究：改革、效应与治理

在危机最严重的2010—2012年间，欧盟地区政策在相关国家（波罗的海三国、波兰、匈牙利、斯洛伐克、葡萄牙和马耳他）公共投资中所占的比例是非常高的，都超过50%，有的国家甚至超过80%—90%。这一点通过图4—9"2010—2012年间凝聚政策的资金占公共投资的比例"[①]可以直观地看到：

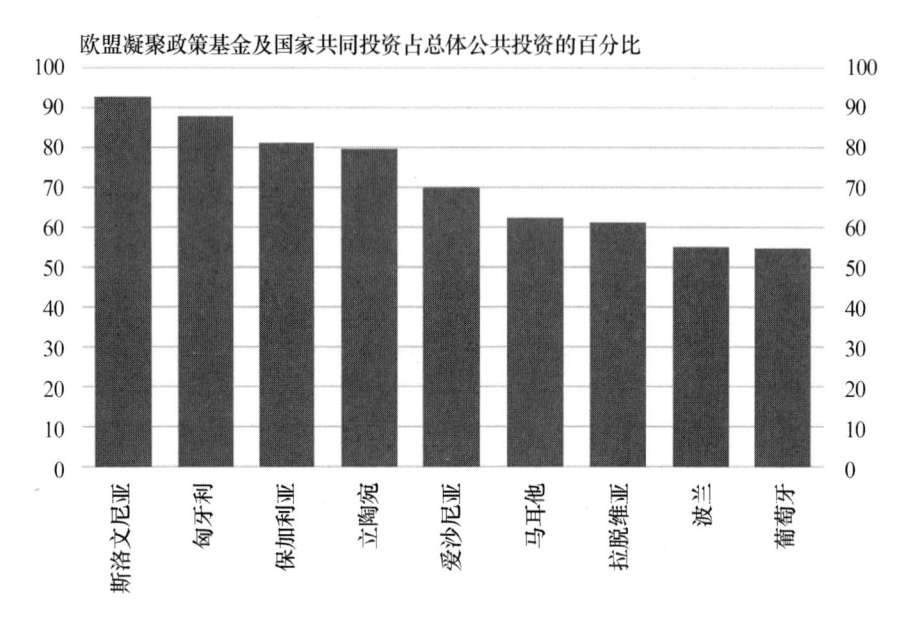

欧盟凝聚政策基金及国家共同投资占总体公共投资的百分比

国家	百分比
斯洛文尼亚	约92
匈牙利	约88
保加利亚	约81
立陶宛	约80
爱沙尼亚	约70
马耳他	约62
拉脱维亚	约61
波兰	约55
葡萄牙	约55

图4—9　2010—2012年间凝聚政策的资金占公共投资的比例
资料来源：欧盟统计局及DG REGIO。

再从表4—1"2007—2013年间欧洲结构基金与聚合基金在GDP和政府公共投资中分别占比情况"[②]可以看到，欧盟地区政策主要基金在中东欧国家的占比明显高于其他国家。

[①] Patrick Faucheur, *Cohesion Policy Facing the Crisis: What Effects for the EU's Regions?* Policy paper, Notre Europe, Jacques Delors Institute, 15 Janurary 2014.

[②] WP1: Synthesis report: *Ex post evaluation of Cohesion Policy programmes 2007 – 2013, focusing on the European Regional Development Fund (ERDF) and the Cohesion Fund (CF)*, ISBN 978 – 92 – 79 – 61655 – 6, © European Union, 2016. p. 69.

第四章　欧盟委员会对欧盟地区政策的官方评估及理论支撑

表4—1　2007—2013年间欧洲结构基金与聚合基金在GDP和政府资本性支出中分别占比情况

	ERDF + Cohesion Fund（百万欧元）	GDP占比（%）	政府资本性支出占比（%）
欧盟27国	261217	0.3	6.5
匈牙利	21281	3.0	57.1
立陶宛	5747	2.7	52.1
斯洛伐克	9999	2.1	52.1
拉脱维亚	3947	2.7	50.5
马耳他	728	1.6	42.5
波兰	57178	2.3	40.9
爱沙尼亚	3012	2.6	39.4
保加利亚	5415	2.0	38.6
捷克	22146	2.0	34.3
葡萄牙	14558	1.2	27.5
罗马尼亚	15374	1.7	25.1
斯洛文尼亚	3345	1.3	24.5
希腊	15846	1.0	18.9
塞浦路斯	493	0.4	7.1
西班牙	26590	0.4	7.0
意大利	20989	0.2	4.4
德国	16100	0.09	2.5
芬兰	977	0.07	1.7
法国	8051	0.06	1.1
比利时	987	0.04	1.1
英国	5387	0.04	1.0
瑞典	935	0.04	0.8
奥地利	646	0.03	0.7
爱尔兰	375	0.03	0.7
荷兰	830	0.02	0.4
丹麦	255	0.01	0.4
卢森堡	25	0.01	0.2
克罗地亚	706	0.2	3.9

资料来源：欧盟统计局及成员国政府数据。

欧盟地区政策研究：改革、效应与治理

从图4—10"2007—2023年间凝聚政策对欧盟GDP的影响"① 可以看出，2007—2023年间，欧盟地区政策对于提升欧盟GDP发挥着积极作用，且影响呈上升趋势。

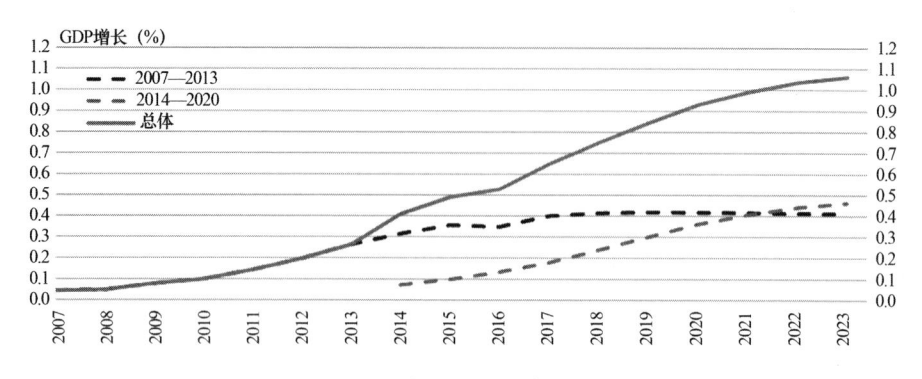

图4—10　2007—2023年间凝聚政策对欧盟GDP的影响

资料来源：QUEST宏观经济模型。第七次聚合报告，第185页。

第七次聚合报告还指出，2007—2013规划期中欧盟地区政策的投资，使得2015年欧盟12国的GDP提升了3%。从图4—11"2007—2013年间凝聚政策对公共投资的影响"② 可以看到，没有欧盟地区政策相关基金（欧洲地区发展基金、欧洲社会基金与凝聚基金）支持的欧盟28国的公共投资情况，与接受地区政策援助的情况还是有一定差距的（百万欧元为单位，2005年价格）。

从上面各张图表可以明显看出，欧盟地区政策在欧盟公共投资尤其是落后国家的公共投资中占据非常重要的位置，这一点在欧债危机过程中得到更充分的体现。不过，欧盟地区政策本身其实也受到危机的冲击，该政策也由此进行了一系列积极而灵活的调整。

2. 欧债危机对欧盟地区政策的冲击及其政策调整

在欧债危机中，欧盟公共投资有大幅降低，从2008年的3.4%降低到2016年的2.7%。国家公共投资有所减少，而欧盟地区政策却提供了相对

---

① 第七次聚合报告，第185页。
② Patrick Faucheur, *Cohesion Policy Facing the Crisis*: *What Effects for the EU's Regions*? Policy paper, Notre Europe, Jacques Delors Institute, 15 Janurary 2014.

第四章　欧盟委员会对欧盟地区政策的官方评估及理论支撑

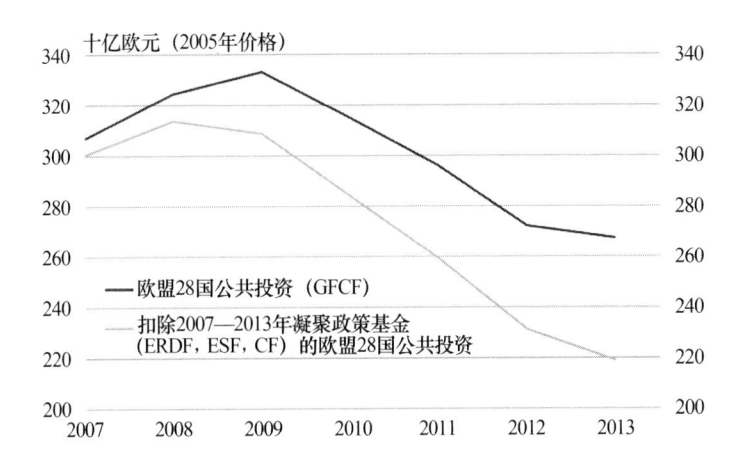

图4—11　2007—2013年间凝聚政策对公共投资的影响

资料来源：欧盟统计局和DG REGIO，第六次聚合报告。

稳定的资金支持，一定程度上减少了危机对公共投资的冲击。

不过，欧盟地区政策项目实施本身也受到危机的一些冲击，主要表现在以下几个方面：[1]

第一，鉴于危机中政府和企业的基金配套能力有所减弱，欧盟地区政策各项基金的发放时间有所延迟，这就导致很多项目不能在规定时间——两年或三年内完成基金的使用，比如多数国家凝聚基金的使用就遇到这种情况。

第二，危机中，在政府公共投资及其对企业发展的公共支持方面，欧盟地区政策的各项基金已经成为首要的力量。这就使得争取地区政策基金的竞争更加激烈。

第三，上述竞争加剧的一个后果就是，为了得到机会，竞争者们会竞相降低价格，有时候还不惜降到成本价之下，从而导致其自身对危机的承受力非常弱，甚至有可能导致破产以及项目实施的拖延。

第四，危机使得欧盟提高了成员国和地区基金配套的比例，这就使得它们很难找到相应的基金和项目，从而实际上减少了欧盟地区政策各项基

---

[1] WP1: Synthesis report: *Ex post evaluation of Cohesion Policy programmes 2007 – 2013 , focusing on the European Regional Development Fund（ERDF）and the Cohesion Fund（CF）*, ISBN 978 – 92 – 79 – 61655 – 6, © European Union, 2016. p. 52.

欧盟地区政策研究：改革、效应与治理

金的落实数目。

总体而言，欧盟地区政策在危机应对方面仍表现出足够的灵活性，从中长期目标转到更加注重有效和直接的短期效应、能够有效缓解危机负面冲击的方向上。欧盟地区政策同样鼓励成员国在使用其基金时朝着这个方向努力，并为此出台了一些相关措施帮助企业走出困境，提高就业率。

危机中，新入盟的国家以及希腊和葡萄牙等国受到的冲击较为严重，结构基金和凝聚基金也因此做了一些调整，对这些国家和地区给予了较多支持，其中13%的资金直接用于促进就业和经济发展，有关基础设施的投资也有所提升，而人力资源方面的投资则有所减少。欧洲社会基金也做了一些调整，以期创造更多的就业岗位。比如在2014—2020规划期中，欧盟为欧洲社会基金在结构基金中的比例设置了一个最低门槛。

第三节 欧盟官方评估的理论模型基础

对于欧盟地区政策效应的评估，欧盟委员会所使用的主要理论工具是宏观经济的"投入—产出"（input-output）模型。按照第四次聚合报告所讲述的，对2000—2013规划期欧盟地区政策的宏观经济效应进行评估时，欧盟主要使用了三种模型。欧盟委员会使用的理论模型除了下面介绍的三种模型之外，还包括Pereira（1994）模型和Beutel模型（1995）等，此处不展开论述。

HERMIN模型主要是一种连接了新古典经济学和凯恩斯主义，[①] 在同一个框架内对短期效应［需求（demande）］和长期效应［产出（du côté de l'offre）］进行考察的宏观经济模型。该模型认为欧盟地区政策取得积极成效，该政策的实施使得多数成员国国民生产总值实现了超过5%—10%

---

① 凯恩斯主义（Keynesianism，也称"凯恩斯主义经济学"）是建立在凯恩斯著作《就业、利息和货币通论》的思想基础上的经济理论。其主张国家采用扩张性的经济政策，通过增加需求促进经济增长，即扩大政府开支，实行赤字财政，刺激经济，维持繁荣。凯恩斯的经济理论指出，宏观的经济趋向会制约个人的特定行为。18世纪晚期以来的政治经济学或经济学建立在不断发展生产从而增加经济产出的观点上。而凯恩斯则认为对商品总需求的减少是经济衰退的主要原因。由此出发，他指出维持整体经济活动数据平衡的措施可以在宏观上平衡供给和需求。因此，凯恩斯的经济理论和其他建立在凯恩斯理论基础上的经济学理论被称为宏观经济学，以同注重研究个人行为的微观经济学相区别。

的增长率。这些增长主要是基于物质和人力资本以及技术开发网络（RDT，Réseau de Développement Technologique）的发展。按照该模型的分析，欧盟援助 2015 年的整体效应会高于 2000—2006 年间的效应，因为新的援助更加可观，而且前期规划期的累积效应需要更长的时间来显现。

EcoMod 模型主要是用来测量多领域总体平衡的分析工具。分析对象涉及经济结构中不同领域、不同行为体（住户、企业等）之间的相互关系，以及不同的经济表现形式（消费、生产、投资等）。EcoMod 模型分析认为，欧盟地区政策的干预将会对欧盟 15 国以及新成员国整体产生显著的积极效果。截至 2020 年，在欧盟地区政策的影响下，斯洛伐克、立陶宛、拉脱维亚和保加利亚国民生产总值的增长率，将比该政策缺失情况下的增长率高 15%。根据这一模型的分析，从 2015 年开始，随着生产率的提高、手工业质量的提升以及基础设施的不断完善，欧盟地区政策的积极效应将会逐渐显现，就业率对国内生产总值增长的贡献率将会达到 40%—50%。

QUEST 模型是由欧盟委员会内部开发的一种理论模型，是一种建立在凯恩斯主义和新古典经济主义基础上的宏观经济模型。这一模型对经济领域的关注程度低于以上两个模型，但其考察的地理范围却更大些，因为它同时考察欧盟所有国家的经济体。根据这一模型的分析，欧盟地区政策对于净支出国有消极影响，但相对于其对收益国的积极贡献而言，这些消极影响就显得不是很重要了。欧盟地区政策的效应在刚开始的大部分时期内是微弱和消极的，但随后则会变得越来越积极。也就是说，欧盟地区政策能够推动欧盟总体在"长时期内"的经济增长和"趋同"。

虽然欧盟委员会使用上述三个模型得出的结论在细节上会有所差异，但总体上认为欧盟地区政策能够在当前和今后显著提高落后地区的国内生产总值。它们都认为欧盟结构基金在缩小成员国之间，尤其是四个凝聚国家与其他国家之间的差距上具有显著的积极意义。三者共同认为物质和人力资源的投资将会带来经济的增长。但这三个理论模型本身还有很多弱点，也因此引来广泛的批评。在第四次聚合报告中，欧盟委员会也认识到这三个理论模型的缺陷，认为它们有可能无法充分反映现实。有学者认为欧盟委员会所使用的理论模型只是对成员国之间的差距进行评估，而无法对地区之间的差距进行评估。此外，还有学者批评欧盟使用的理论模型没有关注由欧盟基金援助带动的公共和私人资本,而这些资本在落后国家的赶超过程中发挥着核心作用。欧盟理论模型也没有关注境外直接投资对地区发展的效应,而这些投资实际上也对地区间"趋同"具有重要意义,比如在爱尔兰就是这样。[①] 最后,欧盟理论模型的评估有一个预设的前提,就是假定调研当时的条件会在日后依然继续,而这种假设与实际情况是不完全吻合的。接下来,我们将详细看一下学界对欧盟地区政策效应的评估及其理论基础。

[①] Dall'erba Sandy, 2004, p. 73.

第五章　对欧盟地区政策非官方评估及三种理论基础

在欧盟委员会对欧盟地区政策进行评估的同时，许多学者也开展了独立于欧盟委员会之外的评估。从20世纪50年代开始，多种研究经济增长和"趋同"的理论模型逐渐形成。这些理论模型对欧盟地区政策的效应所做的判断也不尽相同。本章中，作者将着重介绍区域经济学的三种基本理论及其对欧盟地区政策相应的评估结果。

第一节　新古典经济学的观点

第一种理论模型是20世纪50年代发展起来的新古典经济学。其基本观点是：经济增长会带来资本投入的增加和人口的增长，但在缺乏技术进步的情况下，资本增长受到"边际效应递减"规律的限制。从长期来看，某地区经济发展会带来人口的增长，而人口增长最终会带来劳动力成本的上升以及资本回报率的降低。于是，很多企业会重新选择附近劳动力较为便宜的地区进行投资，这样便实现了不同地区间的平衡。

新古典经济学的理论模型对"趋同"持乐观态度，认为市场发展将逐步趋于平衡，地区差距将逐渐消除。根据这一理论，随着投资的倾斜，最贫困地区被假定为比富裕地区拥有更高的经济增长率。最终，贫困地区和富裕地区之间的差距会逐渐缩小。富裕国家的资本收益和积累会比贫穷国家更弱。根据这一理论，欧盟地区政策的效应将呈现出积极的发展态势，即贫困地区和落后地区之间的差距会日益缩小而最终实现"趋同"。正如上一章所论述的，欧盟官方文件所得出的"国家间趋同"的积极结论，其中一个重要的理论基础就是新古典经济学理论（以及凯恩斯主义观点）。

但新古典经济学理论受到各种新理论的批评和挑战，这些批评集中表现在：该理论把长期的技术进步和人口迁移速度视为外部变量，而不依赖于经济行为体自身的表现和内部经济的增长。20世纪80年代出现了一种新的理论模式——内生经济增长模式（modèles de croissance endogènes），这一新的理论对长期经济增长提出另一种解释，并得出较为消极的结论。

第二节　内生经济增长理论的观点

内生经济增长理论不再把技术进步作为一种偶然因素，而是将其视为一种投资（investissement）和能力（compétence），即一种内部变量。资本和人力资源的积累推动技术的进步以及积极外部性的产生（externalités positives），从而确保收益的增长。在缺乏干预的情况下，发达地区或国家的经济增长会更加显著，从而加剧不同地区和国家之间的差距。内生经济增长理论对"边际效益递减"规律提出质疑，运用"外部性"[①] 或地方化"溢出"（spillover localisés）以及"非完美竞争"（垄断性竞争）等概念来分析问题，站在了新古典经济学"完美竞争"[②] 模式的对立面。最终，内生经济增长理论主张一种自动延续的增长（une croissance auto-entretenue），而反对新古典经济学主张的绝对的或有条件的"趋同"。对于欧盟地区政策的效应，内生经济增长理论持一种消极的评价，认为在缺乏有效干预的情况下，不同地区之间的差距会不断扩大，因而最终不会实现"趋同"。

不过，对于内生经济增长理论而言，新古典经济学的观点并不是完

[①] 外部性（externality），又称为溢出效应、外部影响、外部经济等，指一个或一群人的行动和决策使另一个人或一群人受损或受益的情况。经济外部性是经济主体（包括厂商和个人）的经济活动对他人和社会造成的非市场化的影响。正外部性（positive externality）是某个经济行为体的活动使他人或社会受益，而受益者无须花费代价。负外部性（negative exterality）是某个经济行为体的活动使他人或社会受损，而造成负外部性的人却没有为此承担成本。

[②] 完美竞争（Perfect Competition）条件：（1）市场上有大量的供货商。任何一个供货商都不能够影响市场。（2）产品一致，所有供货商提供的产品都是相同的。（3）完美信息，所有的供货商都知道其他公司的价格设定。（4）同样的使用权，所有的供货商都有全部产品技术的使用权。（5）自由进入和离开，所有的供货商都可以自由地进入和离开市场。长期平衡：长期来说，完美竞争市场中公司的数目是有限制的，假如一个公司 A 在这个市场中获得利润，当一个新的竞争者进入市场后，A 公司不再获得利润，所以有一些公司就会选择离开这个市场。在长期平衡中的完美市场，利润的比例是相同的，同时进入和离开市场的公司时间也是相同的。

全错误的,后者主张的"有条件的趋同"与前者主张的不同经济体之间的"持久不平等"(inégalités persistantes)可以兼容,因为经济平衡状态本身可以很多样化。

但内生经济增长模式也很快受到批评:首先,既然这一模式假定技术进步会扩大不同经济体之间的差距,那么反之可以推断,技术差距的缩小应该能够成为落后地区赶超发达地区的决定性因素。有学者却质疑这种推断,认为存在一个"最低门槛"(seuil minimal),在这个门槛之外,所有的赶超都是不可能的。其次,尽管(内生经济增长理论所强调的)地方层级的特性(如地方遗产、经济社会模式等)是决定某个地区成功与否的基本要素,但地域竞争总是在更大的范围内展开,所以单纯从"地区"层级寻求经济发展的条件是不够的。这样一来,20世纪80年代末,内生经济模式逐渐显得过时了,[①] 而一种新的"地理经济学"(les modèles de la nouvelle économie géographique)理论模式便应运而生。

第三节 新地理经济学观点

新地理经济学认为经济发展会导致在多个国际化大都市(métropoles)形成一种生产和决策要素的聚合,从而造成一种经济发展的极化现象(développement polarisé)。根据这种理论,对地区发展的干预应该一方面着眼于提高大都市的经济竞争力,另一方面加强大都市与其"后院"(arrière-pays)边缘地区的联系,从而确保整个地域的多极化发展。

根据传统的以Hecksher-Ohlin模型为基础的国际贸易原理,不同地方产品的专门化以及各要素的自由流动是相对收益的基础,而相对收益的存在则是产生贸易的根源。但是,这种分析模式并不能解释相似经济体之间的贸易现象以及经济行为的集中化(concentration)现象,因而有学者便引入一种"城市及周围的集中化"(agglomération)的逻辑和"非完美竞争"的概念。根据这种新地理经济学的分析模式,聚集在一起的企业可以享受经济、技术外部性,其收益递增状况也优于相对孤立的企业,而收益

---

① Charleux Laure, *La politique régionale de l'Union européenne: des régions à l'espace? -essai d'analyse statistique et spatiale*, thèse soutenue en décembre 2003, pp. 21 – 23.

递增和交通成本降低必然会导致空间分配的不均衡。

按照新地理经济学理论的分析，地区政策的效应总是消极的：单纯的资本性投资或对交通基础设施的投资都会影响企业选址，最终会造成富裕地区出现日益增长的"城市及周围的集中化"现象，从而加剧地区间差距。地区政策因此带来了双重矛盾性影响：企业的聚集会提高总体的效率，但作为长远发展基础的地方外部性（externalités locales）却受到削弱。① 这种新地理经济学对欧盟地区差距演变趋势的判断也是消极的：随着欧洲经济一体化的发展，"城市及周围的集中化"现象越来越明显，城市"中心"和"外围"地区、富裕地区与落后地区之间的差距在不断扩大。

研究证明受到结构基金影响最大的地区是欧洲心脏部位的富裕地区，而其他边缘地区受到的影响相对较小。这也可以作为解释落后地区经济很难实现赶超的重要原因。② 与"城市及周围的集中化"现象相伴随的还有劳动力的"极化"现象，这就进一步加剧了微观层面各地区失业率的不平衡。直到20世纪80年代中期，各地区之间失业率的差距基本保持稳定；但在1988—2000年间，失业率的极化现象有所增长，有更多的地区进入超高失业率或超低失业率的范围。这些极化现象的增长说明微观层面地区间的差距在不断扩大。

为了更好地理解新地理经济学在对欧盟地区政策效应进行评估时的思路，可以选择该政策在基础设施上的投资作为分析案例，因为在交通基础设施上的投资占结构基金的30%和凝聚基金的60%。③ 但调查显示，仅就这部分投资而言，其对地区凝聚力的推动效果并不是很明显。学者维克曼（Vicherman）认为新的交通基础设施投资主要倾向于投向中心地区（régions centrales）北部或中心地区之间……主要受益方是欧洲核心地区（core regions）。维克曼特别指出对贫穷地区的交通基础设施投资并没有使这些地区明显受益。

最后，欧盟机构基金的主要受益方是富裕地区而非贫困地区，这种现

---

① Sandy Dall'erba, 2004, p. 54.
② Sandy Dall'erba, 2004, pp. 159 – 163, 147.
③ Sandy Dall'erba, 2004, p. 79.

第五章　对欧盟地区政策非官方评估及三种理论基础

象还有一个很重要的原因就是欧盟地区政策运作中使用的附加性（additionnalité）原则。该原则主张，对于欧盟援助项目，受助国家和地区应该按一定比例共同融资。实践中，欧盟在对各地区进行援助的时候，富裕地区提供的配套资金往往能够达到结构基金的 4—5 倍，而落后地区所提供的资金只能提供仅为结构基金 2 倍的配套基金。[1] 相比较而言，富裕地区更为宽裕的公共财政能够吸引更多的企业，从而强化其"城市及周围的集中化"效应。马丁〔（Martin R.（1999，2000）〕强调地区政策的必要性，因为企业在选址过程中不会顾及对自身之外的总体环境的影响，而地区发展基金的使用便成为抵制"城市及周围的集中化"现象的重要工具。但实践证明，基于上述"附加性"原则以及其他各方面的原因，这种现象暂时并未因该政策的实施而得到明显遏制。以接受欧盟基金较多的国家西班牙为例，[2]"城市及周围的集中化"现象的不断加剧与地区发展不平衡状况的持续甚至恶化之间有着十分密切的联系。[3] 除了梅利利亚和巴利阿里群岛两个地区之外，西班牙并没有出现明显的赶超现象。那么，为什么地区发展基金在解决地区发展问题上并不能更加有效呢？第一个原因是过于严重的"城市及周围的集中化"现象，导致对落后地区的轻度援助不足以改变固有的地区格局。西班牙的地区体系已经出现一个明显的"城市及周围的集中化"趋势，经济活动主要集中在某几个地区（主要是加泰罗尼亚和马德里两个地区）。第二个原因是，西班牙接受的援助基金中有很重要的一部分（40%）用于对交通基础设施的投资。但是，交通基础设施的建设会更加激发发达地区的"城市及周围的集中化"趋势。结果就是，交通基础设施的建设并不一定会缩小地区差距。第三个原因是，富裕地区对于欧盟援助基金可以提供 3—4 倍的共同融资，这进一步拉大了其与落后地区的差距。

从积极的角度看，目前在欧洲愈演愈烈的"城市及周围的集中化"现象，一方面的确可以在某种程度上提高整个欧洲层面的平衡发展：经济发展的某种"多中心化"（polycentrique）效应，即欧洲同时出现多个快速增

---

[1] Sandy Dall'erba，2004，p. 79.
[2] 西班牙接受欧盟援助基金的绝对金额超过任何其他国家，包括结构基金的 1/4 份额和凝聚基金的一半（1989—1999 年间共接受 666 亿欧元的援助）。
[3] Sandy Dall'erba，2004，p. 180.

长的极,从而实现欧洲整体上的某种平衡;另一方面,对于微观层面某一地区及其周边地区的平衡发展的影响却是负面的。总体而言,按照新地理经济学的观点,欧盟的经济、社会聚合,尤其是地域聚合并没有很好地实现,该理论模型对欧盟地区政策效应的总体评价是消极的。

综合以上三种理论模型及其结论,除新古典经济学的观点是积极的之外,其他两种新理论的结论都是较为消极的。这些结论的消极化趋势,有一个重要原因是人们思维视角的转换,即人们越来越关注"空间"和"地域"因素的影响,尤其是对地区和地方层面的考量日益增多。首先,新古典经济学主要关注国家层面的经济规律,而内部增长模型和新地理经济学主要关注地区和地方层面的经济规律。马丁[(Martin(1999)]就指出成员国层面表现出的欧洲"趋同"可以由新古典经济学做出解释,而新地理经济学似乎更适合对成员国内部地区发展不平衡问题做出解释。其次,三种理论模型的演变过程对"地域"和"空间"因素的关注越来越多。最初的研究中,人们习惯于把某个地区视为一个孤立的个体,而并不关注其相对地理位置及其与其他地区之间的潜在关联。后来,随着空间统计工具的发展,学者们才逐渐开始加强对空间效应的实证研究。尤其是在新地理经济学理论模式中,"空间"是考察地区政策效应的核心因素。"在地区政策的相关研究中,空间是一个特别重要的因素,因为欧洲各地区之间的联系非常密切。"[1] 多数地区发展基金都用于对公共基础设施,尤其是交通基础设施的投资,附近地区产会受到一定的"外部性"空间影响。新地理经济学对欧盟地区政策效应的基本解释是建立在具有明确地理因素的变量基础之上的。[2] 新地理经济学对于"城市及周围的集中化"现象的解释,是在把"空间"理解为"异质的"(hétérogène)和相互关联的(auto-corrélation),而且放弃"完美竞争"和"持续收益"(rendements constants)等概念,引入垄断性竞争和外部性概念之后形成的。由此,新地理经济学方法可以"对趋同及其原因做出不同注解"。[3]

---

[1] Sandy Dall'erba, 2004, p. 103.
[2] Sandy Dall'erba, 2004, p. 103.
[3] Sandy Dall'erba, 2004, p. 161.

第四节　对欧盟地区政策评估的延展性思考

如上面几节所论述的，人们对欧盟地区政策的评估随着区域经济理论的发展而不断发展，但各种评估的结论却呈现出较大的消极性、复杂性甚至矛盾性。新古典经济学的观点所得出的评估结果比较正面，但由于该理论的"收益递减"规律和"完美竞争"理论并不适应欧盟经济发展的复杂现实，其结论受到很多质疑和批评。随后产生的内生经济增长理论在一定程度上克服了该理论的部分弱点，在"非完美竞争"框架内重点分析地方层级的经济增长现象，并指出技术作为内在因素的关键作用。内生经济增长理论认为欧盟地区之间的差距会日益扩大。但内生经济增长理论也受到一定批判，其领导地位逐步被新地理经济学理论所代替。新地理经济学理论强调地区之间的空间影响，并指出大都市周围的聚合会加剧地区发展不平衡。

与此同时，很多学者也表达了对欧盟地区政策的消极评价。法国学者伊夫·杜特尤（Yves Doutriaux）在其1991年有关欧盟地区政策的著述中表达了一种"悲观"的评价，认为欧盟结构基金并没有缓解地区发展不平衡现象。但伊夫·杜特尤对欧盟地区政策效应的总体评价还是比较温和的：从20世纪50年代开始，先是15年的相对"趋同"，然后是1974—1985年间的危机时期，从1986年开始重新进入"趋同"时期。尽管欧盟地区政策的效率存在一定局限性，但帮助许多地区降低了失业率。而后，1997年10月欧洲议会的一份专家报告中也表达了"足够消极"（assez négative）的评价，并由此主张把结构政策"再国家化"（renationaliser）。[①]法国学者劳尔·沙勒（Laure Charleux）的观点是："欧盟地区政策的相关评估没有得出积极的结论。"更加激进的观点则来自2003年发布的《萨皮尔报告》，该报告的主要撰写人安德烈·萨皮尔认为，为了加强欧盟的竞争力，应该终止欧盟地区政策的运行，而把相关职权"再国家化"。《萨皮尔报告》的观点在欧洲引起巨大的反响，因为该报告充分反映了当前欧

---

① Parlement européen, *Europe-Providence ou Europe des Nations? l'avenir de fonds structurels*, 1998.

盟在全球化进程中所面临的严峻形势——欧盟竞争力处于相对落后的位置。而"里斯本战略"和"哥德堡战略"正是为了应对这一局势而提出的。但事实证明,《萨皮尔报告》的结果并没有被欧盟完全采纳,欧盟地区政策"幸存"了下来。人们不禁自问:为了提高竞争力,难道就一定要把"凝聚力"建设扔进历史的垃圾桶吗?"凝聚力"和"竞争力"目标的复杂关系重新摆在了欧洲人的面前。不过,总体而言,《萨皮尔报告》的担心并不是多余的,其建议也绝非毫无意义。实际上,在新的地区政策规划期中,在仍然保留和强化"凝聚力"重要目标的同时,"竞争力"目标得到前所未有的强化。

综上所述,关于欧盟地区政策的效应并没有统一的评估结论。"尽管近期关于地区经济发展的趋同研究数目众多,但对于地区差距的现状以及差距缩小的原因仍然处在一个'黑箱'(une boîte noire)里。"[①] 甚至有学者认为欧盟地区政策是"无法进行量化评估的"(statistiquement pas mesurable),而应该从"质"(qualitative)的角度对其进行考察。[②] 甚至有学者认为对欧盟地区政策的评估似乎进入一条"死胡同"。劳尔·沙勒在其论文中提到,为跨越这条"死胡同",可以尝试借用地理学家有关"地域聚合"的主张。[③] 但是,根据我们的相关研究(以"欧洲空间规划研究网"的相关研究为例,参见第六章),劳尔·沙勒提议的"地域聚合"同样没有得到很好的实现。那么,怎样才能走出上面提到的"死胡同"呢?难道欧盟地区政策的效应果真如此消极,以致需要取消这个政策吗?为了更好地回答这个问题,我们不妨把视角拓宽一下,从以下几方面展开思考:

首先,可以转换思路采取逆向思维,以一个"假设该政策不存在"为预设前提对既有地区政策的效应进行考察。一个简单的逻辑是:在该政策不存在的情况下,若欧盟地区差距形势更加糟糕,我们就可以认为该政策是有一定积极效应的。很多研究认为欧盟地区政策并未缩小国家内部的地

---

① Sandy Dall'erba, 2004, p. 182.
② Charleux Laure, *La politique régionale de l'Union européenne: des régions à l'espace? -essai d'analyse statistique et spatiale*, thèse soutenue en décembre 2003, Conclusion.
③ Charleux Laure, *La politique régionale de l'Union européenne: des régions à l'espace? -essai d'analyse statistique et spatiale*, thèse soutenue en décembre 2003, p. 4.

第五章　对欧盟地区政策非官方评估及三种理论基础

区差距,但这并不能证明该政策的存在就是没有意义的,因为有研究证明,如果没有欧盟地区政策的存在,国内地区差距将会更加恶化:"人均国内生产总值的提高与结构基金援助之间关联性的缺失或半缺失（absence ou quasi-absence）并不能说明后者就是无效的。这种'无效'顶多可以被理解为一种边际效益上的无效性。人们并不能证明在缺少结构基金的情况下就能实现经济增长和趋同:地区差距或许实际上会更加恶化。"①

其次,在对某一政策进行评估之前,有一个因素需要认真考虑,那就是选择合适的时间段作为评估的背景。不同学科对同一个事物进行判定时,所采用的时间段会有所差别。欧盟地区政策从产生至今并没有经过很长的时间——如果从1975年欧洲地区发展基金建立算起,也不过是30多年的时间。这段时间对于评估一个如此庞大复杂的政策并不能说是完全充足的。当然,人们对时间段的关注度也随着理论模型的发展而不断提高,比如新地理经济学模型就很注意把评估的时间段拉长。但总体而言,目前各种经济理论模型所使用的时间段往往集中在10年左右,这对于一个政策的评估显然是不够充分的。我们有理由相信,随着时间段的调整,评估结果也会相应发生一定的变化。

第三,现有的理论模型和衡量指标仍然存在诸多局限性,这也影响了评估结果的客观性。我们同样可以期待,随着相关理论模型的发展和完善,其对欧盟地区政策的评估也可能会发生变化。与此同时,各项评估使用的指标本身也存在很多不足。人们最常用的两个评价指标是人均国内生产总值和就业率,尤其是人均GDP的使用最为常见。但仅仅依靠这两个指标做出的评价存在很多重要的缺点。有许多研究主张在人均国内生产总值这一指标外增添一些其他因素。有学者认为,人均国内生产总值并不能完全代表经济和社会聚合的内涵,而应进一步关注社会、人口、失业、教育、创新能力等方面的因素。有可能存在一种情况,即一个地区的"产出"指标（output）是积极的,但其他变量和指标却没有以同等方式或程度发生变化。比如,某地区"产出"的增加和生产率的提高,有可能伴随着失业率的上升,而教育、基础设施、社会配套设施等指标并不随之发生积极变化。有学者研究后认为,在人均国内生产总值低于欧盟平均水平

---

① Charleux Laure, thèse soutenue en décembre 2003, p. 88.

75%或界于75%和100%之间的地区，人均国内生产总值指标与其他社会—经济指标并不完全相关。有些地区就出现人均国内生产总值降低但经济、社会条件提升的情况（比如坎帕尼亚、埃斯特雷马杜拉、安达卢西亚、卡拉布里亚、卡斯蒂利亚—拉曼恰）。欧盟的基金援助可能不会直接导致国内人均生产总值的增加，但却会提升经济条件和社会福利。[①] 弗朗斯瓦·巴富瓦尔（François Bafoil）也曾经指出："人均国内生产总值"对于评估一个地区的发展是明显过于粗陋（sommaire）的。[②]

不过，欧盟已经注意到上述指标的局限性，并不断尝试拓展其指标体系。2000年欧盟理事会确定了14种基本指标，除了上述两个标准，还包括中老年就业率、区域就业率离差、长期失业率、"20—24岁年轻人受教育水平"、"科研投入"、"社会转型后贫困危险率"、比较价格水平、商业投资等（参见附录二 欧盟委员会提供的14个结构指标一览表；附录三 欧盟待开发的新指标一览表）。李明在其《欧盟区域政策及其对中国中部崛起的启示》一书中列举了31种欧盟区域政策评估的方法：概念地图、咨询相关利益者、社会调查、个体访谈、案例研究、输入/输出分析、计量经济模型、回归分析、SWOT分析、基准分析等。[③] 张可云也在其《区域经济政策》一书中介绍了区域经济政策评价的多种方法。根据评价目的，可以分为过程性评价与总结性评价。根据评价者，可以分为内部评价与外部评价。根据评价时期，可以分为事前评价、中期评价与事后评价。依据评价所能利用的时间和预算经费的多少，区域政策评价的方法可分为：时间长、预算多的方法，主要有经济计量模型、成本利益分析与成本效果分析等；时间短、预算少的方法，主要有案头研究、访谈与座谈会等；中等时间预算的方法，主要有案例研究、调查、专家团等。[④]

---

① Charleux Laure, thèse soutenue en décembre 2003.

② Bafoil François, avec Gilles Lepesant, Rachel Guyet et Suzanne Nies, *Cohésion territoriale et développement européen : dynamiques et pôles de croissance en Europe centrale et orientale*, Grenoble : CERAT, 2003, p. 184.

③ 李明著：《欧盟区域政策及其对中国中部崛起的启示》，武汉大学出版社2010年版，第190—203页。

④ 张可云著：《区域经济政策》，商务印书馆2005年版，第411页。

第五章　对欧盟地区政策非官方评估及三种理论基础

还有一些学者尝试构建更新、更全面的评价指标。比如，法国学者柯莱特·奈姆（Colette Nême）建议人们可以通过考察"机会均等"（l'égalité des chances）因素来研究"社会聚合"，具体又可分为"趋同"（convergence）和"程度"（intensité）两个角度来展开（参见表 5—1）。此外，柯莱特·奈姆还建议借鉴南美经济学家的某些指标，比如通过人口、政治和社会指标来衡量发展。①

表 5—1　经济和社会聚合的程度

	经济聚合	社会聚合
趋同	人均国内生产总值；失业率	婴幼儿死亡率；15—24 岁受教育率
程度	交叉投资（Investissements croisés）；劳动者的自由流动	人口自由流动；（Socrates）教育项目

资料来源：CEDECE，2000。

法国经济学家阿兰·迪利巴尔（Alain d'Iribarne）也认为现有的指标存在缺陷，建议增加对各地区当地居民"福利"（bien-être）的考察（根据作者 2008 年 9 月在上海与阿兰·迪利巴尔的讨论内容）。其实，在上面提到的欧盟所使用的 14 项指标中，"福利"已经有所提及，但并未如阿兰·迪利巴尔所建议的那样成为一个重要的独立指标。同时，阿兰·迪利巴尔还主张在对地区政策进行评估时，应该多听取当地居民的评价，而不仅仅局限于专家们和欧盟官方的研究。这一建议与欧盟建设中提倡的"欧洲公民"和民主建设是一致的。

虽然欧盟官方和学者们都在积极创建更加完善的理论方法与指标体系，但总体来说，各种指标和方法的选择、创建与完善仍然面临很多困难。有学者总结出区域经济评价方法选择的五种困难：②

第一，区域政策目标不明确，而且极有可能随着政府改变与经济环境变化而变化；

第二，区域政策并不是唯一影响经济空间中区域运行轨迹的力量，因

---

① CEDECE，2000，pp. 127 – 136.
② 张可云著：《区域经济政策》，商务印书馆 2005 年版，第 407—410 页。

此评价过程中的一个主要问题是确定哪些肯定是执行区域政策所引起的变化；

第三，未确定区域政策项目和效应之间的因果关系，需要运用一些方法，但对这类方法存在相当多的争议；

第四，对于能否运用综合的分析方法长期存在争论。评价所运用的各种方法来源于不同的哲学范式，在某些情况下，它们之间是相互矛盾的。这种范式的矛盾性在有关定量与定性方面的争论最常见，这种争论可总结为解释主义（interpreticism）或建构主义（constructivism）与后实证主义（post-positivism）或后经验主义（post-empiricism）之间观点的对立。就这种争论而言，关于在综合的方法中混合运用各种范式，有三种立场，即纯粹主义的、辩证的与实用主义的立场。纯粹主义立场的支持者认为，将不同的哲学框架混合运用于一个评价中，既不可能也不明智。辩证主义立场的支持者们认为，不同哲学范式的存在是有意义的，既不能忽视也不能调和，因此各种范式均有价值，要在合适的情况中采取合适的方法。支持实用主义立场的人承认不同哲学范式存在差异，但认为它们的假设是独立的，不同范式的方法与工具可以结合起来，以最适合于评价的方法来运用。这种立场的实质是，各种范式是理想的方法，都是实际应用的方法的极端形式。然而，现实评价情况很少与这些立项的极端形式相一致。现实中的区域政策评价基本上采用实用主义立场，有时偶尔采用辨证立场。综合方法的支持者认为，将各种方法结合起来不应该有偏向性。综合方法可减少定量与定性方法之间的矛盾和冲突，有助于弥补各个单一方法所固有的缺陷。

第五，区域政策评价中存在数据问题，特别是那些不公开发表的数据。一方面，这种数据难以获得；另一方面，有些数据不可靠，有被操纵的嫌疑。这主要是因为这种数据是由区域政策最终受益者收集和管理的。此外，对所得数据不同的解释方式，也会对评价产生重要影响，人们经常满足于所实现的数量目标，而较少注重目标的质量。最后，某些效应难以用一个公认的指标来反映，如生活质量、社会环境等。

上述困难在欧盟地区政策效应评估的过程中都有不同程度的呈现。对该政策效应的评估仍然是一项十分艰巨的任务，需要继续完善与提升。

最后，需要指出的是，欧盟地区政策研究效应的理论模型先后经历了

第五章　对欧盟地区政策非官方评估及三种理论基础

几次变革，并出现日益强化的"空间化"（spatiale）和"地域化"（territoriale）趋势，比如新地理经济学的方法。与此同时，欧盟地区政策发展的实践中同样出现一种越来越"地域化"的趋势。作者将在第六章对这一趋势进行详细讨论。

第六章 欧盟地区政策的"空间化"和"地域化"趋势

在第一部分的考察中,我们曾经了解了欧盟地区政策发展的几个重要特点:"凝聚力"与"竞争力"的并重、程序的不断简化、多层级之间的合作与职权日趋明晰等。在这里,作者将考察欧盟地区政策演变的另一个重要特点,那就是"空间化"(spatiale)和"地域化"(territoriale)趋势。① 本章将主要讨论欧盟在"空间化"和"地域化"方面采取的几项重要举措。

欧盟地区政策的"地域化"趋势一般表现在两个方面:一是日益注重对政策涉及的不同地域实体——包括城市地区、乡村地区、山区、沿海地区、岛屿、边远地区、有自然灾害危险的地区等——的自身特色、各自发展水平的分类考察;二是日益注重对地区政策之外的欧盟政策可能产生的"地域"影响进行考察,并促进这些政策对提高"凝聚力"做出贡献。欧盟实践的这一"地域化"趋势的主要目的是促进部门政策和地区政策之间的协调一致,因为前者经常会不自觉地加剧地区发展差距,而后者的干预则可以使不同地区之间的发展更趋平衡。这两个方面是相互补充的,但不同的政策行为体在二者之间会有所偏好。② 很多特殊的地区组织比较倾向于关注第一个方面的"地域化",比如欧洲边缘和沿海地区研讨会、山区组织、欧洲城市等;第二个方面的"地域化"主要受到地域规划专家或有志于促进多领域协作的环保专家的关注。

---

① "空间化"(spatiale)和"地域化"(territoriale)在此处所指的意思比较接近,不做刻意区分,可以相互代替使用。根据作者对法国人文地理学的了解,在讨论"空间"(英文为 Space,法语为 espace)问题时,"地域"(territire)是一个经常使用的概念,此概念较英文表达中的"territory"含义更为丰富,包含更多"空间"意味。

② Doucet Philippe, *Cohésion territoriale de l'Union européenne-La gestation ambiguë d'un ambitieux projet politique*, http://www.urbanistes.com/file/download/CU64_Doucet_txt_SFU.doc; Doucet, Philippe, *Territorial Cohesion of Tomorrow: A Path to Cooperation or Competition?* in *European Planning Studies* Volume 14, Number 10, November 2006.

第六章　欧盟地区政策的"空间化"和"地域化"趋势

欧盟有一个专门负责"空间"与"地域"发展的政府间组织——欧洲空间发展委员会，该委会员成立于1991年，不是《马斯特里赫特条约》正式规定的机构，而是在一次负责荷兰海牙规划的部长会议上决定成立的。欧洲空间发展委员会由来自各成员国的、负责欧盟政策的高级官员组成，其任务是协调与欧盟空间政策有关的活动，并贯彻"空间规划部长非正式理事会"的决定。欧洲空间发展委员会的一个重要任务是草拟《欧洲空间发展纲要》（ESDP），另一个任务是执行建立"欧洲空间规划研究网"（ESPON）[①]的协议。

第一节　"欧洲空间发展纲要"的颁布

《欧洲空间发展纲要：朝向欧盟地域空间的平衡和可持续发展》（ESDP, European Spatial Development Perspective/Schéma de Développement de l'Espace Communautaire, SDEC）是由欧盟15国部长理事会于1999年在德国波茨坦制定的。《欧洲空间发展纲要》主要描述了一种促进均衡和可持续发展的"空间化"方法和"地域化"方向，并关注各部门政策的地域影响与空间效应。但欧盟对该纲要的准备工作却还要往前追溯10年。早在1970年，欧共体成员国负责地区规划的部长会议（Conférence européenne des ministres responsables de l'aménagement du territoire, CEMAT）就已经开始讨论欧洲地区规划（l'aménagement du territoire）问题，但当时的讨论并没有产生显著的政治影响。此后，在1989年欧共体委员会主席雅克·德洛尔任职期间，召开了第一次各国负责地区规划的部长级非正式会议，对地区规划进行进一步讨论。[②]

《欧洲空间发展纲要》的主要宗旨是促进欧盟领土的均衡和可持续发展，并推动实现欧盟政策体系的三个基本目标：（1）经济与社会聚合；（2）对人类生存自然资源和文化遗产的保护与管理；（3）更加均衡的欧洲领土竞争力。

[①] European Spatial Planning Observation Network, ESPON（http://www.espon.public.lu/fr/espon/index.html）.

[②] Doucet Philippe, *Cohésion territoriale de l'Union européenne-La gestation ambiguë d'un ambitieux projet politique.*

具体而言，《欧洲空间发展纲要》涉及的"地域化"内容包括：（1）城市地区对经济发展和提高就业率的贡献，比如对推动地方就业和地方发展的贡献；（2）农村地区对经济发展多样化的支持，比如结构政策与就业和农村地区发展之间的协调一致；（3）跨边界、跨国、跨地区合作对经济增长和推动就业的贡献等。

《欧洲空间发展纲要》是欧盟空间建设和地域规划的基石。它把欧盟"空间"和"地域"概念框架注入欧洲一体化建设当中，从此成为欧盟政策体系发展的一个重要方向。根据沙勒的观点，《欧洲空间发展纲要》在特定条件下，使得欧洲地区政策从对"地区"的关注转到对"空间"的关注。沙勒建议建立一个地域聚合政策（une politique de cohésion territoriale），该政策并不必然建立在"地区"的基础上，而是以实现欧洲空间（espace européen）作为基本目标。

但在欧洲建设的"地域化"和"空间化"日益加强的时候，我们不得不追问这样一个问题：欧盟（及其地区政策）的发展为什么需要这样的趋势呢？《欧洲空间发展纲要》自身的解释是：在缺乏相互之间协调过程的情况下，欧盟各部门政策往往忽视空间效应上的协调一致，从而"非情愿"（involontairement）地加剧各地区之间的发展不平衡。于是，对不同部门政策的地域效应进行相应协调便成为一种必要。对这个问题的回答涉及一个重要概念："地域聚合"（cohésion territoriale）。《欧洲空间发展纲要》指出，"地域聚合"的主要目的是"协调具有地域效应的部门政策与地区政策之间的关系，并缩小现有地区差距，避免地区不平衡"；与此同时，"地域聚合"的另一个宗旨就是根据2000年"里斯本战略"和2001年"歌德堡战略"的相关内容，通过对人类赖以生存的自然资源的保护以及对多样化地域内部的文化基础、地区和地方认同的保护，来实现欧洲的可持续发展。

下面作者将具体展开对"地域聚合"概念的讨论，考察这一概念在欧盟"地域化"和"空间化"发展趋势中的地位。

第二节 "地域聚合"概念的产生及其影响

在欧盟建设实践中，"地域聚合"是一个相对晚近的概念。1995年，

第六章　欧盟地区政策的"空间化"和"地域化"趋势

在比利时的安特卫普（Anvers）召开了一次"欧洲地区议会"（l'Assemblée des Régions d'Europe，ARE），此后"地域聚合"概念才开始为人们所知晓。[1]两年之后，这一概念出现在《阿姆斯特丹条约》中有关总体经济利益的服务条款中（即当时的第 7 条，后来转化为《马斯特里赫特条约》的第 16 条）。直到《欧盟宪法条约》中，"地域聚合"概念才正式被提升到与"经济和社会聚合"并列的地位。总体而言，"地域聚合"始终没有被赋予一个权威的定义。有学者认为使用"地域聚合"概念有一个很大的优点，就是可以回避在"地区规划"（aménagement du territoire）概念上的纠缠，因为通过这样一个简单的"文字游戏"，欧盟在"地区规划"上是否具有相应能力这一问题的争论就可以绕开了。[2]

自 1999 年《欧洲空间发展纲要》使用"地域聚合"的概念后，人们对这一概念的使用开始频繁起来。欧盟委员会对这一概念表现出很大的热情并在 2001 年第二次聚合报告中加以运用，该报告中有一章"地域聚合：朝向更加均衡的发展"便围绕这一概念展开。而 2004 年的第三次聚合报告则说明了使用"地域聚合"概念的目的：通过缩小现有差距、避免地域不平衡、实现部门政策与地区政策之间的协调来最终实现均衡发展，同时促进地区之间的合作。在 2007 年的第四次聚合报告中，"地域凝聚"也得到强调：这次报告主要考察经济和社会聚合以及地域聚合，其中地域聚合被视为地区间、地区内部（interet intra-régional）以及不同地域之间的平衡。该报告中关于 2007—2013 规划期的战略计划就提到要关注欧盟地区政策的"地域方向"。而欧盟理事会 1083/2006 号决议也曾对"地域方向"做过强调：欧盟基金的援助应该一方面考虑到经济和社会特性，另一方面考虑到地域特性（spécificités territoriales）。

那么，"地域聚合"与"经济和社会聚合"是什么关系呢？从一方面讲，"地域聚合"与"经济和社会聚合"的根本目标是相同的——缩小地

---

[1] Assemblée des Régions d'Europe (1995) *Régions et territoires d'Europe*, rapport présenté par Robert Savy, approuvé à l'assemblée générale de l'ARE tenue à Anvers le 20 octobre 1995 (édité par le Conseil régional du Limousin). Pour une analyse de l'action de l'ARE, voir aussi HUSSON, C. (2002) *l'Europe sans territoire*, Paris, Editions de l'Aube, DATAR.

[2] Doucet Philippe, *Cohésion territoriale de l'Union européenne-La gestation ambiguë d'un ambitieux projet politique*. http://www.urbanistes.com/file/download/CU64_Doucet_txt_SFU.doc.

区差距，实现经济均衡发展，"地域聚合"是对"经济和社会聚合"的深化和强化。《欧洲空间发展纲要》中提到：欧洲土地规划对实现经济和社会发展目标具有决定性意义。[①] "地域聚合"在一定程度上超出"经济与社会聚合"的含义。"地域聚合"不仅是为了解决资源再分配问题，也是为了完善不同地区之间的相对格局。

第三节 "欧洲空间规划研究网"的诞生与发展

"欧洲空间规划研究网"（European Spatial Planning Observation Network，ESPON/l'Observatoire en Réseau de l'Aménagement du Territoire Européen，ORATE）是由欧洲各成员国负责地区规划的部长共同创建的旨在研究欧洲空间的研究网络。[②] 创建该网络的想法最初是在1994年提出的，之后在1997年于卢森堡埃希特纳赫（Echternach）召开的、由卢森堡任主席国的欧盟部长非正式会议中得到确认。由于《欧洲地区发展纲要》中缺乏比较翔实的政治图解（cartes politiques），加之当时欧盟层面也普遍缺乏相关数据和研究，创建一个专门的研究网络便成为一种必要。经过1998—2001年的试验期，"欧洲空间规划研究网"第一期研究项目在2002—2006年间展开，其研究关键词就是"地域效应"（effets/impacts territoriaux/spatiaux）。

"欧洲空间规划研究网"主要资助跨国联合研究项目（Transnational Project Groups，TPG）。研究项目主要采用统一的方法研究相关政策的地域效应。2002—2006规划期共完成34个目标各不相同的研究项目，表6—1中显示的是其中的部分项目。[③]

表6—1 "欧洲空间规划研究网"部分项目

项目 1.1.1	欧洲多中心化（polycentrique）发展潜力
项目 1.1.2	欧洲城—乡关系
项目 1.1.3	欧盟东扩与多中心化空间结构下的欧洲背景

---

① SDEC，Schéma de Développement de l'Espace Communautaire，p. 12.
② http：//www.espon.public.lu/fr/espon/index.html.
③ http：//www.espon.public.lu/fr/publications/resumes_projets_francais/index.html.

第六章　欧盟地区政策的"空间化"和"地域化"趋势

续表

项目 1.1.4	人口迁移的空间效应
项目 1.2.1	交通服务和网络——地域趋势与服务于地域聚合的基础设施
项目 1.2.2	电信（télécommunications）服务和网络——地域趋势与服务于地域聚合的基础设施
项目 1.3.1	欧洲自然和技术危机的管理与空间效应
项目 2.1.1	欧盟交通和实时企业（RTE，Real-Time Enterprise）政策的地域效应
项目 2.1.3	欧洲共同农业政策和农村发展政策的地域效应
项目 2.1.4	能源网络与服务的地域发展趋势以及欧盟能源政策的地域效应
项目 2.2.1	结构基金的地域效应
项目 2.2.2	入盟前援助的效应分析
项目 2.2.3	结构基金在城市区域的地域效应
项目 3.1	欧洲空间发展的统一工具

资料来源：ESPON。

ESPON2007—2013 规划期考察的优先目标是"关于地域发展、竞争力和凝聚力的研究：为各政策的地域趋势、前景和影响发现更多的证据"。[1] 为此，有学者认为该规划期应该开发一套合适的指标并建立一个具有地域方向的跟踪体系。[2]"欧洲空间规划研究网"的研究结果最终将提交给欧洲相关机构、成员国以及其他合作伙伴。在欧盟地区政策 2007—2013 规划期及以后的规划期中，"竞争力"和"凝聚力"两个优先目标都在地域方向上得到强化。

为了更深入地理解"欧洲空间规划研究网"的研究内容和模式，作者将简单探讨一下 2000—2006 规划期中有关"多中心化"效应（polycentrique）的部分内容。"多中心化"的发展曾经是《欧洲空间发展纲要》所提倡的一个重要地域发展趋势，核心宗旨是实现不同地区之间的平衡，而这也是"欧洲空间规划研究网"研究的核心内容。但"欧洲空间规划研究网"的实证研究结果显示，欧盟地区政策的"非中心化"效应尚存

---

[1] http：//www.espon.eu/mmp/online/website/content/programme/1455/file_3291/nr-espon-2013_9-11-2007.pdf.

[2] Andreas Faludi, la dimension territoriale de l'intégration européenne, *l'Information géographique* 2007, No. 4.

在一定的争论。

根据"欧洲空间规划研究网"2000—2006规划期项目的研究,欧洲实现了"多中心化"的发展趋势,[①] 正如"欧洲空间规划研究网"项目2.4.2所显示的,1995—2002年间经济发展最有活力的地域空间主要集中在欧洲边缘地区,特别是利比里亚半岛、希腊、爱尔兰以及北欧首都地区。也有研究表明,虽然欧洲中心地区仍然是最发达的地区——"五角形核心区",但很多边缘地区的发展也具有很大的活力和竞争力,比如最边远地区的首都地区以及大都市化地区(MEGA, Aire de croissance métropolitaine)就表现出较大活力。[②]

"欧洲空间规划研究网"另一个项目2.2.1——"结构基金地域效应"得出的结论则更加复杂。这一项目的研究重点是欧盟结构基金对"多中心化"和欧洲地域聚合的效应,以及对欧洲空间的潜在影响力。[③] 该项目从两个方面确认了结构基金的地域影响:(1)结构基金本身就包含了影响地域空间的因素,因为该基金的运作前提是先做出适当的区域设计(désignation),再确定对哪些地区、在什么程度上、以什么方式进行援助等问题,实际上已经对地区发展进行了空间上的安排和影响。欧盟结构基金运作所需要的地域划分,往往兼顾欧洲"多中心化"的发展。(2)欧盟结构基金的运作方式也会产生一定的空间效应。欧洲结构基金的实际运作效果会随着地域层级的转化而变化,同一个目标在不同层级可能产生不同的结果甚至是背道而驰的影响。比如,在宏观层面的"多中心化"趋势却有可能会加剧中观(méso)和微观层面的"垄断中心化"(monocentrique),资金援助的地域分布与"多中心化"之间的关联在宏观层面受到的鼓励往往要超过中观层面。据相关调查显示,欧盟结构基金更多地促进了"垄断中心化"的发展,而非"多中心化"的发展。有研究认为,宏观层次(NUTS-0)的地域聚合得到加强,而微观和中观层次(NUTS-2

---

① Rui Azevedo, nouvelles configurations des territoires après cinq ans de construction européenne, l'information géographique, 2007, No. 4.

② *Etude sur la Construction d'un modèle Polycentrique et equlibre pour le territoire Europeen*, CRPM 2002; et aussi Projet ORTAE 111, *Les potentiels de développement polycentrique en Europe*, 2005.

③ ESPON 项目 2.2.1 摘要

第六章 欧盟地区政策的"空间化"和"地域化"趋势

和 NUTS – 3）的地域聚合却越来越弱化。[①]"欧洲空间规划研究网"得出的结论与本书前面"经济和社会聚合"的效应研究如出一辙——欧洲宏观层面实现了地域聚合，而在微观层面却没有。有学者指出，"'欧洲空间规划研究网'的工作成效令人印象深刻，但还有大量工作要做。"[②]

第四节 "欧盟地域议程"与"地域合作"实践

由《欧洲空间发展纲要》到"地域聚合"概念的充实，以及"欧洲空间规划研究网"的发展，欧盟建设在"地域化"和"空间化"方向上日益深化。

2004 年的欧盟委员会第三次聚合报告[③]提出，在"里斯本战略""哥德堡战略"框架内加强竞争力的同时不断强化地域聚合。对地域空间的重视能够激发各地区经济和社会发展的潜力，从而有助于实现"里斯本战略"的目标。此外，地域聚合趋势的发展还表现在地区合作项目 INTERREG III 的顺利开展上，"地域合作"（territorial cooperation）概念作为欧盟地区政策的一个重要目标，越来越为人们所熟知，而且该目标所占用的资金比例也得到显著提升。

与此同时，2004 年在荷兰鹿特丹召开了一次非正式部长会议。在荷兰政府的倡导下，一项"地域聚合议程"（agenda de pour la cohésion territoriale）得以通过，宗旨是加强地域合作，对欧盟地区的发展前景做出更好的预测。2005 年，卢森堡相关部门接到一份关于"地域优先目标"（priorités territoriales）的欧盟文件，该文件的主要目的是坚持把地域发展作为实现"里斯本战略"的重要途径。这些"地域优先目标"是根据一份"欧盟地域状况和前景"（l'état et les perspectives du territoire de l'Union européenne）报告制定的。

---

① ESPON 项目 1.3.2 摘要。

② Doucet Philippe, *Cohésion territoriale de l'Union européenne-La gestation ambiguë d'un ambitieux projet politique*. http：//www.urbanistes.com/file/download/CU64_Doucet_txt_SFU.doc.

③ Commission Européenne（2004）*Un nouveau partenariat pour la cohésion-Convergence, compétitivité, coopération. Troisième rapport sur la Cohésion économique et sociale*. Office des publications officielles des Communautés européennes, Luxembourg.

新的"地域优先目标"与《欧洲空间发展纲要》的目标基本一致，主要分为以下几个方面：(1) 推动城市地区的创新与合作；(2) 新的城乡合作形式；(3) 加强泛欧网络（réseaux transeuropéens）的扩展；(4) 推动泛欧危机管理；(5) 强化对生态结构和文化资源的保护，以建立一种新的发展模式。

随后，2006 年在荷兰阿姆斯特丹召开了一个特殊的会议，其主题是"地域聚合与'里斯本战略'：发掘地域潜力"，主要构想是把"里斯本战略"精神更好地贯彻到地区发展过程中。最终，2004 年的"欧盟地域状况和前景"报告又被引入一个新的议程——"欧盟地域议程：实现各地区更具竞争力、可持续发展的欧洲"（l'agenda territorial de l'Union européenne）（简称"欧盟地域议程"）中。该议程于 2007 年 5 月在德国莱比锡的非正式部长会议上通过。"欧盟地域议程"开启了欧盟地域聚合的新篇章，对诸多新问题进行了探讨，比如气候变化、能源价格上升、某些经济活动的聚合或分离、世界经济一体化的加强、新人口问题（老龄化、移民问题）等。"欧盟地域议程"可以被视为欧盟地域聚合道路上的一块重要基石。

关于 2007—2013 规划期"地域聚合"方面的情况，第七次聚合报告的第三章专门进行了汇总，介绍了能源联盟与气候变化、环境状况、城市可持续发展与跨边界合作以及凝聚政策的地域向度等方面的成果与挑战。该报告同时对 2014—2020 规划期的"地域聚合"情况进行了有关介绍，指出欧洲地区发展基金与凝聚基金的21%将会投入有关气候变化方面，约780 亿欧元基金会被投入低碳经济、气候变化与危机预防、环境保护等方面，有大约 100 亿欧元的基金会被投入地域合作方面。根据第七次聚合报告的内容，2014—2020 规划期欧盟地域合作包含以下几方面的内容：

1. 跨边界合作项目（cross-boder programmes）

2014—2020 规划期中，约有 66 亿欧元基金会投入到 60 个跨边界合作项目中。为统计方便，欧盟规定"跨边界地区"（cross-boder regions）是指临近欧盟国家或非欧盟国家陆地或海洋边界的 NUTS–3 层级地区。"跨边界地区"有两种：一种是欧盟内部的跨边界地区，另一种是欧盟国家与非欧盟国家的跨边界地区。2014 年，有约 28% 的欧盟人口生活在跨边界地区（这些地区的人均 GDP 水平相当于欧盟平均水平的 88% 左右）。据研究显示，跨边界两边的人民之间的生活水平有一些差距，一部分原因是边

第六章 欧盟地区政策的"空间化"和"地域化"趋势

界基础设施建设不足，导致交通不通畅，限制了人们之间的市场与服务准入；第二个原因是文化与语言的不同也限制了跨边界交流。此外，跨边界两边不同的行政和司法体制也会对交流与融合产生相关阻碍。有研究指出，如果跨边界地区的上述障碍能够消除20%，那么该地区的GDP就有望提升2%。

2. 区域间合作项目（interregional cooperation programmes）

2014—2020规划期中，还有约10亿欧元的基金会投入到地区间合作项目，包括INTERREG EUROPE、INTERACT、URBACT和ESPON等项目。

3. 跨国家合作项目（transnational cooperation programmes）

有21亿欧元的基金被投入跨国家合作项目中。

4. 宏观地区战略（macro-regional strategies）

该战略旨在推动不同国家间的地域合作，以更好地执行欧盟各项政策，更好地应对包括气候变化在内的各种问题。该战略也可以推动跨边界的机制化合作。已经有19个欧盟成员国和8个非欧盟成员国加入这些"宏观地区战略"的项目。目前，欧盟已经针对四个大的跨国家地区设立了"宏观地区战略"：

（1）2009年欧盟理事会首先建立了针对波罗的海地区（Baltic Sea Region）的"宏观地区战略"（EUSBSR）。通过类似于PRESTO项目以及IWAMA项目的运作，波罗的海的水质得到改善。SUBMARINER项目的实施则推动了航海资源的创新性与可持续利用。

（2）2011年建立了莱茵河地区（Danube Region）"宏观地区战略"，着力于莱茵河盆地水资源的协调管理。通过SEERISK项目减少洪水泛滥的威胁，FAIRWAY项目和DARIF项目则有利于减少航运障碍，提升航运安全性。

（3）2014年建立了亚得里亚海和爱奥尼亚海地区（Adriatic and Ionian Region）"宏观地区战略"，帮助西巴尔干参与国为加入欧盟做出有关准备；联通亚得里亚海和爱奥尼亚海的绿色陆地通道和蓝色海洋通道（green/blue corridors）已经被纳入可持续发展和环境友好型的区域，有关战略项目的开展需要尊重环境保护与可持续发展的相关要求。

（4）2016年建立了阿尔卑斯山地区（Alpine Region）"宏观地区战

略"。通过类似"mount Erasmus"项目帮助在阿尔卑斯山地区建立跨边界教育区，提供双重职业培训（dual vocational training），通过"AlpinfoNet"项目建立一个跨边界信息网以提升地区内交通水平。

综上所述，欧盟建设的地域和空间趋势得到不断强化，《欧洲空间发展纲要》和"欧盟地域议程"为欧盟地域和空间的发展提供了基本框架，而"欧洲空间规划研究网"则聚集了各国地理学家对欧盟政策的地域和空间效应展开长期系统的研究。正如有学者指出的，"地区间的相互依赖和欧盟政策的地域效应得到不断加强。更多的人参与到地域效应的讨论中，其不仅受到专家的关注，更受到其他各界的关注，包括 INTERREG 项目的众多参与者。"①

但是，欧盟的地域化和空间化趋势仍然存在很多不足。欧盟在欧洲地区规划（aménagement du territoire）上的能力并没有得到实质性提高，欧盟对地区规划的干预仅仅停留在非正式层面。"目前的工作仅仅局限于一些政治设想的条约化，而非实质性的地域发展战略。"② 1999 年的《欧洲空间发展纲要》也仅仅被视为一个"非欧盟文件"（non-document de l'Union européenne）。正如欧洲各国负责地区规划的部长们所提到的：《欧洲空间发展纲要》并没有增加欧盟的职能，只是为各成员国、地区、地方以及欧盟委员会，在其各自职能范围内提供了一个政治指导框架（cadre d'orientation politique）。③ 这就说明"欧洲空间发展纲要"仅处在一个非正式的状态，欧盟尚不具备在欧洲实行"地区规划"（aménagement du territoire）的能力。

2004 年的"欧盟地域议程"同样处于非正式文件状态，该议程虽然对《欧洲空间发展纲要》做出适当修改和完善，但并没有对欧盟在地域发展上的职能进行更加明确的划分。"欧盟地域议程"对长期非正式合作、欧盟规范的地域效应的评估等做了规定，各国负责地区规划的部长非正式会议可以在此方面不断深入，但在有效决策方面却始终没有大的进展。

---

① Doucet Philippe, *Cohésion territoriale de l'Union européenne-La gestation ambiguë d'un ambitieux projet politique*.

② Doucet Philippe, *Cohésion territoriale de l'Union européenne-La gestation ambiguë d'un ambitieux projet politique*.

③ "欧洲空间发展纲要"（ESDP）文件。

第六章　欧盟地区政策的"空间化"和"地域化"趋势

　　欧盟职能所受到的限制，引发了我们对欧洲建设更深层次的思考。以欧盟在"地区规划"上的职能为例，欧盟的地位就遇到一个特殊的矛盾处境：一方面，各国部长认识到欧盟政策的地域效应以及欧盟在地域发展方面的关键作用；另一方面，他们都拒绝在地域发展问题上赋予欧盟实际的职能。[1] 由此，欧盟的"空间化"和"地域化"发展之路仍然任重而道远。

　　综合第二部分的论述，关于欧盟地区政策经济和社会效应的评估可以分为欧盟官方和学者们的评价两个大的方面。欧盟成员国之间以及欧盟总体地区之间的差距在逐步缩小，但这并不能掩盖成员国内部地区差距不断扩大的严峻事实。虽然有部分理论模型给出相对乐观的评价（以欧盟使用的三种理论模型以及新古典经济学理论为代表），但是大部分理论模型都得出相对悲观和消极的结论。但是，这些结论并不能说明欧盟地区政策的存在就是没有意义的，因为假设没有该政策的存在，欧盟地区的差距将会更加恶化，而且上述理论模型本身以及现有评估标准都有继续发展和完善的空间。尽管人们对该政策的评估存在很多争论，但不可否认的是，总体而言，欧盟地区政策在欧盟经济、社会和地域凝聚力建设中的确发挥着重要作用。欧洲一体化也在不断朝向"经济、社会与地域聚合"的进程中曲折前进。

　　不过，我们对欧盟地区政策的效应之探究还没有结束，因为还有一个非常重要的维度需要我们去关注，那就是制度效应。第三部分将回答的问题是，欧盟地区政策在推动"欧洲化"（以"地区化"进程为例）和欧盟"多层级治理"方面发挥了什么样的作用。

---

[1] Doucet Philippe, *Cohésion territoriale de l'Union européenne-La gestation ambiguë d'un ambitieux projet politique.* http：//www.urbanistes.com/file/download/CU64_Doucet_txt_SFU.doc.

第三部分

欧盟地区政策的制度效应："地区化""欧洲化"与"多层级治理"

根据第二部分的论述，人们对欧盟地区政策的经济、社会和地域效应存在很大的争论。但欧盟地区政策的效应还包含另外一个维度——制度效应，而人们对欧盟地区政策的制度效应似乎也没有完全达成一致。有学者指出，欧盟地区政策产生了一种"确定"的制度影响，也就是欧洲的"地区化"（regionalization）进程。① 但我们研究后发现，这种"确定"的制度影响仍然受到质疑。有学者指出在中东欧国家的"地区化"进程中存在不少"困难"，甚至称这些国家的地区化进程是一种"失败"。② 由此，我们不得不追问一个问题，那就是对于不同的国家是否有一个统一的判断"地区化"成败的"标准"呢？地区层级发挥什么样的作用才是合适的呢？作者认为并不存在一个一刀切的"地区化"标准，而应该充分遵循欧盟"在多样化中实现统一"（unie dans la diversité）的准则，根据不同国家的不同制度和文化基础来确定地区层级的地位。

在这一部分中，作者首先将分别研究欧盟地区政策是如何影响西欧国家以及中东欧国家的"地区化"进程的，并进一步思考与"地区化"密切相关的另一个概念"欧洲化"的实质。作者认为，"地区化"进程是一种特殊而重要的"欧洲化"过程（当然，"地区化"的动因比较复杂，除了受欧盟的外在推动，也受到成员国和地区内部因素的影响）。然后，作者将从地区与国家、地区与欧洲两个角度具体研究地区层级的"合适"地位，并最终引入对"多层级治理"模式的分析。"多层级治理"既是一种理论，也是一种实践模式。作者将结合欧洲一体化主流理论的发展脉络，分析"多层级治理"的理论地位，并探讨其在欧盟地区政策实践中的具体体现。

---

① Charleux Laure, *La politique régionale de l'Union européenne: des régions à l'espace? -essai d'analyse statistique et spatiale*, thèse soutenue en décembre 2003.

② Ilona Pálné Kovács, The Two Phases of Region-Building in Hungary, The Case of South-Transdanubia, in *Political Studies of Pécs*, IV, Regional Decentralisation in Central and Eastern Europe, Pés, Hungary, 2007.

第七章 "欧洲化"的一个特殊视角：欧盟地区政策影响下的欧洲"地区化"进程

所谓"地区化"（regionalization），按照马尔库（G. Marcou）的理解，是指在一国行政地域规划体系中创设一种新的独立职能，旨在建立一个特殊层级（国家之下，地方之上）以刺激经济、调动地区认同以及发掘当地潜力。这个层级可以建立在原有机制的基础之上，也可以创立一个新的地域层级。[①] 鉴于时间和动因上的差异，欧洲"地区化"进程可分为西欧国家"地区化"和中东欧国家"地区化"两个大的方面。在西欧国家（此处包含南欧国家和北欧国家），从20世纪80年代以来出现这一趋势（希腊、爱尔兰、葡萄牙等小国也在这一潮流中创建了"地区"政府；比利时、西班牙等国的地区层级发挥越来越重要的作用）；[②] 而在中东欧国家，这一进程出现得较晚些，是从20世纪90年代开始的。"地区化"进程在西欧和中东欧国家的表现有所不同：西欧国家对"地区化"的总体认同度要高于中东欧国家，且有许多国家在该进程中实现了"分权化"（虽然西欧国家之间也有不同，具体可以分为四类，参见表7—2）。而中东欧国家的"地区化"进程则普遍遇到不少问题，往往与真正意义上的"分权化"脱节，有学者由此称中东欧国家的"地区化"进程是一种"失败"。[③]

"地区化"的深层次原因主要表现在以下几个方面：首先，民主化和

[①] G. Marcou, *Regionalization in Europe*: *Situation*, *Development and Outlook in the Member States of EU and the Central and Eastern Applicant States*, Luxembourg: European Parliament, REGI 108 A EN, p. 17, 2000.

[②] 在20世纪60年代和70年代，欧洲也出现过一些"地区化"现象，主要是实行计划经济体制的中央政府为了扩大工业发展范围、管理经济而设立中间层级，但中央政府并没有为这些中间层级（以及地方层级）留出足够的利益和治理空间。参见 Marcou Gérard (edited), *Regionalization for Development and Accession to the EU*: *A Comparative Perspective*, OST/LGI, Budapest, 2002, p. 13。

[③] Ilona Pálné Kovács, The Two Phases of Region-Building in Hungary, The Case of South-Transdanubia, in *Political Studies of Pécs*, *IV*, *Regional Decentralisation in Central and Eastern Europe*, Pés, Hungary, 2007.

现代化需求——地区层次和地方层次的发展有助于改变过分中央集权所带来的民主化赤字，也有助于民众更直接地参与民主化和现代化进程；第二，全球化的经济竞争需要——扩大地区层级的发展自主权，有助于发掘地区自身的发展潜力，从而提高地区和国家的竞争力。而且，对中东欧国家而言，苏联解体后各国向市场经济体制的转换加剧了地区之间的差距，尤其在1993—1994年间，这一现象表现得最为明显。由此，迫切需要一个以强有力的地区层级为支撑的地区政策来缓解地区差距问题。① 第三，"由下而上"的联合需求——很多小的社区和地方政府为了实现统一的目标以及规模化经营等经济需求，期待在"地区"层次上实现更广泛的联合，为"地区化"提供重要基础。最后，"地区化"还有一个非常重要的外部因素——欧盟的推动，包括欧盟地区政策对欧洲国家地域和行政体制的改革推动。

第一节 西欧国家"地区化"进程

从20世纪80年代开始，西欧国家涌现出一轮明显的"地区化"进程。② "2000年，没有一个国家的政治体制与1950年相比更加集权化，也没有一个国家的地方政权在同时期内受到弱化。有一半欧洲国家实行了向地区层面的'分权'。"③ 20世纪下半叶，欧洲有三个国家在一定程度上实现了向地区层级的"分权化"：首先是德国和奥地利，因为它们自第二次世界大战后就开始实行联邦制；其次是瑞典。此外，面积比较小且民族结构相对单一的国家，比如希腊、爱尔兰、葡萄牙和斯堪的纳维亚国家都分

---

① G. Marcou (edited), *Resionalization for Development and Accession to the EU: A comparative perspectice*, OST/LGI, Budapest, 2002, p. 13.

② 而在之前的几十年，"在凯恩斯主义和福利国家思想的指导下，绝大多数西欧国家在从战后到70年代的这段时间中经历了国家化的发展阶段。要在东西方冷战中维护国家的安全，要在战后的废墟中重振经济和促进经济发展，实现福利国家的目标，要消除国内的一切社会经济问题，人们唯有把主要的希望寄托在民族国家的中央政府身上"。参见陈志敏著：《次国家政府与对外事务》，长征出版社2001年版。

③ Hooghe and Marks (2001a), *Types of Multi-level Govername*, *European Integration Onlinepapers*, Vol. 5. Http://eiop.or.at/eiop/texte/#elx. 另外有学者认为，自20世纪90年代开始，分权趋势与整合趋势相互混合。

第七章 "欧洲化"的一个特殊视角：欧盟地区政策影响下的欧洲"地区化"进程

别创建了新的地区层级，并且/或者在一些岛屿上创建了部分自治政府。相对比较成熟的变化体现在法国、意大利、西班牙和比利时。在法国和意大利，宪法改革的重要内容之一就是强化次国家层级政府以及建立地区议会（尽管与传统的"省"级政府相比，权力仍然相对较弱）。其中，"地区化"进程最为显著的是西班牙和比利时。从20世纪70年代开始，随着民主化进程的开展，西班牙开始采用一种半联邦制（semi-federal）政体。而比利时也由一个相对集权化的政权体制转变为一个拥有强势地区政府的政权形式。而英国在过去30年的改革中也逐步在苏格兰和英格兰地区建立起了议会。[1]

表7—1详细列出14个欧洲国家（即欧盟15国中除掉卢森堡）的"地区主义"（régionalisme）发展状况。表中根据两个标准来衡量各国的地区治理情况：一是地区政府相对于中央政府的独立程度，二是地区政府在中央和欧盟决策中的作用。

表7—1 1950—2000年欧盟地区治理情况

	年代	宪法联邦主义（Fédéralisme-constitutionnel）（0-4）	特殊地域自治（0-2）	地区在中央政府的作用（0-4）	地区选举（0-2）	总分（0-12）
奥地利	1950	4	0	2	2	8
	1970	4	0	2	2	8
	1990	4	0	2	2	8
	2000	4	0	2	2	8
比利时	1950	1	0	0	2	3
	1970	1	0	0	2	3
	1990	3	1	2	1	7
	2000	4	1	2	2	9

---

[1] Hooghe and Marks, *Multi-level Governance and European Integration*, Rowman & Littcefield Publishers, Inc, 2001.

续表

	年代	宪法联邦主义（Fédéralisme-constitutionnel）（0-4）	特殊地域自治（0-2）	地区在中央政府的作用（0-4）	地区选举（0-2）	总分（0-12）
丹麦	1950	0	1	0	0	1
	1970	0	1	0	0	1
	1990	0	1	0	0	1
	2000	0	1	0	0	1
芬兰	1950	0	1	0	0	1
	1970	0	1	0	0	1
	1990	0	1	0	0	1
	2000	0	1	0	0	1
法国	1950	0	0	0	0	0
	1970	1	0	0	0	1
	1990	2	0.5	0	2	4.5
	2000	2	0.5	0	2	4.5
德国	1950	4	0	4	2	10
	1970	4	0	4	2	10
	1990	4	0	4	2	10
	2000	4	0	4	2	10
希腊	1950	0	0	0	0	0
	1970	0	0	0	0	0
	1990	0	0	0	0	0
	2000	1	0	0	0	1
爱尔兰	1950	0	0	0	0	0
	1970	0	0	0	0	0
	1990	0	0	0	0	0
	2000	0	0	0	0	0
意大利	1950	0	1	0	0	1
	1970	0	1	0	2	3
	1990	2	0	0	2	4
	2000	3	0	1	2	6

第七章 "欧洲化"的一个特殊视角：欧盟地区政策影响下的欧洲"地区化"进程

续表

	年代	宪法联邦主义（Fédéralisme-constitutionnel）（0-4）	特殊地域自治（0-2）	地区在中央政府的作用（0-4）	地区选举（0-2）	总分（0-12）
荷兰	1950	1	0	0	2	3
	1970	1	0	0	2	3
	1990	1	0	0	2	3
	2000	1	0	0	2	3
葡萄牙	1950	0	0	0	0	0
	1970	0	0	0	0	0
	1990	1	1	0	0	2
	2000	1	1	0	0	2
西班牙	1950	0	0	0	0	0
	1970	0	0	0	0	0
	1990	3	2	0	2	7
	2000	3	2	1	2	8
瑞典	1950	0	0	0	0	0
	1970	0	0	0	0	0
	1990	0	0	0	0	0
	2000	0	0	0	0	0
英国	1950	0	1	0	0	1
	1970	1	1	0	0	2
	1990	1	0	0	0	1
	2000	1	2	0	0	3

资料来源：Hooghe and Marks 2001a, Types of Multi-level Governance, *European Integration online papers*, Vol. 5. (http://eiop.or.at/eiop/texte/#e1x).

如果把欧盟15国按照政体的不同及地方参与权的不同分类，大体可以分为四个类别（如表7—2所示）。

表7—2 欧盟15国不同国家政体中地区层级的地位[1]

单一制国家	地方分权的单一制国家	地区化的单一制国家	联邦制国家
地方层级（local）是唯一的次国家等级单位。地区层级（regional）可以有行政管理权限，但必须服从于中央	国家通过改革在地方层级之上建立有选举职能的地区层级	地区选举政府拥有宪法上的地位、司法权力和高度的自治	宪法保障下的分权（power-sharing）
希腊、爱尔兰、卢森堡、葡萄牙（2个自治地区）	法国（26个地区）、芬兰（1个自治区）、荷兰、瑞典（4个实验性的地区）、丹麦	英国（授权代理）、意大利（20个地区）、西班牙（17个自治共同体）	德国（16个地区）、奥地利（10个地区）、比利时（3个地区，3个自治共同体）

资料来源：G. Marcon，2000.

　　西欧国家"地区化"的深层次原因是为了适应全球化经济竞争的需要——扩大地区层级的发展自主权，有助于发掘地区自身的发展潜力，从而提高地区和国家的竞争力。随着全球化的发展，过于集权化（centralisé）的政府已经不足以刺激地方政府的发展，由此，如何加强中央政府和地区、地方政府之间的合作已经成为时代发展的必要。"许多促进地方经济发展的政策（比如支持中小企业发展、对新科技的开发和运用等）都无法仅仅从中央政府得到有效实施，而必须借助于地方和地区政府的参与。地方政府的认知水平与经验能力的提高，是实施相关地区发展政策的必要基础。最后，欧洲不同地区也必须加强彼此之间的协调，减少利益冲突。"[2]"地区"层级发展的必要性在经济领域体现得最为明显，其宗旨主要体现在提高管理"外部性"的能力（pour revendiquer une capacité à gérer les externalités）、组织地方政府之间的合作、提高地区竞争力和吸引力等方

---

[1] 改编自 Report by Working Group on "*Multi-Level Governance*: *Linking and Networking the various regional and local levels*"（Group 4c），pilot and Rapporteur：J-C. Leygues，2001. http：//europa. eu. int/comm/regional_policy/consultation/territorial_en. htm. 另外可参见 Ilona Pálné Kovács，The Two Phases of Region-Building in Hungary. The Case of South – Transdanubia，in *Political Studies of Pécs*，IV，*Regional Decentralisation in Central and Eastern Europe*，Pés，Hungary，2007，p. 121。

[2] Dall'erba Sandy，*Les politiques de développement régional en Europe à la lumière des outils récents de la science régionale*，thèse soutenue les 25 juin 2004（Université de PAU et des Pays de l'Adour）.

第七章 "欧洲化"的一个特殊视角：欧盟地区政策影响下的欧洲"地区化"进程

面。各国政府通过在"地区化"进程中"建立足够大的行政地域单位"，让地区充当经济和金融的谈判者，来推动建立一个有助于经济和社会发展的"市民社会"。① 不过"地区"层级的运作效率还未得到确定性的验证，这也引起许多新的问题和思考。可以说，次国家层次在欧盟机构中的活跃是全球范围内区域化浪潮的结果。当然，西欧国家的"地区化"还有一个非常重要的外部因素——欧盟的推动，包括欧盟地区政策对欧洲国家地域和行政体制的改革推动。而这也是本章重点关注的内容。

上述各种原因的分析同样在迈克·戈德史密斯（Mike Goldsmith）那里得到证实，他认为"去中央化"（或"分权化"）的动力来自于三个方面：②（1）自下而上的地区主义，地方要求获得更多的自主权，如西班牙的加泰罗尼亚和巴斯克等地自治社区的出现；（2）中央政府为减轻自身负担，逐渐将职权自上而下转移，如英国的苏格兰和威尔士职权的扩大；（3）经济全球化的发展使地方与中央的联系逐渐松动。地方政府直接卷入跨国公司的投资与生产当中，成为全球经济竞争的参与者，地方需要在经济发展方面拥有更大的自主权，欧盟地区政策则鼓励地方与本国政府之外的行为体建立广泛联系。

第二节 中东欧国家"地区化"进程：以波兰为例③

相对于西欧国家较为显著的"地区化"进程而言，中东欧国家的"地区化"进程则呈现出更多的不确定性，其动因也更加复杂。为了更深入地研究中东欧国家地区化进程的动因和结果，作者将选取其中一个国家——波兰作为研究案例。波兰是中东欧国家中面积较大、人口较多的国

---

① René Kahn, Les régions et la construction européenne: Le cas de l'Alsace, dans Bitsch Marie-Thérèse, *Le fait régional et la construction européenne*, Etablissements Emile Bruylant, S. A., 2003, p. 364.

② Mike Goldsmith, Variable Geometry, Multi-level Governance: European Integration and Subnational Government in the New Millennium, in Kevin Featherstone, Claudio M. Radaelli (eds.), *The Politics of Europeanization*, Oxford: Oxford University Press, 2003, pp. 117–120.

③ 参见臧术美："欧洲'地区化'动因考察——以波兰为例"，《世界地理研究》2009年第2期。

家,也是第一个开展地区层级民主化改革①和第一个接受欧盟援助的中东欧国家(比如 PHARE 计划)。总体而言,中东欧国家内部对"地区自治"问题的关注程度更低且不同国家间的差别更小些,但仍然可以对其进行分类,具体可以分为以下五个类别:"行政地区化"(régionalisation administrative)、在原有地方政府基础上的地区化、地区分权化(decentralisation régionale)、地区自治(l'autonomie régionale)和联邦政体内的地区化。即将入盟的国家(2002 年时)中存在上述分类的前三种情况,比如立陶宛属于第一种类型,匈牙利则是第一种和第二种的混合,而波兰(从 2002 年开始)和斯洛伐克则主要是第三种情形。② 20 世纪 90 年代开始的中东欧国家的"地区化"进程,主要有内外两个动因。1999 年的波兰"地区化"改革是内部长期压力和外部短期压力共同作用的结果,这两种压力都是为了推动民主化和国民参与以及统一有效的地区发展。

首先,与西欧国家地区化的原因相同,全球化的发展需要加强地区层级的竞争力。苏联时期的"中央集权制"和计划经济发展模式,严重限制了中东欧国家的经济发展。因此,在冷战的"铁幕"落下之后,一种"地区主义"的势力便开始在中东欧国家抬头。

其次,这种"地区主义"是伴随着中东欧国家内部民主化、现代化和公民社会的发展而产生的:"这种新的地区主义是国家、公民社会和全球化背景下的市场竞争导致的结果,同时也是在中央和地方政府之间创建一个'中间层级'(mezo-space)的需求直接导致的结果。"③ 民主化主要涉及断绝与传统"民主中心主义"(centralisme démocratique)的关系,建立与公民之间的信任,激发民众的参政积极性;现代化主要涉及建立由多个自治层级组成的新的组织结构体系,增强政府行政效率,减少行政官僚化。在当时,建立一个新的地方行政阶层,以提高为民众服务的质量,是

---

① Hughes James, Guendolyn Sasse and Claire Gordor, *Europeanization and Regionalization in the EU's Enlargement to Central and Eastern Europe*, Palgrave Macmillan, 2004, p. 129.

② G. Marcou, 2002, p. 15.

③ Sagan Iwona, Regional Transformation in Postsocialist Poland, in *Political Studies of Pecs*, IV, *Regional Decentralisation in Central and Eastern Europe*, Pés, Hungary, 2007, p. 75.

第七章 "欧洲化"的一个特殊视角：欧盟地区政策影响下的欧洲"地区化"进程

一个充满野心的目标。[1] 一般认为，苏联时期过分的中央集权限制了中东欧国家的民主发展和现代化进程，因此苏联解体后，这些国家迫切需要开展民主化和现代化进程，而它们首先要做的事情就是改变过去的中央集权而实现地方"分权化"。这种"分权化"可以表现在加强较低层次的地方政府的职权，包括最底层的地方政府以及更高一层的地区政府，从而形成一种"地区化"进程。

但实际上，把民主化和现代化改革与地域行政体制的"分权化"改革简单挂钩的现象也受到一定质疑。首先，"分权化"和"民主化"并不必然联系在一起，因为在有些国家，"民主化"在"分权化"之前就已经得到稳固。这让我们不得不思考是否能把中央集权视为民主化的主要障碍，以及"分权化"是否可以被视为解决"民主化"问题的必经之路（这曾经是20世纪90年代比较流行的观点）。"现代化过程并不仅仅是因集中主义（centralisme）的存在而搁浅的，而中央集权也并不是社会主义政权的特产。实际上，现代化进程受阻更多是由经济体制的低效和缺乏竞争力导致的。实践也证明，"分权化"和地方自治并不会直接导致代议制民主。罗马尼亚的官方文件就证实了'分权化'与'民主化'之间的脱节。"[2] "'地区化'和'分权化'并不总是同时发生，可能存在不经过分权的'地区化'，甚至还有可能出现伴随着'中心化'（recentralisation）的地区化。"[3] 不过，这种怀疑并不能完全取消民主化、现代化与"地区化"之间的内在联系，中东欧国家的民主化、现代化进程仍然在很大程度上是这些国家"地区化"进程的重要内部原因。这一点将在波兰的案例研究中很快得到印证。

最后，中东欧国家的"地区化"进程还有一个重要的外部推动因素，那就是欧盟。"欧盟在'分权化'和'地区化'进程中扮演着重要角色，

---

[1] Illner Michal, Réformes sur la voie de la décentralisation dans trois pays d'Europe centrale et orientale candidats à l'adhésion, Notre Europe, 2002, avant propos.

[2] Boulineau Emmanuelle, Décentralisation et régionalisation en Bulgarie et en Roumanie. Les ambiguïtés de l'européanisation, Proposition d'article pour l'Espace géographique, *Dossier Bulgarie et Roumanie*, 2008.

[3] Boulineau Emmanuelle, La persistance de la centralisation en Bulgarie: héritage du passé ou effet de crise?, in Rey V., Coudroy de Lille L. et Boulineau E. (dir.), *l'élargissement de l'Union européenne: réformes territoriales en Europe centrale et orientale*, Paris, l'Harmattan, 2004.

而'地区化'也是欧盟趋同政策实现经济、社会和地区凝聚的基本杠杆(levier)。"[1] 为了更好地理解中东欧国家"地区化"进程的内外部动因,作者将以波兰为例展开具体分析。

一、波兰"地区化"进程的内因

与其他中东欧国家一样,波兰的"地区化"进程在冷战之后显著推进。首先,对新政体和新社会的"民主化"改革成为波兰"地区化"进程的基本推动因素。从20世纪90年代开始,中东欧国家改革和选举的主要目的之一就是要取代原地方和地区的政治精英,使这些层级中的共产主义遗产尽快消失。这些改革意在证实新政权的合法性,并向人们显示一切都发生了实质性的变化。从这个角度看,这些改革实际上主要是象征意义上的,本身的行政和经济意义反而成为次要的。有学者指出,正是民主化改革对"地区化"进程的特殊意义,使得波兰的"地区化"成为一种"民主化的地区化"(democratized regionalization),这就与匈牙利的"统计的地区化"(statistic regionalization)区分开来。[2]

其次,对更具效率的行政体制的追求,即所谓的"现代化"需求,也成为推动波兰"地区化"改革的重要因素。20世纪90年代初期,地区政府的改革主要集中于旧有共产主义体制的转型,而从90年代下半期开始,改革的主题则转化为对缺乏透明性、效率低下的旧集权体制的取代。[3] 在1999年改革之前,波兰曾经有两个层级的行政体制:具有选举权的地方乡镇政府(municipalité)和49个由中央政府派驻代表的小的地区(wojewodztwo)。但实际情况却更为复杂:在上述两个层级之间还有其他层级,比如由乡镇(municipalité)组成的区(districts)。此外,还有40个特殊行政机构,比如警署、法院、消防队等,这些机构的职权范围比乡镇(municipalité)大而比地区小。这些特殊机构内部还包含更多的区域实体(从150个到450个不等)。除此之外,还存在一些职权范围比地区还要大的行政机构。这样,波兰实际上已经拥有五个行政级别(包括国家层级在

---

[1] Boulineau Emmanuelle, 2008.
[2] Hughes James, 2004, pp. 130 – 131, 137.
[3] Hughes James, 2004, p. 130.

第七章 "欧洲化"的一个特殊视角：欧盟地区政策影响下的欧洲"地区化"进程

内)，而远非两个。①

波兰这种臃肿的行政体系存在很多弊端：不同层级的职权不明晰；预算体制过于中央集权化而缺乏透明性（只有15%的预算来源于中央财政之外）；在地区层级，缺乏选民表达和维护自己利益的正式渠道；公共政策的财政浪费导致成本增加，等等。这些都导致波兰行政体系效率低下。为了弥补这些缺陷，波兰政府从20世纪90年代开始实行了一系列改革。在90年代初期的政治和经济转型过程中，波兰就曾经提出建立一个中间层级的相关建议。1997年，一份改革计划书曾经给出以下几点建议：建立一个由三个层级组成的新的行政体制——乡镇（municipalité）、区（district/powiat）和地区（region/wojewodztwo）。这三个层级分别有自己的权责范围而没有相互隶属关系；新建立的地区必须足够大，经济实力也足够强，以便能够收取足够的税收来支持地区政策的实施；在各个层级都必须建立相应的自治政府，其中地区政府可设置由中央派驻的代表。最终，1999年改革确定了三个层级的行政体制，也就是上面改革计划书中提到的乡镇、308个区和16个地区。其中，"区"和"地区"两级都是中间层级。②

新的地区是在1975年建立的45个旧"地区"（也称为"省"：voïvodies – 波兰语）的基础上建立起来的。新的地区层级具有选举和政策执行上的自主权，其中某些职权是从中央政府转让而来的。具体职权包括经济发展、教育、健康事业、社会服务、文化、环保、地区发展、公共交通和公共安全等。新的地区政府也是司法实体，可以颁布地方法律，并拥有自己的资产和财政资源。其收入来源主要包括税收、自身产业收入以及财政收入。地区自治政府接受中央派遣代表的指导（marszalek）。1997年的改革预案中就提到："波兰是一个单一制国家，由中央政府在各个地区派驻代表，其职责是在各地区执行中央政策。不过这种职能是有限的，主

---

① Wiktor Gíozacki, *Regionalization in Poland*, in Gérard Marcou (eds.), *Regionalization for Development and Accession to the European Union: A Comparative Perspective*, Open Society Institute, 2002, p. 107.

② Wiktor Gíozacki, *Regionalization in Poland*, in Gérard Marcou (eds.), *Regionalization for Development and Accession to the European Union: A Comparative Perspective*, Open Society Institute, 2002, p. 28.

要局限在外交、国民安全等领域。"① 与此同时，三个新层级之间是相互独立的，没有隶属关系。地区层级的活动不能干涉其他两个级别的独立性。地区和区之间的关系由具体的合同做出规定。由于许多有关公民个人利益的权责下放给区和乡镇两个较低的层级，波兰的行政效率得到一定提高。在波兰，乡镇是行政地域体制的基础，各种行政任务首先在乡镇得到执行。乡镇层级自身无法解决的问题，则可以转让给其他层级予以解决（一般转让给区级）。②

这样，经过1999年改革，波兰的行政体制得到简化和明晰，但仍然存在一些缺陷：新的改革措施不一定能得到有效执行；还有一些部门政策没有整合到新的行政体制当中；地区财政仍然基本依赖中央。③

第三，在波兰还有一个自发的推动"地区化"改革的因素——地方层级对"分权化"的政治诉求。各地方政府之间为达成某些共同的政治诉求，逐渐形成一些地区合作组织，而且其中很大一部分是在地区层级建立的。这在很大程度上推动了拥有自主权的地区层级的正式建立。最显著的一个例子就是，1995年卡托维兹（Katowice）地区的"国家—地区"合同（contrat État-région）就是由中央政府和60个左右地区合作组织联合签署的。此外，在"欧盟地区"（Euro-régions）建立的过程中，这些由地方政府组成的合作组织也发挥了重要作用。在波兰建立的16个欧盟NUT-2地区当中，有12个是以原地区或地区合作组织为基础建立的。

有学者认为，地方政府之间的合作是改变从20世纪90年代开始的"迅速乡镇化"（rapid multiplication）现象，提高行政效率的必要途径。这些学者把始于20世纪90年代初期的波兰"地方主义"（localisme）与始于90年代中期的波兰"地区主义"（régionalisme）区分开来："'地方主义'

---

① Wiktor Gíozacki, *Regionalization in Poland*, in Gérard Marcou (eds.), *Regionalization for Development and Accession to the European Union: A Comparative Perspective*, Open Society Institute, 2002, pp. 113 – 114.

② Wiktor Gíozacki, *Regionalization in Poland*, in Gérard Marcou (eds.), *Regionalization for Development and Accession to the European Union: A Comparative Perspective*, Open Society Institute, 2002, pp. 114 – 115, 127, 133.

③ Wiktor Gíozacki, *Regionalization in Poland*, in Gérard Marcou (eds.), *Regionalization for Development and Accession to the European Union: A Comparative Perspective*, Open Society Institute, 2002, p. 133.

第七章 "欧洲化"的一个特殊视角：欧盟地区政策影响下的欧洲"地区化"进程

和'地区主义'的根源是不同的。地方主义是反共产主义（anti-communiste）思潮和运动的重要力量之一。"他们认为后共产主义社会应该是由实行直接民主的各类自治单位组成的，并能有效避免官僚化和党派之争。① 比如1980年雅鲁泽尔斯基（Jaruzelski）政权上台后，多个反共产主义流派曾经期望从地方层级开始实施政权变革，因为自上而下的变革看起来似乎是无望的。"地方主义"改革有很多优点：它改变了由中央强权带来的不公正行为，强化了地方政府和公民的参政意识。但"地方化"也带来相应的问题，比如过多的地方政府造成政权的碎片化（fragmentation），存在"过分分权化"（decentralisation excessive）的状况；地方政府在融资上存在很大困难；等等。② 这些缺点降低了行政体系的效率，地方政府之间的联合因此成为必要。就这样，不过这种"分权化"与"地区化"之间存在着非常复杂的关系（我们将在第三节进行相关论述）。地方政府之间的联合随后成为20世纪90年代后半期波兰"地区化"进程的重要基础。在拥有极端中央集权的整体内部，地方政府的联合需求并不足以导致强势地区层级的产生。由此，欧盟便成为解决这一难题的重要助推器。③ 正如有学者提出的，"尽管匈牙利、波兰和捷克的'分权化'改革主要是受到国内力量的推动，但我们仍然无法忽略欧盟的重要影响。"④ 下面，作者们将具体考察欧盟是如何影响波兰以及中东欧国家的"地区化"进程的。

二、波兰"地区化"进程的外因：欧盟的作用

欧盟通过运用其各项政策尤其是地区政策的各项基金，在成员国的"地区化"进程中发挥着重要作用。"波兰、匈牙利和捷克共和国从20世纪90年代后半期开始才逐渐认识到欧盟在其国家改革中的重要性，而且欧盟的地位在各国改革过程中，尤其是在建立中间层级的过程中得到很大提升。"⑤

许多欧盟机构，包括欧盟委员会和欧洲地区委员会在内，都表示要推

---

① Illner Michal, 2002, pp. 7 – 8.
② Illner Michal, 2002, pp. 18 – 20.
③ Ilona Pálné Kovács, 2007, pp. 136 – 137.
④ Wiktor Gíozacki, 2002, p. 30.
⑤ Illner Michal, 2002, p. 28.

动中东欧国家的"地区化"进程。在《2000年议程》中,欧盟委员会规定各候选国都必须达到欧盟规定的相关条件,并对地区层级应该履行的任务以及各国地区政策应该发挥的作用提出具体要求。各国在地区发展事务上都应该接纳欧盟地区政策并参与结构基金。为了使各国在区域划分上形成相对统一的标准以满足欧盟地区政策的运行,各国应该建立地区层级,而且这些地区必须大到能够满足欧盟地域单位统计术语(NUTS, Nomenclature of Territorial Units for Statistics)的要求。各国必须具备提供地区发展相关分析数据以及建立、实施和监督地区发展项目的能力。

欧盟地区政策所提供的资金援助对于中东欧国家具有很大的吸引力,尽管这些国家未必真正愿意完全按照欧盟的要求进行"地区化"改革。"欧盟推动下建立起来的地区层级与欧盟基金援助有很大关系,这些变革实际上并没有实现真正的社会和经济嵌入(embeddedness)。"① 比如在匈牙利,有调查显示大多数的匈牙利人(接近80%的被调查者)认为必须改革原有的行政体制以适应欧盟基金的实施条件。②

在波兰地区政策体系内,自2000年"国家—地区"合同建立以来,欧盟地区政策各项基金基本上在这一合同框架内得以实施。该合同的双方分别是由中央政府代表组成的欧盟部长理事会(Conseil des Ministères)和地方政府代表。中央政府为该合同提供国家地区发展战略(National Strategy for Regional Development)和援助计划(Support Program),地区政府则提供地区发展战略(Development Strategy for Region)和地区计划(Regional Programs)。欧盟地区政策各项基金是这些战略和计划实施的主要资金来源,国家财政也共同参与欧盟的各项援助。③

具体而言,欧盟对波兰的援助可以分为两个途径:

(1)入盟前基金援助(Fonds de Pré-accession)。首先是PHARE计划:1989年开始援助波兰和匈牙利,以帮助它们实现经济转型和重组,然后在各个中东欧国家逐步展开。在波兰,第一个使用欧盟援助基金的时间段是2000—2002年,此时的国家地区发展战略就是建立在PHARE计划

---

① Ilona Pálné Kovács, 2007, pp. 136–137.

② Hughes James, Guendolyn Sasse and Claire Gordor, *Europeanization and Regionalization in the EU's Enlargement to Central and Eastern Europe*, Palgrave Macmillan, 2004, p. 127.

③ Wiktor Gíozacki, 2002, p. 126.

第七章 "欧洲化"的一个特殊视角：欧盟地区政策影响下的欧洲"地区化"进程

援助基础之上的。该计划又分为三个方面：PHARE"社会—经济凝聚"计划（3亿欧元）、PHARE"跨边界合作"计划（1.1亿欧元）以及PHARE"制度强化"计划（1000万欧元）。其次，波兰还必须提供2亿欧元的资金以支持PHARE计划，其中一半由国家承担，另一半由其他层级政府共同承担。第三，波兰还接受了SAPARD/ISPA计划，以及多种国际基金的援助，比如波兰的一个农业发展计划就接受了世界银行的贷款。

（2）结构基金和凝聚基金的援助。2001—2006年间，波兰国家地区发展战略所接受的外部资金中的大部分都来源于欧盟的援助。[1]

表7—3　外部资金援助与国家财政在"国家地区发展战略"中的预算比例（%）

项目	外部资金	国家财政	总体
地区政策的执行	75	10	85
地区发展项目（在地区发展协议 contrats régionaux 框架内）	65	10	75
跨边界合作项目	60	15	75
先锋计划（Projets pilot）	-	-	85

资料来源：波兰"国家地区发展战略"。

综上所述，欧盟在波兰的"地区化"进程中扮演着重要角色：欧盟推动了波兰国内的"分权化"，进而加强了地区层级的职能；欧盟推动波兰建立了16个新的拥有广泛自主权的地区政府；欧盟推动了波兰的民主化制度建设——从1999年开始，三个层级都拥有了自己的选举委员会。而欧盟的这一作用，在其他中东欧国家都可以得到不同程度的印证。但是，欧盟在推动中东欧国家"地区化"进程上的作用并不能因此被过分夸大。"'地区化'进程与欧盟之间的关联性并不能与'直接因果关系'相混淆"（confused with direct causal linkages）。[2] 比如20世纪90年代初期，在波兰一个重要地区的首府卡托维兹（Katowice），关于"地区化"进程的讨论很少涉及欧盟东扩的因素，尽管当时波兰正在接受欧盟PHARE计划的援助。有调查表明波兰改革更多地是受到国内因素而非欧盟的影响。在关于欧

---

[1] Wiktor Gíozacki, 2002. pp. 127 – 128.

[2] Hughes James, 2004, p. 137.

盟在国家改革中的地位的调查（Katowice，2000）中，被调查者被问到：你认为1999年波兰地区管理结构改革总体上是以下哪个因素的结果：（1）波兰优先目标（Polish priorities）；（2）欧盟条件（EU conditions）；（3）两者都是（Both）；（4）两者都不是（Neither）。接近40%的被访者选择了1；分别有24%和26%的人选择了3和4。[①]

实际上，中东欧国家的"地区化"进程上并没有取得与西欧国家类似的"成功"甚至有学者认为中东欧国家的"地区化"改革是"失败"的。[②]而这种所谓"失败"的背后，是中东欧国家复杂的历史文化制度渊源。这些国家"地区化"进程所受到的特殊阻力让我们不得不更加认真地思考另外两个更为根本的问题："欧洲化"能够或者应该在什么程度内得以开展？"地区化"进程的成败有什么衡量的标准？（或者说，地区层级发挥什么样的作用才是合理的？）作者将紧接着对第一个问题展开深入探讨，并在后面的章节中回答第二个问题。

第三节　中东欧国家"地区化"进程的"失败"？
——对"欧洲化"问题的思考

中东欧国家"地区化"进程受到内外多种因素的推动，但实际结果是怎样的呢？就目前的研究来看，有学者认为中东欧国家的"地区化"进程是"失败"的。具体而言，这一"失败"有两个层面的表现："地区化"与"分权化"之间的脱节；欧盟推动的自上而下的"地区化"与自下而上的"地区主义"之间的矛盾。

首先，"地区化"与"分权化"之间的脱节。

"实际上，在所有的中东欧国家内部，'地区化'进程并不必然伴随着'分权化'"，"在所有的中东欧国家，'地区化'进程与'分权化'均是相脱离的，这也就反驳了'分权化'是'地区化'必然结果的观点。'地区化'进程也可以带来一些反面的影响，包括'再中心化'（recent-

---

[①] Hughes James, Guendolyn Sasse and Claire Gordor, *Europeanization and Regionalization in the EU's Enlargement to Central and Eastern Europe*, Palgrave Macmillan, 2004.

[②] Ilona Pálné Kovács, 2007.

第七章　"欧洲化"的一个特殊视角：欧盟地区政策影响下的欧洲"地区化"进程

ralisation）以及合法性危机"。① 即使是在西欧国家，中间层级（meso-level）的强化也不必然意味着"分权化"。成员国往往比较倾向于在实施地区化的同时，于地区层级派驻中央"代表"（比如在英国、希腊和葡萄牙等）。芬兰虽然也实行了改革，但并没有建立有选举职权的中间层级政府（intermédiaire élu）。而瑞典仍然实行集中主义（centralisé）的行政体制。②

在波兰，民众对"地区化"改革的支持在政策实施过程中减退了很多。1999年以后，认为改革有益于个人生活的比例再也没有超过改革之前的水平。③ 1999年改革之后，波兰虽然建立了三个拥有广泛自主权的次国家层级，但这些层级的职权还是十分有限的。波兰的地区政府具有某种双重性格，波兰一方面是"多层级治理"的典范，另一方面其各个次国家层级都受到中央政府的严格管制，于是形成一种独特的"中央管制下的多层级治理模式"（centrally controlled multi-level governance）。这种管制主要是通过中央派驻在地方的代表来完成的。④ 虽然立法中已经规定由中央向地区实行一定的"分权"，但这些"分权"往往在实践中比较滞后。地区政府的权责行使起来十分复杂，往往要向中央做出不少妥协。⑤ 实际上，所谓的"分权"一般都排除了财政上的实际"分权"，地区政府财政仍然严重依赖于中央财政。这是波兰"地区化"改革的最大弱点。⑥

最新的研究资料并不能带给我们更为乐观的判断：在波兰，地区政府层面是一个"权力真空"地带，地区层级不像更低一级的地方政府那样存在影响政治家命运的大量选民，也不能像中央政府那样为政治家提供实权，因此地区政府对政治家而言并没有多少吸引力。⑦ 而对于经济界人士而言，他们对地方政府具体政策的关注程度也超过对地区政府相关政策的关注。而地区层级的公共资本与私人资本之间的合作更是十分有限的。

而在波兰的邻国匈牙利内部，也存在类似的问题：地方政府的联合要

---

① Boulineau Emmanuelle, 2008.
② Ilona Pálné Kovács, 2007, p. 121.
③ Michal Illner, 2002, pp. 32 – 33.
④ Hughes James, 2004, p. 133; Sagan Iwona, 2007, p. 80.
⑤ Illner Michal, 2002, pp. 32 – 33.
⑥ James Hughes, 2004, p. 133.
⑦ Hamilton D. K. (2004) Developing regional regimes: a comparison of two metropolitan areas, *Journal of Urban Affairs*, Vol, 26 (4), pp. 455 – 477.

求并不是很急切，它们对中央在地区层级的"分权化"有些漠不关心。①

实际上，波兰和匈牙利所遭遇的这种"地区化"进程的"失败"，本质上是一种"地区化"和"分权化"之间的剥离。欧盟把"地区化"作为入盟的一个必要条件，而"分权化"并不是"欧盟的必要职责之一，而应该属于国家内部事务。按照"辅助性"原则，欧盟并不对"地区化"程度做出特殊规定，也不对不同地域行政级别之间的关系做出详细规定。"地区化"主张建立统计意义上的按技术标准（NUTS）划分的地区，各成员国的执行情况差异很大。欧盟对"地区化"并没有非常明确的要求，这就使得"地区化"与"分权化"之间形成一定的"脱节"。② 比如，欧盟对波兰的"地区化"进程就先后提出相互矛盾的评价和指示。欧盟委员会在其2000年针对波兰的年度报告中曾经批评波兰地区政府缺乏必要的税收基础，从而很大程度上限制了该层级的权力。但在2001年，欧盟委员会的态度却发生了重要变化，主张停止对地区层级实行"分权"，并认为地区层级在使用欧盟基金上的职权应该得到更加慎重的检验。事实证明，欧盟对成员国行政地域体制改革的态度越来越温和了，它在要求成员国实行"地区化"的同时，并不要求这些国家实行"分权化"改革。

其次，"地区主义"（regionalism）与"地区化"（regionalization）之间的矛盾。

中东欧国家内部自发的"地区主义"思潮和由欧盟推动的"地区化"之间形成一种特殊的并存关系，如何解决二者之间的"不匹配"（mismatch）问题，便成为思考的重点。欧盟对成员国内部"自下而上"的地区发展意向进行"自上而下"的支持，但欧盟的支持政策却可能与这些国家的实际情况形成反差。有些地区是在自发的"自下而上"的"地区主义"进程中以民族和文化为基础产生的，另一些地区则有可能是在由欧盟和国家推动的"自上而下"的"地区化"进程中产生的。欧盟推动的"地区化"进程与国内"地区主义"之间的"匹配度"（goodness of fit）③

---

① Ilona Pálné Kovács, 2007, pp. 136 – 137.
② Boulineau Emmanuelle, 2008.
③ Risse, T., Cowles, M., Caporaso, J., (2001) Europeanization and domestic change: introduction, in Cowles, M., Caporaso, J. and Risse, T. (eds.) *Transformation Europe: Europeanization and Domestic Change*, Cornelle University Press, Ithaca, NY, pp. 1 – 20.

第七章　"欧洲化"的一个特殊视角：欧盟地区政策影响下的欧洲"地区化"进程

决定了欧盟地区政策在这些成员国的绩效和成败。这种"匹配"问题在中东欧国家体现得尤为明显。大多数学者都认同"欧洲化"（Europeanization）发生的可能性及程度主要取决于两个因素：第一，国家与欧盟政治体系的相容程度构成的"调整压力"。"相容度"越高，压力越小，发生变化的可能性越小；"相容度"越低，压力越大，发生变化的可能性越大；第二，国内政治中的某些干涉变量。在调整压力存在的地方，国内政治并不必然会出现变化。一个国家的政策、制度或政治文化是否进行调整，取决于干涉变量的存在或缺乏，这些干涉变量既包括制度等物质层面的因素，也包括文化层面的因素，比如一国的组织文化与政策制定文化等。① 诸多研究证明，在中东欧国家，欧盟推动的"地区化"进程与国内"地区主义"之间呈现出较少的协调性（compatibilité），更多地表现出二者之间的张力以及一些"非预期的边缘效应"（undesired side effects）。② 比如在匈牙利第二个国家发展计划（National developement Plan 2）中，地区层级的作用并没有被特别强调。有学者认为在匈牙利还没有形成一个自治的层级，"地区主义"与其说是个目标，不如说只是个手段——是中央政府绕开选举的自治政府进行资源配置的手段。"由上而下"以及由外部发起的"地区化"进程已经搁浅了，"地区主义"实际上被"强暴"（violé）了。③

由于欧盟推动的"地区化"进程并不总是建立在传统的地域划分基础之上，这些新的"地区"便成为"没有领土的地区"（régions sans territoire）。在国家的"大锤"（marteau）和欧盟的"砧板"（l'enclume）之间，地区层级的建立往往是一种人为的（artificiels）行为，缺乏对功能协调性和传统边界的尊重。④ 波兰、匈牙利和捷克这三个国家中没有一个是以历史上的社会—文化为基础建立其"地区"单位［或许要排除匈牙利的郡（comtés）］的。仅有的一些充分尊重传统社会文化的地区往往规模太小（或者过大），或者仅仅局限为比较孤立的个例。在波兰"地区化"

---

① 古莉亚："'欧洲化'：欧盟研究的一个新视角"，《现代国际关系》2007 年第 9 期。
② Sagan Iwona, 2007, pp. 75 – 76.
③ Ilona Pálné Kovács, 2007, pp. 136 – 137.
④ Rey Violette, Coudroy de Lille Lydia et Boulineau Emmanuelle, *l'élargissement de l'Union Européenne: réformes territoriales en Europe centrale et orientale*, Paris: l'Harmattan, 2004.

进程中，环境因素诸如地区认同、历史和传统等，都没有得到充分的尊重。① 在波兰，只有很少的"地区"（比如大波兰、西里西亚、小波兰）尊重了上面提到的"匹配度"，尽管这些地区的新边界与传统的地区边界并不完全吻合。在大多数情况下，传统的地方地理被新的行政地理所瓦解，这一点在新地区的命名上就得到体现。比如原地区名称"Pomeranie"出现在多个新地区名称中，如 Pomeranian 区、西 Pomeranian 区和 Kujavian-Pomeranian 区等。结果，人们混淆了各地区的名称，甚至连当地居民也弄不清他们所居住的地区到底叫什么名字。而且，由于缺乏足够的身份认同，在波兰新建立的"地区"中，市民社会无法得到充分的发展，而且不同地区之间也存在很大差距。一般而言，在拥有"地区主义"传统较长的地区，市民社会的发展程度要超过在"地区化"进程中"自上而下"建立起来的地区。总之，地区层级组织在参与民主化管理方面仍然存在很大问题。②

欧盟在"地区化"进程推动过程中所遭遇的"困难"或"失败"，让我们不得不对另一个重要话题——"欧洲化"（Europeanization）问题展开深入思考。"欧洲化"的研究可以从很多方面展开，而受到欧盟地区政策推动的欧盟成员国的"地区化"进程一定程度上也可以被视为"欧洲化"研究的一项重要内容。欧洲一体化在成员国市场竞争力、民意表达和政治协作等各方面都提出挑战，并以此为基础对成员国国内政治体制产生重要影响，其中一个重要方面就是国内地区发展政策对欧盟地区政策的适应，具体包括成员国地区政策的竞争力和效率的提高、地区层级职权的强化以及不同层级之间的相互关系的加强等各个方面的调整。③ 比如以欧盟地区政策及其主要政策工具——欧洲地区发展基金为案例研究"欧洲化"问题，已经得到较充分的发展。④。

---

① Sagan Iwona, 2007, p. 82.

② Sagan Iwona, 2007, p. 83.

③ Benz Arthur and Burkard Eberlein, *Regions in European Governance: The Logic of Multi-Level Interaction*, Badia Fiesolona, Italy, 1998. p. 3.

④ Conzelmann Thomas, "Europeanisation" of Regional Development Policies? Linking the Multi-Level Governance Approach with Theories of Policy Learning and Policy Change (*) *European Integration online Papers* (EIOP) Vol. 2 (1998) No. 4, http://eiop.or.at/eiop/texte/1998 - 004a.htm.

第七章 "欧洲化"的一个特殊视角：欧盟地区政策影响下的欧洲"地区化"进程

总体而言，欧盟地区政策在改变和影响成员国内部政治上表现出复杂的两面性：一方面，欧盟地区政策的确影响和改变了成员国的内部政治。比如，欧共体环境可以通过以下几种手段提高国内经济发展活力，促进政策发展：（1）改变地区政策制定相关行为者的政策偏好（比如重新整理国家层面政策偏好的顺序）；（2）激发国内政治行为体之间新的联合（包括行为体之间的多层级治理模式）；（3）为决策者提供不同政见的灵感来源。[①] 另一方面，欧盟地区政策对成员国的影响也是有限的。有实证研究（Conzelmann，2002）表明对欧盟规则的适应并没有改变主导国家地区政策的根本信念。首先，跨国（欧盟）政策网络对于国内政策的改变既不是必要条件，也不是充分条件。其次，国内条件（既有的信仰体系、权力关系、自下而上的政策学习）对促成政策改变比跨国网络的影响更加重要；第三，现有的欧盟研究高估了欧盟作为概念制造者（ideational entrepreneur）的作用，而且高估了欧盟在改变国内行为体行为上实施"胡萝卜"和"大棒"政策（carrot and sticks）的能力。[②] 而欧盟在推进"地区化"的过程中所表现出的两面性在关于"欧洲化"的一般研究中同样得到印证。

"欧洲化"研究兴起于20世纪90年代初，其标志是英国学者罗伯特·莱德克（Robert Ladrech）在《共同体研究》上发表的《国内政治与机构的"欧洲化"：以法国为例》一文。"欧洲化"的概念纷繁芜杂，却可分为以下几种主要观点：[③]

第一，将"欧洲化"理解为一种历史现象，将其理解为欧洲生活方式、饮食习惯、宗教、语言、政治规则、制度、价值观念与认同的对外输出。这种输出在19世纪末20世纪初殖民主义时期最为突出。

第二，将"欧洲化"理解为一种状态，"'欧洲化'是指欧洲治理的

[①] Conzelmann1998，p.8.

[②] Kohler-Koch Beate, European Networks and Ideas: Changing National Policies? (*), *European Integration online Papers* (*EIoP*), Vol. 6 (2002) No. 6; http://eiop.or.at/eiop/texte/2002-006a.htm.

[③] 主要参见吴志成、王霞："欧洲化：研究背景界定及其与欧洲一体化的关系"，《教学与研究》2007年第6期。

不同模式从根本上改变国内政治各个方面的情形或状态"。① 但"欧洲化"作为状态,并不意味着各成员国都要照搬欧盟模式,其结果具有多样性,因具体国家、具体政策领域不同而不同。

第三,"欧洲化"是一个过程。莱德克最早对"欧洲化"进行了明确界定,认为欧洲化是"重新调整政治方式与模式,以至欧共体的政治与经济制度成为国家政治与决策组织逻辑一部分的、渐进的过程"。②

第四,"欧洲化"是一种结果,是一体化对国内政治结构与政策的影响,关注国内治理机制与政治的变化,并将其理解为欧洲层面制度、认同与政策发展的结果。

第五,"欧洲化"是欧洲层面治理机制的发展。有学者认为"'欧洲化'是欧洲层面不同治理结构(即与解决政治问题相关联的政治、法律与社会结构)的出现与发展;以及专门用于创建权威性欧洲规则的政策网络的出现与发展"。③

第六,欧洲和国家两个层面的互动。有学者认为"欧洲化"是"构建与传播正式与非正式的规则、程序、政策范式、行为方式和规范并使之制度化的过程,首先在欧盟公共政策制定和政治运行中得以确立和加强,之后被融入国内话语、认同、政治结构和公共政策之中"。④

"欧洲化"带来了研究思路的转变,"与以前自由主义强调欧洲政治的国内根源以及国际关系中更早的争论不同,'欧洲化'这一新的研究议题为欧洲一体化研究提供了一种'颠倒的第二意象'"。⑤ 如果说以新功能主义与政府间主义为代表的传统一体化研究遵循"自下而上"的研究路径,那么"欧洲化"研究则将考察重点放在国内层面,是一种新的"自

---

① Vivien A. Schmidt, Europeanization and the Mechanics of Ecnomics Policy Adjustment, *Journal of European Public Policy*, December 2002, p. 26

② Robert Ladrech, Europeanization of Domestic Politics and Institutions: the Case of France, *Journal of Common Markets Studies*, Vol. 32, Issue 1, 1994, p. 69.

③ Maria Green Cowles, James Caporraso, Thomas Risse (eds.), *Transforming Europe: Europeanization and Domestic change*, Ithaca and London: Cornell University Press, 2001, p. 3.

④ Kevin Featherstone, Claudio M. Radaelli (eds.). *The Politics of Europeanisation*, Oxford: Oxford University Press, 2003.

⑤ Maarten Vink. *What is Europeanization and Other Questions on a New Research Agenda*, Paper for the Second YEN Research Meeting on Eropeanisation, University of Bocconi, Milan, 22 – 23 November 2002.

第七章　"欧洲化"的一个特殊视角：欧盟地区政策影响下的欧洲"地区化"进程

上而下"的研究路径。

"'欧洲化'是否发生了？"这是"欧洲化"研究首先要回答的问题。学者们普遍认为"欧洲化"确实发生了："在几乎每一个实证案例中，欧洲一体化都给国内政治带来了或多或少的变化，每个成员国或准成员国不得不对欧盟政治体系运作所带来的压力做出反应，相应地调整本国的政治制度、政策与政治变化。"[①] 剧变之后，东欧国家依据"欧洲行政原则"[②]及西方制度模式来设计行政结构和程序，各国行政体制改革显示出下列趋同性：适应市场经济体制的发展与入盟的需要，推行政府行政体制与机构改革；实施分权与放权战略，推行地方自治。针对地方政府谋求更多自主权和"去中央化"（"分权化"）的趋势，有学者指出，"'欧洲化'是去中央化的继续"。[③] 这些国家政府还抛弃了原有"全能政府"的集权模式，而选择给予大众合法性的社会角色，限制政府干预经济与社会生活的程度，建立起"市民社会"。[④]

"'欧洲化'的影响到底是趋同（convergence）还是分歧？"[⑤] 这是"欧洲化"研究的另一个核心问题。总体而言，"欧洲化"研究经历了三个阶段的变化。第一阶段，有研究认为欧盟可以直接引起国内变化，其结果是成员国不断趋同。第二阶段，学术界逐渐进行冷静分析。有学者开始引入比较政治学的理论与研究方法思考"欧洲化"问题，认为"欧洲化"并不意味着统一和趋同，在同样的欧盟合作框架下，成员国的反应和变化不尽相同，甚至大相径庭。[⑥] 欧洲规范、政策和制度的解释在不同国家必定呈现较大的差异。欧盟"样板"（template）与各国行政改革途径选择之间存在着必然的冲突。[⑦] 到目前为止的实证研究证明，没有出现任何明

---

① 古莉亚："'欧洲化'：欧盟研究的一个新视角"，《现代国际关系》2007 年第 9 期。
② SIGMA Papers, No. 27, *European Principles for Public Administration*, OECD, Paris, 1999.
③ Robert Ladrech, Europeanization of Domestic Politics and Institutions: the Case of France, *Journal of Common Markets Studies*, Vol. 32, Issue 1, 1994, p. 81.
④ 谭功荣："欧洲化与东欧国家行政改革"，《俄罗斯中亚东欧研究》2004 年第 6 期。
⑤ 相关争论参见 Tanja & Thomas Risse, When Europe Hits Home: Europeanisation and Domestic Change, *European Integration online Papers* (EIOP) Vol. 4 (2000) No. 15, 29. 11. 2000 (http://eiop.or.at/eiop/texte/2000 – 015a.htm)
⑥ 吴志成、王霞："欧洲化：研究背景、界定及其与欧洲一体化的关系"，《教学与研究》2007 年第 6 期。
⑦ 谭功荣："欧洲化与东欧国家行政改革"，《俄罗斯中亚东欧研究》2004 年第 6 期。

显的、朝向共同制度模式的趋同。①"'欧洲化'的结果并不是总体上的趋同。"② 欧盟引起的成员国国内政治变化的后果是混合的,在某些国家政策乃至制度层面出现趋同态势的同时,另一些国家却保留着它们特殊的制度安排、国家—社会关系或政治文化正如本书所具体分析的,欧盟推动的"地区化"进程之所以与中东欧国家内部的"地区主义"进程产生矛盾,充分反映了"欧洲化"结果的非趋同性。

"欧洲化"在欧盟成员国尤其是中东欧国家表现出的"模糊性"让我们不得不认真思考"欧洲模式"(modèle européen)问题:在欧洲到底有没有一个可供不同成员国采用的"欧洲模式"?不同国家的历史文化和认同基础成为"欧洲化"过程中必须认真面对的问题。缺乏对这些因素的关注,"欧洲化"将会面对来自这些因素的巨大抵制。中东欧国家的加入给欧盟实现"凝聚力"目标提出前所未有的挑战。欧盟东扩使得欧盟内部多样性、空间差异性增大,并为欧盟发展带来了双重效应(dialectique):"凝聚力"和"碎片化"(fragmentation)。欧盟"扩大"与"深化"之间的矛盾进一步加剧,欧盟建设需要更多地考虑不同空间和社会认同上的差异。

最后,作者的结论是欧盟应尽可能地尊重各成员国自身的多样性,努力实现欧洲"多样性中的统一"(unie dans la diversité)。

然而,作者对欧盟地区政策制度效应的考察并没有结束。正如有学者指出的,"地区层级的作用和欧盟地区政策的'欧洲化'问题是考察欧盟治理和制度转型的两个主要议题。"③ 欧盟推动下的"地区化"进程的"失败",不仅能引发我们对"欧洲化"问题的思考,而且能够启发我们追问:"地区"层级到底发挥什么样的作用才是最合适的?欧盟、国家、地区三个层级之间有什么样的关系才是最适宜的?一个"由地区组成的欧洲"(Une Europe des régions)是必要的吗?作者接下来将考察"地区"层级在欧洲治理中的地位和作用。

---

① Johan P. Olsen, "Europeanisation" in Michelle Cini ed, *European Union Politics*, Oxford, New York: Oxford University Press, 2003, p.345.
② 古莉亚:"'欧洲化':欧盟研究的一个新视角",《现代国际关系》2007 年第 9 期。
③ Conzelmann, Thomas and Knodt Michèle (eds.), *Regionales Europa-Europäisierte Regionen*, Bd. 6 des Mannheimer Jahrbuches für Europäische Sozialforschung, Frankfurt/M.: Campus, 2001.

第七章 "欧洲化"的一个特殊视角：欧盟地区政策影响下的欧洲"地区化"进程

第四节 "地区"层级的作用

通过上面的分析可看出，中东欧国家的"地区化"进程遇到许多困难和障碍，地区层级的地位虽然有所提升，但不像欧盟所计划的那样成功。这让我们不得不认真思考地区层级应该发挥的作用。"地区层级对于促进地域管理是必要的吗？总共建立多少个层级才是合适的呢？"有学者以罗马尼亚和保加利亚为例探讨了地区层级的必要性："对于罗马尼亚和保加利亚这两个新成员国而言，有没有地区层级的位置呢？实际上，罗马尼亚和保加利亚在设置地区层级这个问题上显得非常含蓄（timides）。省和市镇是本地人民的地域方位标（repères），这两个层级为地区层级提供了地域基础。为了在一个弱势国家框架内提高地域治理的效率，最好还是保留省和市镇层级。罗马尼亚人民表达了对增加一个新层级的疑虑。而保加利亚作为一个面积小、人口少的国家，限制了其所需要的行政地域层级的数目。"[①] 不过，欧洲不同国家中"地区"的地位和作用也是不同的，不能一概而论（参见第七章的有关论述）。但总体而言，正如有学者指出的，关于地区层级地位的研究并不是很充分："欧盟结构基金的分配是通过欧盟、国家和地区/地方层级的合作展开的，但这三个层级之间的关系并不是对等的。其中哪一个层级应该拥有更多的权力是一个根本性的问题，却没有得到充分研究。"[②] 在这一章里，作者将具体考察地区相对于国家的地位以及地区在欧盟治理中的地位。

一、"地区"相对于国家的地位

正如我们在第七章曾经详细论述的，欧盟"地区化"进程有两种推动力量：（1）自下而上（from below）的压力，比如地区层级积极寻求参与欧洲政治；（2）自上而下的压力，比如欧盟委员会积极寻求对地域发展政策以及其他政策的合作和支持。[③] 作为国家政治—行政（politico-adminis-

---

① Bonlinean Emnannelle, 2008.
② Dall'erba Sandy, 2004, p.81.
③ Benz, 1998, p.3.

tratives）体系内部的一个层级，地区政府可以以两种方式参与国家决策：（1）参与国家立法，比如德国的州（Länder）；（2）参与国家政策的执行。[①] 在第七章我们已经介绍过，从20世纪80年代开始，西欧国家开始实行"地区化"改革，"地区"层级的作用和地位得到空前加强，而这一趋势从20世纪90年代开始也在中东欧国家产生。但是，地区层级地位的上升，是否意味着国家层级权力的削弱呢？而前面所讲的中东欧国家存在"地区化"与"分权化"之间的脱节现象，证明国家层级的作用并没有被根本性削弱，国家层级依然是国内政治行政体制的核心。

实际上，国家层级对于确保地区发展事务的效率具有举足轻重的作用。中央政府对协调各级政府之间的地区政策，避免它们之间重复性资源浪费以及不必要的冲突具有不可或缺的重要作用。正如有学者［Armstrong et Taylor（2000）］所指出的，中央政府在解决地区问题上具有正当的合法性。中央政府所实行的地区政策并不仅仅使受援助地区受益，其他地区也能在不同程度上受益。比如地区政策的大部分基金被用于援助跨地区的交通基础设施建设，这就可以使多个地区同时受益。反过来讲，如果每个地区都实行独立的地区政策且彼此之间进行协调，那么各地区之间相互受益的可能性将会大大减少。而且，不同地区之间相互独立的地区政策，容易导致各地区为吸引投资而开展恶性竞争，从而使得落后地区处于更加被动的地位。由此，中央政府实行统一的地区政策有助于确保最落后地区得到必要的援助。与此同时，鉴于许多政策（财政、货币、工商业政策等）都有一定的地域效应，中央政府还会积极协调地区政策与其他政策之间的关系，从而得以确定何种政策改革是最理想的。

综上所述，中央政府在地区发展中具有不可或缺的重要地位，地区层级的作用不能被过分高估，这一点在中东欧国家"地区化"进程的"失败"——"地区化"与"分权化"的实际脱节——中得到证明（在上一节有所论述）。但这并不意味着地区政策的"中心化"（centralisation）就必然成为最好的选择。最佳选择应该是中央政府与地区和地方层级之间的某种"妥协"，彼此之间应紧密合作，形成良性的"伙伴关系"，具体合作情况则因成员国的多样性而因地制宜。

---

① Hooghe 2001，p. 202.

第七章　"欧洲化"的一个特殊视角：欧盟地区政策影响下的欧洲"地区化"进程

二、"地区"与欧洲的关系

"地区"层级的地位还体现在"地区"与欧洲（欧盟）的关系上，具体可以简化为两个特殊概念："包含地区的欧洲"，（或"有地区的欧洲"①Europe avec des régions）还是"地区的欧洲"（Europe des régions，或"由地区直接组成的欧洲"）。这两个概念并没有非常明确的定义。简单来说，"包含地区的欧洲"是指"地区"层级作为一个层级存在，但其重要性远远低于国家层级，地区和欧盟之间接触的渠道有限；"地区的欧洲"，即在未来设想的欧洲联邦中，民族国家的地位将被次国家政府所取代。② 在一些积极寻求自身民族权力的地区，如英国的苏格兰和威尔士、西班牙的巴斯克和加泰罗尼亚地区、法国的科西嘉、比利时的弗兰芒地区，主张分离的激进主义者大力鼓吹"地区的欧洲"模式。1989 年，德国各州在一体化步伐加快的背景下，也试图用"地区的欧洲"口号来推进自己不那么激进的政治战略。"地区的欧洲"支持者们推动了欧洲地区委员会的建立，并积极推动这一咨询机构被提升为欧盟未来的地区议会，甚至有朝一日能作为地区政府机构参与欧盟立法。但是，上述设想在欧洲实践中受到很大质疑和挑战，欧盟距离"地区的欧洲"的实现还非常遥远。

"地区"与欧盟之间从 20 世纪 80 年代开始建立直接而有效的联系（在某些国家之前甚至并不存在"地区"层级，即使存在，地区层级与欧共体的直接联系也很少）。20 世纪 80 年代和 90 年代初开始，次国家层次（sub-national）开始通过各种渠道直接参与欧盟决策（decision-making）。从 20 世纪 90 年代中期起，"地区"层级参与欧盟决策的职权得到进一步巩固。③ "把一个没有'地区'层级的欧洲转变为一个由'地区'组成的欧洲是一个大胆的尝试。"④ 地方和地区权威在欧洲一体化的过程中已经

---

① 陈志敏：《次国家政府与对外事务》，长征出版社 2001 年版，第 313 页。
② John Loughlin, "Europe of the regions" and the Federalization of Europe, *The Journal of Federalism*, Fall 1996, p. 26.
③ Hooghe, 2001, p. 81.
④ Hooghe, 1996, pp. 88 – 89.

欧盟地区政策研究：改革、效应与治理

变成一个真正合法的、政治的和经济的行为体。① 欧盟与地区间关系日益紧密，二者追求各自利益的合作共赢：一方面，地区通过参与欧盟决策可以更好地实现自身的利益诉求，充分运用欧盟基金来实现自身发展；另一方面，以欧盟地区政策为代表的共同政策的有效实施，需要地区层面的积极参与、配合和执行。

具体而言，各"地区"可以通过以下几种主要渠道来直接参与和影响欧盟决策：②

——欧洲地区委员会。《马斯特里赫特条约》创立了一个与经济和社会委员会并列的欧洲地区委员会。但实际上，这个委员会却因自身的局限而让各地区感到"失望"：地区委员会没有正式的职权；委员会内部存在明显的"南欧""北欧"之间的分裂和差距，斯堪的纳维亚国家与南欧各国在环保、社会、外贸政策等方面都存在较大分歧，难以采取有效一致的立场与欧盟委员会和欧盟理事会交涉；不同地区和地方政府之间、联邦制国家和单一制国家之间也存在地位上的差距，来自联邦体制的区域代表相对更加积极；地区委员会的席位按照国家"配额"（quotas nationaux）分配，使得该委员会的运作显得有些"官僚化"；地区委员会就地区事务向欧洲议会、欧盟部长理事会和欧盟委员会提出意见与报告，但它只有咨询权而无决策权。③

——欧盟（部长）理事会。《马斯特里赫特条约》规定由国家委派的地区层级代表可以在欧盟（部长）理事会代表自己的国家并进行投票。（《马斯特里赫特条约》第146条，《阿姆斯特丹条约》第203条）。但实际上只有比较强势的地区，比如比利时、德国和奥地利的地区，才能在理事会参加代表自己国家的活动。

——欧盟委员会。欧盟委员会在欧盟地区政策实施过程中，不断加强与地区层级的合作，调动地方政府积极参与欧盟事务。（本书的第一部分已

---

① Dehousse, "*Misfits: EU Law and the Transformation of European Governance*", http://www.jeanmonetprogram.org.paper/02/020201/html.

② Hooghe, 2001.

③ Report by Working Group on "*Multi-Level Governance: Linking and Networking the various regional and local levels*" (Group 4c), pilot and Rapporteur: J – C. Leygues, 2001, http://europa.eu.int/comm/regional_policy/consultation/territorial_en.htm.

第七章 "欧洲化"的一个特殊视角：欧盟地区政策影响下的欧洲"地区化"进程

经对此进行了详细论述。）

——独立的次国家办事机构（Bureaux sub-nationaux）。对于拥有强大"地区"层级的国家，地区政府能够在布鲁塞尔行使代表权，比如德国的州（Länder）、比利时的三个地区、奥地利的地区（Länder）以及西班牙的自治社区（communidades autonomas）。而对于"地区"层级处于弱势地位的国家而言，在布鲁塞尔的独立次国家办事机构往往由"地区"层级和"地方"层级混合构成。例如法国在布鲁塞尔的大部分次国家办事机构都直接代表"地区"利益，但也有少数"省"（département）在布鲁塞尔拥有独立的次国家办事机构。英国的地方和地区政府也在布鲁塞尔建立起自己的办事机构。而在斯堪的纳维亚国家，地方政府占据主导地位。总体而言，各地区和地方设立办事机构的主要目的就是与欧盟进行更加通畅的信息交流。当某一个地区政府与中央政府存在重要分歧时，它在欧盟层面建立办事机构、寻求自己利益的需求也就越强。而且，通过在欧盟建立一个办事机构，地区政府更容易在欧盟地区政策基金项目的竞选中胜出。但遗憾的是，多数办事机构都处在一个宪法上的灰色地带（constitutionnellement dans une zone grise）。

——跨国关系网络（Réseaux transnationaux）。欧盟地区政策资源分配是不平均的，这导致地区政府参与程度的不平衡，同时还会引起以下结果：地方和地区政府会跨国界结盟来争取欧盟委员会的预算。当前地方和地区政府跨国界合作可分为三大类：基于地缘关系（如泛阿尔卑斯山区）、基于经济发展高同质性（如巴登区与隆河区）、基于政治立场相同（如巴斯克、北爱尔兰）。

——欧洲区域发展代理协会（European Association of Regional Development Agencies，EURADA）。其成立于1991年12月。20世纪80年代下半段，作为实现统一内部市场的一个结果，一些地区发展机构的领导人感到有必要了解其他领导人正在做什么，于是组建了一个非正式的网络，以便交流经验。该协会很重视与欧盟委员会各部门的对话，也管理具体的项目。活动内容包括：交流区域发展信息，支持公司和培训发展机构管理人员；分析共同体政策的影响；在各发展机构之间开展合作项目；促进当地和区域经济发展领域的创新；传播有关信息，增强对共同体政策在地区经济发展中成功实践的了解；管理欧盟委员会的合作项目。

当然，以上渠道并不能涵盖地区和地方与欧盟之间关系的所有通道。实际上，欧盟各成员国还纷纷在国内建立了欧洲政策协调机制，在制定本国欧洲政策时征询地区政府的意见，这样就形成地区与欧盟联系的"国内渠道"。"国内渠道依然是各国（特别是绝大多数单一制国家）地区政府影响欧盟政策的最经常和最重要的渠道。"不过，"在较为中央集权的国家中，地区和地方政府在对本国欧洲政策的影响上依然有限"。[①]

总体而言，上面提到的各种渠道都具有很大的有限性，"地区"和欧盟之间的关系仍然比较薄弱和"表面化"，欧盟决策仍然主要由国家层面的各成员国协商做出。但是，在政策塑造阶段，欧盟委员会具有设定议程的权力，而地区和地方政府也有参与和提供信息的机会；但到了政策制定阶段，则由成员国的中央政府扮演关键性角色，欧盟委员会或许因成员国相持不下而有仲裁的空间，但区域和地方政府则几乎没有影响力；在政策执行阶段，区域和地方政府的影响力是最大的。于是有学者坚持认为当前欧洲只是一个"包含地区的欧洲"。"国家并没有从欧洲版图上消失。相对于欧盟层面以及跨国层面而言，国家仍然具有更加实质性的权力；民族国家并没有被欧洲主权所取代。"[②] 欧洲学者马克斯认为，今天的欧洲最多是一个"有地区的欧洲"，如果考虑到各国地区在欧盟政治中的不同地位和影响，甚至还只能说是一个"有一些地区的欧洲"。[③]

综上所述，地区层级并不能取代或者根本削弱原有的国家层级，欧洲也未能完全成为"地区的欧洲"。实际上，这种"地区的欧洲"或"有地区的欧洲"之间的争论忽视了一个重要事实，那就是欧盟、国家和地区层级之间实际上是相互补充的关系，而不完全是相互竞争或替代的关系。这种关系可以形容为一种"多层级治理"的关系。下面，作者将从理论和实践两个层面，以欧盟地区政策为载体，对"多层级治理"模式进行详细探讨。

[①] 陈志敏：《次国家政府与对外事务》，长征出版社2001年版，第302页。
[②] Hooghe, 1996, p. 21.
[③] Gary Marks, Francois Nielsen, Leonard Ray and Jane Salk (1996), Competencies, Cracks and Conflicts: Regional Molization in the European Union, in Gary Marks, Frit W. Scharpt, Philippe Schmiter and Woltgang Streack (eds.), *Governance in the European Union*, London: Sage Publications. p. 63.

第八章 欧洲一体化理论谱系中的"多层级治理"

欧洲一体化是地区主义[①]（区域主义）发展的典型代表，对其进行各个角度和层面的研究具有重要的理论和现实意义。

欧洲一体化理论的产生与发展大致经历了三个阶段：20世纪50年代的规范探索阶段（功能主义、联邦主义和沟通理论），20世纪六七十年代的深化与曲折阶段（新功能主义、政府间主义、国内政治方法）和20世纪80年代以来的"理论混合"阶段（新功能主义、自由政府间主义、欧盟政治与治理）。[②] 本章的论述并不完全按照上述几个阶段的划分展开，而是选取欧洲一体化理论中的主流理论作为研究重点，按照它们之间的"理论论争""理论混合"以及"理论超越"三个逻辑层次展开。最终，作者的目的是通过对欧洲一体化主流理论的梳理，找出"多层级治理"理论在该理论谱系中的地位。

一、"理论论争"

纵观欧洲一体化理论的整个发展进程，新功能主义理论和政府间主义理论占有最重要的地位，成为解释欧洲一体化进程的主流理论。新功能主

[①] 地区主义（或区域主义）是国际关系中的一个重要现象。在国际经济学中，地区主义被通常看作地区经济一体化（或区域经济一体化），也就是单个民族经济在制度上结合为更大的经济集团或共同体。在国际关系中，地区主义界定涉及的范围更广，囊括了较为广泛的地区合作安排、地区制度的建立以及更深层次的政治一体化现象。综合来看，国际关系中的地区主义，一方面是指一种信仰，这种信仰坚持地区层次的安排是实现国家利益的最有效方法；另一方面是指世界政治中的地区国家之间的跨国交往与合作现象。地区主义被纳入国际关系视角，出现在第二次世界大战后期。

[②] 也可以这样理解，如同一般社会科学理论的发展一样，欧洲一体化理论的发展也经历了一个规范、实证与混合的过程：早期的联邦主义和功能主义很大程度上属于规范理论；随着一体化的形成与发展，实证主义理论解释出现了，最初是自由主义的新功能主义理论占主流，后来又有了与之相对立的以现实主义为基础的政府间主义；到20世纪80年代，欧洲一体化理论进入理论混合的阶段。本书采用"混合"而非"综合"与"融合"，是因为作者认为不同理论阵营之间终究有不着无法"通约"的根本区别。"融合"的表述则有抹杀这种区别的嫌疑，是过于乐观的表达。"综合"的表述比较接近作者的意思，但过于一般化。

义是第一个纯粹以欧洲一体化为研究对象的理论。在一定时期内，很多学者把新功能主义理论直接等同于欧洲一体化理论，新功能主义理论几乎一度成为欧洲一体化的官方哲学。但是，20世纪六七十年代欧共体的实践中出现了新功能主义理论无法解释的曲折，这就导致政府间主义理论的兴起。此后，新功能主义理论和政府间主义理论之间的论争几乎主导了欧洲一体化理论的整个发展过程。本章第一节将对新旧功能主义、政府间主义与自由政府间主义的观点进行介绍和比较分析，并寻找和总结出它们之间相互争论和彼此批判的理论要点。

二、"理论混合"

欧洲一体化本身是一种非常复杂的进程，仅仅由一种或几种理论不可能进行全面的解释，因此各种理论之间的相互借鉴与融合——也就是本书所说的"理论混合"——便成为必然的趋势。从1979年欧洲货币体系的建立到1986年《单一欧洲法令》的签订，都激起欧洲一体化理论的探讨热潮。从这时起，欧洲一体化为各种理论在坚持各自阵营的一些基本立场的同时，又吸收借鉴了对方的一些理论优点，因而阵营之间的界限不像以前那么明显了，出现了"理论混合"的趋向：（1）超国家主义的新功能主义和联邦主义与其他理论结合起来对欧洲新进程进行解释；（2）与此同时，在20世纪80年代的理性选择理论、集体行动理论和国际政治经济学的影响下，政府间主义就发展到自由政府间主义；（3）综合运用国际关系和国内政治的方法来对欧洲一体化现象进行解释等。本章第二节主要对新旧功能主义和政府间主义之间相互的"理论混合"展开论述，但同时也把视野放宽到整个国际关系理论界的"理论混合"，以及国际关系理论与非国际关系理论之间的"理论混合"。

三、"理论超越"

在本章第三节，作者将从国际关系理论内部（批判理论）和外部（比较政治学）两个方面，对有关"理论超越"的尝试进行分析。其中，在欧盟性质与公共政策研究中，有两种基本的比较政治学方法：一是强调制度的重要性；一是关注个人、集团和政府的行为，体现的是理性主义和多元主义的方法。其中，多元主义方法强调社会和经济集团在塑造政治后果中的重要性，形成"多层级治理"理论和政策网络理论。最后，作者将在本章第四节对"多层级治理"理论及其在欧盟地区政策的实践进行详细论述。

第一节 欧洲一体化主流理论的"理论论争"

一、新旧功能主义

1. （旧）功能主义的产生与基本观点

功能主义作为国际关系理论的一部分，已经有近80年的历史了。1943年，欧洲学者戴维·米特兰尼（Darid Mitrany）在其《一个有效的和平体系》一书中为国际一体化提出一种"功能化选择"（functional alternative），因而人们通常把作作为功能方法的创始人。许多后来被称为新功能主义的学者，把戴维·米特兰尼的观念看作他们思考国家一体化特别是西欧一体化的起点。严格来说，功能主义最初的关注基本上是创立一个和平稳定的世界秩序，后来才被看作是与建立像欧洲联盟和联合国这样的国际组织相关的理论。直到以厄恩斯特·哈斯（Ernt B. Haas）为代表的新功能主义出台，才真正对功能主义进行了界定，并将其发展成一种系统的欧洲一体化理论。米特兰尼的理论是建立在对三个方面的事物进行批判的基础上的：

首先，米特兰尼的国际秩序观念体现在他对国际联盟[①]的批评和对19世纪以来功能性国际组织成功的认同这两方面。他认为国际联盟失败主要是因为其抱负太大，它试图把存在众多多元性的各个国家组织在统一的秩序当中。而与此同时，万国邮政联盟、国际电报联盟、国际海底组织和国际劳工组织的创立和运行，恰恰体现了功能性地位的重要性。国际联盟的失败与功能性组织的成功使米特兰尼认为国际关系的重要趋势是朝着更大

---

① 国际联盟（League of Nations），简称"国联"，是《凡尔赛条约》签订后组成的国际组织，成立于1920年1月10日，解放于1946年4月。1934年9月28日至1935年2月23日处于高峰时期，曾拥有58个成员国。

的功能性国际组织迈进[1];

其次,在国家层次,米特兰尼认为旧形式的国家正在被一种确保人们福利条件需要(或积极权利)的福利国家所代替,现代政府已经从保护个人权利的宪法的保护者,转变为社会服务的便利者、组织者和提供者。伴随这种治理性质转型而来的推论便是国际和国内政府区别的衰落。这种变化带来了"从权力政治(power politics)到一种功能的秩序(functional order)的变化"。[2] 本质上,功能主义寻求替代传统的由民族国家组成的秩序。[3]

最后,米特兰尼对功能主义可行性的探讨,很大程度上是建立在对联邦主义的批评上的。英国学者马丁·格里菲斯(Martin Griffiths)就指出,米特兰尼的贡献在于他用"功能—社会学"的方法取代联邦主义的"政治—宪法"的方法。[4] 联邦主义者的立论基础是成文宪法和公约能起规范和约束作用。但米特兰尼认为,联邦迄今仍是国家的联邦,而从民族国家到国际组织的跳跃,比从省(邦、州)级单位向国家联邦的跳跃,要冒更大的风险;我们并不能把一个运转得好的制度,简单地移植到另一个像世界政府这样大得多,而且复杂得多的领域。现实世界中,由于人们对宪法和公约的轻视,以及难以割断的民族主义,世界政府是很难建立的。而随着国际活动及其代理机构网络的扩展,一种功能的途径将会克服政治分歧,所有国家的利益和社会将会逐渐走向一体化。[5]

通过以上三个方面的批评,米特兰尼构建了他的以福利需求为理论基础的功能方法,主要表现在三个方面:

首先,福利需求是功能方法的理论基础。功能主义认为,随着福利国

---

[1] David Long and Lucian M. Ashworth, Working for Peace: the Functional Approach, Functionalism and Beyond, in Lucian M. Ashworth and David Long (eds.), *New Perspective on International Functionlism*, Macmillan Press, Ltd., 1999, p. 7.

[2] David Mitrany, *A Working Peace System*, Chicago: Quadrangle Books, 1966, p. 39; David Long and Lucian M. Ashworth, Working for Peace: the Functional Approach, Functionalism and Beyond, in Lucian M. Ashworth and David Long (eds.), *New Perspective on International Functionlism*, Macmillan Press, Ltd., 1999, p. 4.

[3] 肖欢容:《地区主义:理论的历史演进》,北京广播学院出版社2004年版,第44页。

[4] Martin Griffiths, *Fifty Key Thinkers in International Relations*, Routledge, 1999, p. 191.

[5] David Mitrany, *A Working Peace System*, p. 79;肖欢容:《地区主义:理论的历史演进》,北京广播学院出版社2004年版,第45页。

第八章 欧洲一体化理论谱系中的"多层级治理"

家的出现，国家不仅保护个人和集体的权利，而且被要求最有效地满足需要。而在一个高度相互依赖的世界社会中，某些社会和经济问题不是单个的民族国家力量所能完全解决的，因此要求单一功能性质的组织来解决。随着这些特定功能组织的作用和数量的增长，国家体系将逐渐消失。正如米特兰尼所说的：(功能主义是一种方法) 它将……通过日益扩展的国际行动与机构的网络来覆盖 (overlay) 政治上的分野，借此方式，所有国家的利益和生活将逐渐一体化。"① 米特兰尼的理论与现实主义截然相反，认为福利国家时代的外交政策受决定国内政治社会的社会福利目标的影响，而现实主义强调国际国内政治的根本不同。米特兰尼认为，福利国家的发展使国际合作成为一种需要，也使国家的国际国内行为的界限变得模糊。②

其次，功能方法具有协调性质。米特兰尼认为，功能主义的方法能够有效地发展和协调政府的社会功能。功能组织的形成是一种自然的扩展过程，它主要依赖包括精英和非精英在内的个体的能力，并把国际制度的理性需要看作是解决相互关系和相互依赖性质问题的手段。人们一旦认识到日益增长的获益，以及地区或全球问题解决者具有更大的能力和效率，就会产生用其他特定功能性组织解决其他问题的要求。

第三，最终的世界是一个由功能组织和民族国家共同组成的网络性社会。米特兰尼并不设想国家将被综合性地区组织或全球组织替代，他所设想的世界是一个由许多重叠的、非一致的国际功能性组织和领土国家组成的世界。③

在欧洲一体化背景下，功能主义成为旧的联邦主义传统的一种理论替代。对后来的国际关系研究具有重要的指导意义。比如新功能主义就直接来源于它，而其他关于国际组织和国际关系的理论与功能主义也有思想上

---

① David Mitrany, A Working Peace System, pp. 9 – 14; 肖欢容：《地区主义：理论的历史演进》，北京广播学院出版社 2004 年版，第 45 页。
② David Long and Lucian M. Ashworth, Working for Peace: the Functional Approach, Functionalism and Beyond, in Lucian M. Ashworth and David Long (eds.), New Perspective on International Functionlism, Macmillan Press, Ltd., 1999, p. 6.
③ 肖欢容：《地区主义：理论的历史演进》，北京广播学院出版社 2004 年版，第 50 页。

的联系,包括相互依赖理论、国际社会观念、制度理论和建构主义等。[1] 功能方法代表着一种走向现代全球政治的广泛的理论方向,国际组织和一体化仅是这种理论方法一部分议程的体现,其他的议程还包括将非传统的事务引入国际政治,如科学和技术标准、国际水资源和空间合作等。同样重要的是,功能方法不仅关注国家,而且关注非政府组织、社会运动和正在出现的全球市民社会以及全球治理。[2]

2. 新功能主义的发展与基本观点

新功能主义是第一个真正意义上的欧洲地区主义理论。[3] 它是在美国的政治科学的行为主义革命中产生的,与早期的政治科学强调对制度与宪法的关注不同,行为科学强调对政治行为的分析,要求研究政治过程。正是在这样的背景下,功能主义被厄恩斯特·哈斯等用来解释欧洲经济共同体,并提炼成欧洲一体化的理论,即新功能主义。功能主义是新功能主义的直接理论来源,它们有许多共同点,比如它们都承认人类需要或公众福利的优先性,[4] 但却在一体化所达到的最终状态和一体化过程中的"学习"等方面存在不同。

厄恩斯特·哈斯对功能主义的批判是从米特兰尼的理论起点——关于人类社会的基本假设——入手的。在米特兰尼看来,人类社会本质上是和谐的,因为对大多数人来说,物质需要处于第一位,而满足需要的任务是大家共同面临的,因而为了需要的满足而进行合作是非常自然的事,世界的分化是民族主义兴起、民族国家成为主要国际政治单位之后的事情,政治成了万恶之源。而厄恩斯特·哈斯认为,人类社会并不是天生和谐的,行为体之间在利益上的分歧和冲突才是人类社会的本质。在这里,厄恩斯特·哈斯在描述人类社会本质状态时,在词汇的选择上有一个从"需要"到"利益"的转换。于是,功能主义的一体化是出于技术管理的需要而自发产生的,新功能主义的一体化则是利益主体追求自身利益而有意发起和

---

[1] Paul Taylor, Functionalism: The Approach of David Mitrany, in A. J. R. Groom and Paul Taylor (eds.), *Framework for International Cooperation*, St. Martin's Press, 1990, p. 125.
[2] 肖欢容:《地区主义:理论的历史演进》,北京广播学院出版社 2004 年版,第 53 页。
[3] 肖欢容:《地区主义:理论的历史演进》,北京广播学院出版社 2004 年版,第 66 页。
[4] 陈玉刚:《国家与超国家:欧洲一体化理论比较研究》,上海人民出版社 2001 年版,第 119 页。

第八章 欧洲一体化理论谱系中的"多层级治理"

实行的。①

与功能主义相比,新功能主义另一个显著的特点是将政治纳入地区一体化。在米特兰尼看来,所有功能性组织都会导向一体化,至于一体化的最终状态是什么样子并不重要,重要的是这个过程本身。而厄恩斯特·哈斯则坚信,把自己限定于技术性、功能性的国际组织是完不成一体化任务的。他承认一些政治事务和技术性任务是可以分离的,但是如果因此就认为权力和福利是可以分家的,那就大错特错了。在现代社会,"经济和政治已经变得互相交融"。②

新功能主义较之功能主义取得一定的进步,它的贡献主要体现在三个方面:第一,方法论的重新定位。新功能主义可以看作是地区一体化的社会科学观念的表述与系统化。新功能主义混合了利益集团理论、系统论和经济学。第二,新功能主义试图将背景条件、过程条件和结果条件纳入一个统一的理论模式之中(当然,有些学者并不完全认同这一点,比如政府间主义的代表霍夫曼就批评新功能主义"过于强调过程而忽略了背景")。作为一种理论,它体现了一种部分如何整合成整体的综合解释,超越了传统的国内国际政治两分法,提供了一种与现实主义相对的新范式。第三,新功能主义认识到超国家制度的重要性,并试图提供一种政治理论。③

归纳起来,厄恩斯特·哈斯新功能主义新功能主义的三点主要的逻辑内容是:④

第一,经济与政治的"相对"区分关系。米特兰尼的功能主义强调对政治性和功能性的"划分"(当然,米特兰尼也并非刻意将技术与政治分离,他只是寻求文化特别是民族主义在政治决策中作用的最小化,因而引出政府过程中的技术层面⑤),以及通过建立国际层次的功能性组织来取

---

① 陈玉刚:《国家与超国家:欧洲一体化理论比较研究》,上海人民出版社2001年版,第33—34页。

② Ernst B. Haas, *The Uniting of Europe: Political, Social, and Economic Forces 1950 – 1957*, Stanford University Press (Stanford, California) 1958 and 1968, Authors's Preface 1968, p. XX.

③ 肖欢容:《地区主义:理论的历史演进》,北京广播学院出版社2004年版,第83页。

④ 肖欢容:《地区主义:理论的历史演进》,北京广播学院出版社2004年版,第70—74页。

⑤ David Long and Lucian M. Ashworth, Working for Peace: the Functional Approach, Functionalism and Beyond, in Lucian M. Ashworth and David Long (eds.), *New Perspective on International Functionlism*, Macmillan Press, Ltd., 1999, p. 8.

代民族国家权力的假定。新功能主义首先拒绝了这种假定,厄恩斯特·哈斯指出:"政治权利和经济福利是难以分割的。任何经济福利活动的承诺,都产自基于权力考虑基础之上的政治决定的范围。特定的功能层次不可能离开普遍的关注。总体的经济决策必须先于功能主义者描述的任何具体的功能部门的演进。政治与技术、政治家与专家之间并不存在截然的区分,因为事务性的决策是建立在先前的政治决策基础上的。"[1]

第二,行为体的多元主义观。新功能主义考虑的行为体不是国家,而是集团(包括政治政党、利益集团)和政府,并且认为这些行为体是在一个多元主义的环境中追求自己的利益。多元主义强调,社会内部出现的社会集团都具有真正的人格属性,社会中利益多样性的存在导致了这些集团的出现。政治就是不同集团之间的竞争,这些竞争进而影响政策决策及政策后果。国家屈从于这些集团之间的竞争性要求。由此,新功能主义设想将国家层次的多元主义政治移植到超国家层次。新功能主义假设,一体化形成的共同体具有国内政治体系的特点,现代欧洲因其工业化、多元主义和官僚政治的性质,将不可避免地确保利益集团的存在。在利益集团发挥作用的同时,一体化进程中的权威日益受到限制,各个政府不得不调整它们的行为以适应新情况。

第三,行为体与超国家制度的互动。共同体的制度与传统的政府间国际组织的制度存在本质上的不同。这种新的地区层次的超国家制度,要求与社会利益集团直接接近,从而把一体化的过程与成员国国内政治过程联系起来。一方面,一体化过程中的获益促使地方利益集团游说它们的政府支持一体化,最终导致国家层次行为者愿意接受谈判一体化协定,并向地区制度让出必要的主权;另一方面,地区层次需要一种新的机制来代替传统的国家作用模式,由此产生一体化过程与结果。

以上探讨的是新功能主义的理论逻辑内容,那么新功能主义又是怎样解释一体化动态发展路径的呢?对此,厄恩斯特·哈斯提出"学习"、"外溢"和"效忠转移"三个假说来进行解释。

(1)学习。认为学习包括三个方面的意思:第一,为了更好地进行一

---

[1] Ernst B. Haas, *Beyond the Nation-State: Functionalism and International Organization*, Stanford: University Press, 1964, p. 23.

第八章　欧洲一体化理论谱系中的"多层级治理"

体化，参与者在制度、任务或其他方面扩展它们的组织。"行为体认识到它们的利益通过采取新的途径将会更好地得以实现，而这些途径又包含对更大组织的承诺，这时学习对一体化的作用就体现出来了。"第二，行为体在一体化过程中以一种新的方式来认识它们的利益和福利。第三，新的规则出现在一体化实践中。①

（2）外溢。外溢是新功能主义的核心概念。新功能主义的外溢大致可以分为功能（部门）外溢、政治外溢（养成外溢）或地理外溢三类：

厄恩斯特·哈斯认为，功能（部门）外溢是指"某一经济部门一体化的产生和深化，将使该部门和其他经济部门产生更大程度一体化的压力，而在欧洲层次则产生更大权威能力"。②而林德伯格把外溢界定为"与某种特定目标相关的特定行动产生的一种新的情形，这种情形导致最初的目标只有在进一步的行动之下才能得以实现，由此产生进一步行动的条件和更多行动的需要"。③这个术语通常应用于更狭隘的过程分析之中，是指特定政策领域的一体化外溢，导致在另外的政策领域产生一体化影响。

政治外溢是指在超国家制度行为的影响下，国家精英的利益和期望趋同。功能的外溢过程产生了直接从更高的权威层次进行协调的要求，由此导致政治外溢过程。这将导致效忠的转移和政治精英政治行为即赞成或反对新的超国家政策的改变。如果精英赞成新的超国家政策，那么这一政治外溢可以称作"养成外溢"，即在新的制度背景下，高级权威的行动提高了各方面的共同利益，新的共同利益使各方更加赞成进一步一体化。

地理外溢是这样的情形：一组成员国之间的合作，很可能对非成员国有某些影响，反过来，这些非成员国的反应可能影响一体化的进程。比如在欧洲经济共同体发展的影响下，1957年英国政府终于意识到与欧洲经济共同体进行合作的必要性。在这种情况下，厄恩斯特·哈斯认为出现了

---

① Ernst B. Haas, *Beyond the Nation-State: Functionalism and International Organization*, Stanford University Press, 1964. p. 48.

② Ernst B. Haas, *The Uniting of Europe: Political, Social, and Economic Forces 1950 – 1957*, Stanford University Press, pp. 283 – 317.

③ Leon N. Lindberg and Stuart Scheingold, *Europe's World-Be Polity: Patterns of Change in the European Community*, Englewood Cliffs, 1970. p. 117.

地理上的外溢。①

（3）效忠转移。厄恩斯特·哈斯认为，政治一体化是"几个不同国家背景下的政治行为体，被说服把它们的效忠、期望和政治活动转移到一个新的中心的过程，这个中心拥有或要求拥有高于现存国家的管辖权"。② 厄恩斯特·哈斯认识到："随着一体化进程的继续发展，价值将发生改变。利益将根据地区，而不是单纯地以国家为基础重新进行界定；从前的各个国家集团的价值，将逐渐被新的更大地理范围的信仰体系取代。"③ 厄恩斯特·哈斯认为，政治精英的效忠将向超国家机构转移，他们的预期和政治行为的趋同，将强化发展新的政治共同体的动力。这一过程就是通常所指的政治外溢。④

二、从政府间主义到自由政府间主义

1. 政府间主义的主要观点

在欧洲一体化理论的发展进程中，政府间主义是与功能主义相对应而产生的一种理论流派，它的出现开启了新旧功能主义与政府间主义之间长期的争论。从20世纪60年代初期起，戴高乐从维护法国国家利益出发，强调建设民族国家的欧洲，坚决反对欧共体超国家倾向的发展。法国坚决主张走政府间合作的立场，最终引发了1965年的"空椅子危机"和1966年的"卢森堡妥协"，反映了共同体国家从超国家主义立场上的后退。⑤ 欧洲共同体发展的这种曲折是功能主义理论无法解释的，也是政府间主义出现的现实诱因。

政府间主义是现实主义对欧洲一体化发展的理论回应，现实主义对一体化的系统阐述是从斯坦利·霍夫曼（Stanly Hoffmann）开始的。霍夫曼

---

① Ernst Haas, *The Uniting of Europe: Political, Social, and Economic Forces 1950 – 1957*, pp. 314 – 317.
② 肖欢容：《地区主义：理论的历史演进》，北京广播学院出版社2004年版，第79页。
③ Ernst Haas, *The Uniting of Europe: Political, Social, and Economic Forces 1950 – 1957*, p. 13.
④ Ernst Haas, *The Uniting of Europe: Political, Social, and Economic Forces 1950 – 1957*, p. 297.
⑤ W. Nicholl, The Luxembourg Compromise, *Journal of Common Market Studies*, Vol. 23：1984, pp. 35 – 43.

第八章　欧洲一体化理论谱系中的"多层级治理"

认识到国际社会的重要变化对民族国家构成强大挑战，但是他依然认为民族国家在战后欧洲一体化过程中发挥重要作用。他的主要观点体现在以下四个方面：

第一，强调国际体系（外部因素）对一体化的作用。霍夫曼认为，新功能主义最重要的失误在于没有将一体化置于它们的历史背景之中进行考察，过于强调过程而忽略了背景。在任何国际体系中，多样性都是在国家内部压力和所处的国际环境的双重条件下产生的。正是在这种双重压力下，国家产生离心倾向，由此导致国家的利益分散而非趋同。如果一体化不合乎它们的国家利益，各国政府就会阻止这一过程。这就有助于解释一体化不能向前发展的原因。

第二，民族国家仍然是一体化过程中的主要行为者。霍夫曼强调，民族国家仍然是当代国际政治行为的主要施动者、当代国际体系的主要建构者，这是国际政治的现实情况决定的。[①] 世界基本上仍处于无政府状态，国家也处于"冲撞和摩擦"之中。新功能主义无法解释关键性的、涉及主权领域的高级政治合作。霍夫曼批评一体化逻辑低估了民族国家多样化的现实，忽视了民族国家的自主性逻辑，指出战后欧洲一体化与多样化、一体化逻辑与自主性逻辑共存的现实。

第三，高阶政治与低阶政治的区分。为了解释为什么一体化在某些技术性领域能够成功，而涉及政治自主和国家认同等有利害关系的问题则产生冲突的现象，霍夫曼引入了"高阶政治"与"低阶政治"这两个重要概念。他认为，一方面，在国家政治行为自主的高阶政治领域，一体化是无法介入的；另一方面，政府又随时准备在低阶政治领域进行合作。在低阶政治领域，社会交往就可以形成规范与制度。[②]

本质上说，霍夫曼的政府间主义属于现实主义的理论范畴，但是它同时又有超越现实主义的地方。霍夫曼除了坚持现实主义的国家利益优先性观点之外，还强调利益的国内基础。他偏离了现实主义关于国家是理性的统一行为者、国内政治不重要的观点，以致后来有的学者把霍夫曼看作是

[①] Stanly Hoffmann, *Obstinate or Obsolete? The Fate of the Nation-State and the Case of Western Europe*, Daedalus, 1966, p. 863.

[②] Stanly Hoffmann, *Obstinate or Obsolete? The Fate of the Nation-State and the Case of Western Europe*, Daedalus, 1966, p. 882.

一体化国内政治理论方法的先驱。

霍夫曼的理论作为第一个对欧洲一体化做出反应的现实主义理论，构筑了一套相对完整的理论体系，对国际关系理论的发展具有重要意义。但是，他的理论并不完全令人满意，随着一体化实践的发展，政府间主义也不得不做出适度的调整，由此发展为自由政府间主义。

2. 自由政府间主义的发展

1985 年提出的建立欧洲统一市场的白皮书和 1986 年通过的《欧洲单一市场法案》，标志着欧洲一体化进入了一个新的阶段。长久以来的新功能主义和政府间主义之间的争论也重新被激活。一方面，新功能主义代表的超国家主义复活，并且不再坚持原有理论能够对一体化进行独立解释的立场，而是综合采用多种方法进行理论阐释；而与此同时，现实主义也取得一些进展：在 20 世纪 80 年代的理性选择理论、集体行动理论和国际政治经济学的影响下，现实主义理论发展到一个新的阶段，即哈佛大学安德鲁·穆拉维斯克（Andrew Moravcsik）教授创立的、由政府间主义发展而来的自由政府间主义。[1]

穆拉维斯克认为一体化主要是由国家偏好的形成、国际间谈判和制度的选择这三个阶段组成的。这三个阶段就是他的理性主义三重组合框架：

第一，国家偏好的形成。国家偏好是解释国际谈判后果的第一个变量。国家偏好是由安全利益（地缘政治和意识形态）与政治经济利益营造的，是由国内不同集团的竞争形成的。各国政府在认识到通过国际协议而采取集体行动，比单边行动更能实现国家偏好的时候，各国将选择国际合作。[2] 一体化是国家偏好融合的结果，反映了国家在谈判过程中相对实力决定的分配结果。

第二，国家间谈判。在国家偏好的形成中，政府的经济利益是由内部

---

[1] 1991 年，穆拉维斯克在《国际组织》杂志上发表《欧洲单一法案的谈判：国家利益与欧共体内日常管理》，通过经验验证提出政府间制度主义（注释）的方法，这是他对欧洲一体化的系统解释的最初成果。经过几年的自我发展与其他学派的论战，他又于 1998 年推出《欧洲的选择：从莫西拿到马斯特里赫特的社会目标和国家力量》一书，从而将自由政府间主义理论方法与经验验证系统化。

[2] Andrew Moravcsik, *The Choice of Europe: Social Purpose ands State Power from Messia to Maastricht*, Cornell University Press, 1998, p. 36.

第八章　欧洲一体化理论谱系中的"多层级治理"

利益集团竞争形成的，国家并不是一个统一的行为体。而在国家间的谈判中，单个国家又成了统一的理性行为体。前者反映了穆拉维斯克多元的自由主义的立场，而后者又使他回到现实主义的立场。欧洲一体化发展变化的进程，就是欧共体成员国之间谈判的结果。他把欧洲一体化看成是通过五次里程碑式的谈判形成的：1957年的《罗马条约》、20世纪60年代的"共同农业政策"（CAP，Common Agriculture Policy）、1978—1979年的"欧洲货币体系"（EMS，European Monetary System）、1985—1986年的《单一市场法案》（SEA，Single European Act）和1991年的《马斯特里赫特条约》。[①]

穆拉维斯克分析了影响国家间谈判结果的因素，提出分析国家谈判的三个假设：第一，国家间的谈判是自愿的、非强迫性的；第二，在欧共体成员国之间的谈判环境中，信息是充足的，谈判的交易成本低；第三，由于不对称相互依赖的存在，利益的分配反映了国家间谈判的相对实力。从这三条可以看出，穆拉维斯克还是坚持国家相对实力的重要性的。

第三，制度的选择。为了确保其他国家会遵守承诺，各国选择了一定的国际制度来执行它们达成的协议。制度的选择有两种方式：委托（delegate）和共享（pool）国家主权。各国政府同意通过投票程序而非一致同意来决定未来的事务时，是主权共享的情况；超国家行为体被允许采取某种程度的自主决策，进行没有干预性的政府间投票或单边否决时，是主权被委托的情况。无论是共享还是委托国家主权，穆拉维斯克坚持认为，制度创新完全是在国家的精心策划和小心控制之下进行的。[②] 另外，穆拉维斯克还认为，超国家制度对共同体的作用还在于，它首先通过在布鲁塞尔谈判达成的协定向国内集团施加影响，帮助成员国政府摆脱国内的反对力量，给予成员国政府政策以更大的国内政治合法性和更大的国内议程安排的权力。因此，共同体制度既有助于国家间博弈，也有利于政府和国内力量之间的博弈。[③]

[①] Andrew Moravcsik, *The Choice of Europe: Social Purpose ands State Power from Messia to Maastricht*, Cornell University Press, 1998, p.18.

[②] Andrew Moravcsik, *The Choice of Europe: Social Purpose ands State Power from Messia to Maastricht*, Cornell University Press, 1998, p.67.

[③] 肖欢容：《地区主义：理论的历史演进》，北京广播学院出版社2004年版，第142页。

三、欧洲一体化主流理论之间的相互批评与论争

1. 新旧功能主义所受的批评及其理论局限性

随着欧洲一体化实践的发展，曾经主导20世纪50—70年代的新功能主义理论，在70年代中期很快失去吸引力。这有很多的原因可以解释：第一，在70年代中期，欧洲一体化进程趋于停顿，导致一体化的发展无法支持功能理论。第二，外溢理论需要进一步详细阐述。外溢被人们批评为一种直线的、不能停顿的一体化道路，这在现实中是不可能的，它需要在考虑不同的一体化压力与影响因素中扩展与修正。当然，对新功能主义批评最直接、最有力的是20世纪60年代霍夫曼的政府间主义和80年代穆拉维斯克的自由政府间主义。霍夫曼的政府间主义在很大程度上是通过对新功能主义理论的批评建构的，他的批评主要体现在三个方面：

第一，对外溢逻辑的批评。霍夫曼认为新功能主义的外溢观念不过是无法证明的推论和误导。外溢本身有其技术性问题："整个外溢进程就像一种信用操作：'你和我今天都要接受一项给我们的收益要比我们的预期少的协定，因为我们都期待今天的让步将换得明天其他问题上的回报'。最后，总算账的一天必然会到来，那时信用都已经耗尽。"[①]

第二，对功能联系的批评。霍夫曼认为功能性联系并不像新功能主义所宣称的那样是决定性因素。他认为国家利益仍然是国家行为考虑的核心，在一体化作为一种正数和（positive-sum）合作游戏的情况下，一体化可能会呈现出新功能主义所预测的直线前进的现象；而当这种正数和并不确定，成员国得为此冒很大风险时，一体化就可能会停顿甚至返溢（spill-back）。

第三，对国际国内联系的批评。霍夫曼认为，新功能主义特别是超国家主义，完全扭曲了国内和国际政治生活的事实对地区一体化过程的解释又忽略了文化和政治分歧以及特定历史认同的持久影响。欧洲的政治在未来仍需克服几个世纪以来的民族分野问题。[②]

自由政府间主义也是建立在对新功能主义解释的批评基础上的。20

---

① Stanly Hoffmann, The European Process at Atlantic Cross-purposes, *Journal of Common Market Studies*, Vol. 3, 1964, p. 88.

② Stanly Hoffmann, *Obstinate or Obsolete?*, p. 910.

第八章 欧洲一体化理论谱系中的"多层级治理"

世纪80年代，新功能主义复活的标志性作品是美国学者维恩·桑德豪尔兹（Wayne Sandholtz）和约翰·齐斯曼（John Zysman）于1989年发表的《1992年：重新开始的欧洲谈判》一文。他们认为，欧洲共同体的新进程在于三个超国家因素的作用：它们分别是来自欧共体机构尤其是欧洲议会和法院的压力；跨国家利益集团的游说活动；欧共体委员会的作用。穆拉维斯克指出，桑德豪尔兹和齐斯曼的这种超国家主义解释实际上不能说明《欧洲单一市场法案》的谈判过程，认为这个法案是英、法、德三个最强大的成员国领导人谈判的结果。穆拉维斯克认为，一体化并未超越或包抄国家领导人的政治意志，而是反映了他们的意志；一体化也非制度主义宣称的那样，是最初决策的意料之外的结果，而是国家的有意选择；厄恩斯特·哈斯所强调的超国家的领导艺术，在政府谈判中没有发挥多大的作用，在一体化进程中起决定作用的是经济利益。

有学者认为，新功能主义的理论局限性主要体现在以下几个方面：第一，它的预测性与科学性不足。达菲（Charles A. Dduffy）和费尔德（Werner J. Feld）就指出厄恩斯特·哈斯提出了复杂的变量，导致距离理论的预测功能更远而不是更近。第二，对外部因素和行为体考虑过少。最初，新功能主义者忽视外部行为者或外部事件的作用。到1966年危机后，外部行为者的作用才开始纳入新功能主义者的视野。后来新功能主义者更把外部行为者的作用看作是地区一体化产生和持续发展的关键变量。第三，在一体化的主要行为者方面，新功能主义者也不存在持续一致的观点。新功能主义最初的理论强调利益优先与压力集团、精英和超国家技术专家在其地区背景下的互动，很少注意到超国家机构与政府间机构决策能力之间的平衡。随后，他们开始关注起国家机构的权威与合法性问题，并认为其相较于民族国家而言合法性较低。[①]

詹姆斯·多尔蒂和小罗伯特·普法尔茨格拉夫也在其《争论中的国际关系理论》中这样批评新（旧）功能主义自身逻辑的局限性：第一，即使可能，我们也难以把经济和社会任务同政治任务截然分开；第二，各国政府通常不愿意让国际权威机构处理有损于自身政治特权的任务。新旧功

[①] Enrst Haas, *The Obsolescence of Regional Integration Theory*, Berkeley: Institute of International Studies, University of California, 1975, p. 31.

能主义的利益自决说的缺陷在于它假设了利益的跨国整合是可以把民族国家这种已经存在了几百年的组织形式搁置一边的过程。而事实上，民族国家并非利益跨国互动中的消极被动者，它可以促进也可以阻止利益的跨国互动；[1] 第三，某些经济和社会任务并不必然"扩展"或"外溢"到政治领域；第四，实现一体化靠的是以意识形态或感情为基础、充满魄力的政治行动，而不单单是经济、社会部门的功能一体化。查尔斯·彭特兰（Charles Pentland）断言，至少从第二次世界大战以来西欧的经验来讲，没有多少证据可以表明，在一个不断变小的世界里，技术和经济增长能通过功能性合作而导致一体化。[2]

这样，功能主义和新功能主义受到了严厉的批判。这些批评的确在一定程度上显示出它们理论的局限性，同时也意味着新旧功能主义着实需要进一步完善和改进，它们必须想办法突破自身理论困境，争取能够更加科学合理地解释和预测欧洲一体化。

2. 政府间主义和现实主义所受到的批评

在探讨政府间主义所受到的批评之前，我们有必要看一下它所属的现实主义理论阵营受到的各种批判，这样有助于我们从本质上理解政府间主义的局限性。复旦大学的倪世雄教授在其《当代西方国际关系理论》一书中指出，现实主义理论存在许多理论缺陷：现实主义主张人性本恶而且不可改变，人与人之间和国家之间的关系都是斗争和冲突的关系，这使得人类对自己的命运变得极为悲观；现实主义者认为要严格遵守个人的道德观念和价值标准，而国家的道德观念和价值标准则不一定按照个人的道德观念去要求，这也是欠妥的。[3] 战后自由制度主义传统就反对现实主义有关国家的观点和对世界政治的悲观理解，批评现实主义不能解释变化。[4] 对现实主义的批评还集中在它有关冷战的结束以及后冷战世界的解释上。以美苏权力为基础的现实主义理论是冷战时期国际关系理论的主导研究模

---

[1] 陈玉刚：《国家与超国家：欧洲一体化理论比较研究》，上海人民出版社2001年版，第135-136页。

[2] Charles Pentland, International Theory and European Integration, London: Faber and Faber, 1973, p.98.

[3] 倪世雄：《当代西方国际关系理论》，复旦大学出版社2001年版，第85-86页。

[4] 肖欢容：《地区主义：理论的历史演进》，北京广播学院出版社2004年版，第261页。

第八章　欧洲一体化理论谱系中的"多层级治理"

式，但它未能有效解释苏联解体及苏军从中欧撤走而未发一枪的原因。①

此外，有人认为新现实主义忽略了这样一个问题，即历史是一个不断被人们再认识的过程，在这个过程中，个人能够影响和塑造时代的特征。② 20 世纪 70 年代以后的新自由制度主义批评肯尼迪·华尔兹（Kenneth Waltz）的结构现实主义对"结构"一词的定义过于狭隘，因为他认为只有在国际体系层次才存在结构。在新自由制度主义看来，一种国际政治理论必须解释影响外交政策的国内政治。③ 而且，由于强调结构，新现实主义忽略了权力的社会基础和社会制约。人们认为权力不能被简化为实力，它还包括心理因素（如社会精神和政治领导）、形势发展的因素，以及在一个有共识而非冲突的框架中运用权力的程度。此外，批判理论对现实主义的批评主要集中在：（1）现实主义过于强调权力和安全，从整体上忽视了"世界政治"中的文化因素；（2）现实主义，特别是新现实主义未能对单位和体系做详细的描述和分析；（3）新现实主义未能把握国际关系中道义和伦理变化的意义。

作为欧洲一体化主流理论之一，政府间主义（包括自由政府间主义）是现实主义理论对欧洲一体化研究的主要体现，毋庸置疑，现实主义的理论局限性同样适用于它。但是，政府间主义作为相对独立的欧洲一体化理论，其自身也受到一定的批评。有学者对政府间主义（包括自由政府间主义）的诸多不足进行了归纳：

首先，它和新功能主义一样，忽略了背景条件的作用。对历史条件的考察，一般能够揭示欧洲地区主义与其他地区主义的区别，但政府间主义不存在这方面的变量考察。其次，穆拉维斯克过于强调经济利益，而事实上，欧洲一体化从一开始就超越了纯经济意义。④ 第三，自由政府间主义没有确切地解释为什么国家会选择事实上和法理上都意味着主权转让的超

---

① [美]詹姆斯·多尔蒂、[美]小罗伯特·普法尔茨格拉夫著，阎学通、陈寒溪等译：《争论中的国际关系理论》，世界知识出版社 2004 年版，第 99 页。
② [美]詹姆斯·多尔蒂、[美]小罗伯特·普法尔茨格拉夫著，阎学通、陈寒溪等译：《争论中的国际关系理论》，世界知识出版社 2004 年版，第 103 页。
③ [美]詹姆斯·多尔蒂、[美]小罗伯特·普法尔茨格拉夫著，阎学通、陈寒溪等译：《争论中的国际关系理论》，世界知识出版社 2004 年版，第 91 页。
④ 陈玉刚：《国家与超国家：欧洲一体化理论比较研究》，上海人民出版社 2001 年版，第 69 页。

国家制度，特别是在这些制度可能违背成员国利益的情况下。另外，制度一旦形成以后，其对国家选择的影响也是政府间主义所无法说明的。此外，穆拉维斯克认为他的解释也适用于日常决策，但实际上日常决策并不如他的框架所揭示的那么复杂。①

综上所述，在关于欧洲一体化问题的讨论中，新旧功能主义和政府间主义（包括自由政府间主义）之间的论争是十分激烈而且鲜明的，成为了整个欧洲一体化理论论争的主流，在很大程度上折射出自由主义和现实主义、超国家主义和国家主义两大理论阵营之间的矛盾与冲突。这种论争是国际关系理论论争的典型体现，是符合国际关系理论三次大论战——理想主义与现实主义、科学行为主义与传统主义、新自由主义与新现实主义的论战——的发展逻辑的。作者认为，国际关系理论需要不同流派之间的论争才能得以丰富和发展，而欧洲一体化理论要想最全面深刻地解释欧洲一体化的复杂现实，的确需要不同理论流派和阵营之间的相互较量。因此在作者看来，欧洲一体化理论不同流派之间的论战将会是持久性的，也应该持续下去。

当然，需要注意的是，无论是从新现实主义和新自由主义的理论基础看，还是从它们所争论的内容来看，在很多问题上我们都不能绝对地用"对立"或"相反"来形容它们之间的观点差别。美国学者英尼斯·克劳德（Innis Clande）曾对"现实主义和理想主义本质上是对立的"这一概念提出疑问，指出它们"如果被认为是互补的，而不是在国际事务研究中相互竞争的，那就更恰当了"。由此，作者认为新旧功能主义和政府间主义（包括自由政府间主义）之间并不应仅仅停留在竞争的层面，还应该有一定程度的相互融合与借鉴，如此才能共同完成解释和指导欧洲一体化现实这一历史使命。作者接下来将讨论各种"理论混合"的尝试。

第二节 欧洲一体化主流理论的"理论混合"

一、新功能主义的"理论混合"尝试

1. 新功能主义突破理论局限性及其"理论混合"的初步尝试

针对以政府间主义为代表的各种理论的批评，新功能主义适时进行了

---

① 肖欢容：《地区主义：理论的历史演进》，北京广播学院出版社2004年版，第143页。

第八章　欧洲一体化理论谱系中的"多层级治理"

调整。为了提升自己的解释力，解决自身的种种理论困境和局限性，新功能主义开始在一定程度上吸收其他理论的观点，出现了新功能主义与其他理论混合的趋势。

首先，新功能主义者针对其"忽略外部条件"这一批评做出回应。比如，施密特在重新界定一体化的独立变量时就注意到外部条件的重要性。① 厄恩斯特·哈斯后来也注意到必须考虑到地区一体化的内外关系。他注意到，外部背景有助于解释为什么其他地区一体化走上了与欧洲模式不同的道路。其实早在20世纪60年代中期，哈斯就注意到，新功能主义忽视了共同体出现后各国内态度的变化、民族主义以及外部事态对一体化的影响等多方面的因素。②

其次，关于新功能主义预测力的问题，针对20世纪70年代新功能主义失去主导地位的现象，哈斯本人也承认了这是由于其理论预测力弱的原因。更有甚者，哈斯在1975年竟然宣称一体化研究不再重要，一体化理论的进一步发展也可能再不重要，更重要的是应该研究最近的现象，如体系的变化、相互依赖和混乱（turbulence），一体化可以看作是管理混乱或者控制混乱的领域。因此，哈斯的"退出"是对所有一体化理论——从政府间主义反对新功能主义，到跨国主义反对国际关系的国家中心主义的分析——的批评。哈斯认为，理论并不考虑国家的顽固特点，国家解决问题的能力可能恢复。

第三，对外溢观念的修补。林德伯格（Leon N. Lindberg）第一个提出一体化的进程可能阻碍进一步一体化的观念。当一体化触及政府权能，并因此使国家间的政治问题被提出来时，一体化就成了国家间紧张关系的源泉。③ 他与西方学者沙因戈德（Scheingold）在1970年进一步指出，一体化的发展进程有四种可能：一是返溢（spill-back），指一体化部门的范围或制度能力的缩减；二是发展联动（forward linkage），这个概念等同于外溢；三是平衡（equilibrium）或任务的日常化（the routinization of the

---

① 肖欢容：《地区主义：理论的历史演进》，北京广播学院出版社2004年1月版，第97页。
② Ernst Haas, The Uniting of Europe: Political, Social, and Economic Forces 1950 – 1957, pp. xiv – xv.
③ Leon N. Lindberg, Integration as a Source of Stress on the European Community System, International Organization, Vol. 19 (1), 1966.

task），这实际上是保持现状的一种状态；四是输出失败（output failure），指没有就一体化达成协议。事实上，虽然在20世纪60年代后期和70年代欧洲一体化经历了曲折，但返溢基本上不存在，只是停顿而已。无独有偶，施密特也为新功能主义的发展做出努力。他指出，外溢之外还会有其他选择，比如平溢、堆积、缩减、混搅等。① 不过，上述对外溢观念的丰富和补充，并没有减少人们对外溢理论的质疑。

第四，增加了对国家行为体的考虑。厄恩斯特·哈斯把一体化重新界定为国家自愿地与它们的邻国混合、合并，由此失去了事实上的主权属性而获得解决彼此冲突的新技术。② 这很明显就是部分借鉴了现实主义国家行为体的观念。

第五，厄恩斯特·哈斯也承认了高阶政治和低阶政治区分的效用。当然，他也同时指出，这种区分得根据态度而非固定的政治目的进行，因为同样的问题可能根据特定环境、不同时间和不同国家而在高阶政治和低阶政治之间产生变化。

2. 新功能主义的复兴及其对"理论混合"的进一步呼唤

虽然厄恩斯特·哈斯在1975年就提出新功能主义正在过时的观点，但20世纪80年代中期以来欧洲一体化的实践使新功能主义又有了重要的解释力。耶珀·特兰霍尔姆－米克尔森（Jeppe Tranholm-Mikkelson）在1991发表的《新功能主义：顽固的还是过时的？对欧共体动力的重新评估》一文中认为，许多重要的经验证据表明，新功能主义仍然在起作用，特别是自20世纪80年代中期以来，三种形式的外溢都有明显的体现。"外溢逻辑的顽强存在表明，新功能主义绝对没有过时。"③ 但是，特兰霍尔姆－米克尔森同时也指出，新功能主义不能解释一切："一体化过程包含的因素，用政府间主义和相互依赖理论也许更容易解释。"

---

① Philippe C. Schmitter, A revised Theory of European, in Lindberg and Scheingold (eds.), *Regional Integration: Theory and Research*, Harvard University Press, 1971, p. 242.

② Ernst Haas, *The Web of Interdependence: The United States and International Organization*, Prentice Hall, 1970, pp. 610–611.

③ Jeppe Tranholm-Mikkelsen, Neo-functionalism: Obstinate or Obsolete? A reappraisal in the Light of the New Dynamism of the EC, *Millennium: Journal of International Studies*, Vol. 20, No. 1 (1991), pp. 1–22.

第八章　欧洲一体化理论谱系中的"多层级治理"

美国学者维恩·桑德豪尔兹（Wayne Sandholtz）和约翰·齐斯曼（John Zysman）于1989年发表《1992年：重新开始的欧洲谈判》一文表示，他们并不认为仅以新功能主义一种理论就能够对这一进程进行解释，而是采用跨功能主义的方法，将新功能主义与国际结构变化和国内政治观念相结合进行解释：

第一，从国外环境而言，国际结构变化启动了欧共体的新进程。20世纪80年代以来，国际结构发生重大变化，美国地位的相对衰落和日本的振兴，促使欧洲精英们思考自己在世界上的地位。这为欧洲人重新进行自我定位和开启新的一体化进程提供了重要的环境基础和动因。

第二，从国内环境而言，国内政治背景也为欧共体的新进程奠定了基础。桑德豪尔兹和齐斯曼认为，共同体各国政策和观点改变的原因在于国内政治变化。20世纪60年代后期，欧洲经济发展停滞，失业率不断上升，依靠政治解决经济发展问题的模式受到挑战。欧洲各国出现了利用市场，特别是建立统一的欧洲市场以使欧洲摆脱困境的呼声。

第三，欧共体新进程是欧共体机构、工商业精英和民族国家三种行为体综合作用的结果。

以上三点充分体现了两位教授是如何把各种理论有机混合在一起使用的。他们一方面引用新功能主义的观点，认为超国家机构（主要是欧共体委员会）和欧洲利益团体（欧洲企业家组织）在一体化中占有重要地位；另一方面，又借用现实主义有关观点，认为民族国家政府的作用仍然是政府间谈判的结果。此外，他们还积极借鉴国内政治理论的观点，认为国内政治背景对各国政府接受欧共体委员会和工商界的建议具有重要作用。虽然很多学者把桑德豪尔兹和齐斯曼定位为超国家主义者，但是他们的解释又超越了纯超国家主义的立场，开创了欧洲新进程研究中运用新功能主义混合其他理论进行解释的先例。[①]

无独有偶，许多学者也开始为新功能主义寻求一定的"理论混合"。美国学者奥尼尔（Michael O'neill）就认为，一体化的过程充满着混合（Syncretic），这种混合来源于经济全球化和要求保持民族国家优势这两种

[①] 肖欢容：《地区主义：理论的历史演进》，北京广播学院出版社2004年版，第120页。

对立趋势的共存。①

二、政府间主义的新发展及其"理论混合"

随着欧洲一体化实践的发展，旧的政府间主义已经不能很好地解释客观现实，于是哈佛大学的穆拉维斯克教授创立了自由政府间主义。一方面，作为一个现实主义者，他不但批驳了功能主义，还对制度主义、传统现实主义和联邦主义的一体化方法进行了批评；但与此同时，他又反过来广泛吸收了它们的一些观点和方法，也在一定程度上体现了新现实主义"理论混合"的倾向。

穆拉维斯克对超国家观点的确做出一定程度的让步，政府间制度主义的方法是穆拉维斯克自由政府间主义理论方法的基础。他的政府间制度主义接受了超国家机构在组织成员国谈判方面发挥的重要作用，认为这些谈判是欧洲一体化重新启动的基础。另外，在他所建构的国家偏好、政府间谈判和制度选择理性主义三重组合框架中，他并不接受国家是统一行为体的观点，认为"国家偏好"是通过国内政治集团的竞争确定的。这是他在借鉴了功能主义和国内政治方法的一些观点后，对传统现实主义所做的理论修正，体现了他多元自由主义的立场。与此同时，"制度选择"也在一定程度上体现了对超国家制度作用的认可（这种让步导致穆拉维斯克的自由政府间主义最终无法解释为什么这些制度会反过来反对成员国利益②）。

另外，现实主义除了向超国家主义做出适度让步之外，还加强了"跨学科合作"。德国学者戈特弗尔特·卡尔金·德曼（Gottfried-Karl Kindermann）就说过，新现实主义要想真正提高我们分析和预测系统中的政治行为过程的能力，首先需要加强准制度化的跨学科合作。③ 比如肯尼迪·华尔兹的结构现实主义就吸收了大量的系统论思想。而正如前面重点讨论的，自由政府间主义就是穆拉维斯克教授在充分借鉴当时理论研究成果——理性选择理论、集体行动理论和国际政治经济学等——的基础上创立的。

---

① Michael O'Neill, *The Politics of European Integration: A Reader*, Routledge, 1996, pp. 81 – 121.
② 肖欢容：《地区主义：理论的历史演进》，北京广播学院出版社 2004 年版，第 143 页。
③ [美] 詹姆斯·多尔蒂、[美] 小罗伯特·普法尔茨格拉夫著，阎学通、陈寒溪等译：《争论中的国际关系理论》，世界知识出版社 2004 年版，第 86 页。

第八章 欧洲一体化理论谱系中的"多层级治理"

三、欧洲一体化"理论混合"综述

综合考察欧洲一体化理论的发展，我们可以发现其"理论混合"的现象是十分明显的。但是，如果我们把视野放在更广阔的理论背景中，就会发现整个国际关系理论界都有着比较明显的"理论混合"现象，甚至出现了国际关系理论与其他非国际关系理论相互借鉴的趋势。

首先是国际关系理论内部"理性主义"阵营各流派之间的"理论混合"。新现实主义和新自由主义同属理性主义理论阵营，无论是从它们的理论基础还是二者所争论的内容来看，二者中没有任何一方能够完全说服对方，而且各自理论也存在不足，对现实的解释存在偏差，因此通过它们的相互借鉴来促进对国际关系的了解是非常重要的。[①] 上面两节就真实反映了国际关系理论内部"理性主义"理论流派之间的"理论混合"。

20世纪70年代后期的国际紧张与冲突局势削弱了新自由主义的影响，为了挽救新自由主义不能有效解释变化中国际政治的局面，部分新自由主义者开始偏离相互依赖，接受新现实主义的理性主义前提假设：国家有持续、稳定的偏好；偏好的变化源于外部性（即外部环境）；为了将效用最大化，国家根据偏好计算行动的成本与收益——形成新自由制度主义学派。新自由制度主义与新现实主义都承认国家是无政府状态的，国家是统一的理性行为体。[②] 新自由制度主义包含了现实主义的基本假设，即国家是主要的行为体，国家根据其对国家利益的认识采取行动，权力仍然是重要变量，世界政治的结构是无政府的。[③]

新自由主义的代表人物罗伯特·基欧汉（Robert O. Keohene）和约瑟夫·奈（Joseph Nye）通过将系统分成结构（单位间的能力分配）和过程（单位相互联系的方式）两方面，不仅丰富了系统理论，也使新现实主义

---

① 倪世雄：《当代西方国际关系理论》，复旦大学出版社2001年版，第170页。
② ［美］约塞夫·M.格里科：《无政府状态和合作的限度》，见［美］大卫·A·鲍德温主编：《新现实主义和新自由主义》，浙江人民出版社2001年版，第115–116页；Robert Keohane, *International Institution and State Power*: *Essays in International Relations Theory*, Boulder, Colo.：Westview Press, 1989, p.2；有关理性理论的探讨，可参见王逸舟：《西方国际政治学：历史与理论》，上海人民出版社1998年版，第392–394页。
③ ［美］詹姆斯·多尔蒂、［美］小罗伯特·普法尔茨格拉夫著，阎学通、陈寒溪等译：《争论中的国际关系理论》，世界知识出版社2004年版，第73页。

和新自由主义在一定程度上得到互补。罗伯特·基欧汉认为,如果新现实主义者和新自由主义者要认识国际关系,就要在有关国际制度的作用方面寻找共同点。新现实主义者和新自由主义者都认为有国际合作的可能性(但他们在国际合作能否成功方面持有不同看法)。新现实主义者和新自由主义者之间的论战并不像现实主义和乌托邦主义之间的论战那么尖锐对立,而是在努力寻找双方的交汇融合。[①] 而实际上,就连现实主义和乌托邦主义之间也不像人们想象的那么尖锐对立,比如美国学者戴维·鲍德温(David Baldwin)就认为现实主义和乌托邦主义都是"言过其实的术语"。[②] 他曾经明确指出,尽管新现实主义和新自由主义都不能完全说服对方,但彼此都能够相互学习以促进对国际政治的了解。[③]

其次是国际关系理论内部"理性主义"与"反思主义"两大阵营之间的"理论混合"。反思主义理论或者说批判理论是国际关系理论内部与理性主义相对立的理论,包括建构主义理论、后现代主义理论、女性主义理论等。反思主义理论已经被许多研究欧洲一体化问题的理性主义学者借鉴与采纳,比如建构主义理论在欧盟政治体系中得到重要应用,国家身份、认同和制度等建构主义所强调的重要因素都被纳入欧洲一体化研究者的视野。[④] 反过来说,建构主义也是在吸收新现实主义在内的理性主义理论基础上形成的。它赞成新现实主义的基本假设:国家所追求的对象是权力、安全与财富;国际政治处于无政府状态;国际利益和行为动机总是自私的;国家之间不能完全确保了解对方的真实意图;国家是理性行为体;武力是解决国家之间冲突和危机的最后手段等。建构主义也赞成把国家作为国际关系研究的主要分析单位,也强调从体系层面对世界政治进行理论探讨的必要性,并且接受与采纳实证和经验的研究方法。[⑤] 接下来的第三节中,我们将首先对批判理论对理性主义的"超越"进行详细论述。

[①] [美] 詹姆斯·多尔蒂、[美] 小罗伯特·普法尔茨格拉夫著,阎学通、陈寒溪等译:《争论中的国际关系理论》,世界知识出版社 2004 年版,第 73 页。

[②] David A. Baldwin, Neoliberalism, Neorealism, and World Politics, in David A. Baldwin (eds.), *Neorealism and Neoliberalism: The Contemporary Debate*, New York: Columbia University Press, 1993, pp. 9 – 10.

[③] 倪世雄:《当代西方国际关系理论》,复旦大学出版社 2001 年版,第 170 页。

[④] 肖欢容:《地区主义:理论的历史演进》,北京广播学院出版社 2004 年版,第 169 页。

[⑤] 肖欢容:《地区主义:理论的历史演进》,北京广播学院出版社 2004 年版,第 264 页。

第八章　欧洲一体化理论谱系中的"多层级治理"

第三，"跨学科合作"。无论是新现实主义还是新自由主义，它们都大量采用经济学理论，包括理性假设、博弈、市场失灵等经济学分析手段来说明自己的理论。[①] 另外，有的学者用政治学中比较政治学的方法来分析欧洲一体化，并取得很大成果。这种方法是对国际关系方法的一种重要补充。在接下来的第三节，我们也将对比较政治学对我国际关系理论的补充进行论述。

以上就是作者所理解的"理论混合"的三个层面，在作者看来，这些不同形式的"理论混合"是欧洲一体化理论乃至整个国际关系理论界发展的客观需要，而这种需要从根本上讲又是由欧洲一体化实践和整个国际社会发展所决定的。随着客观现实的不断发展，不同理论之间的借鉴与融合必将进一步深化。

第三节　"超越"欧洲一体化主流理论"论争"的尝试

从前面两节的分析可以看出，新旧功能主义与政府间主义之间除了相互对立之外，还存在某种相互融合与借鉴的倾向。但是，作者进一步思考的问题是：这种融合与借鉴是否有着某种限度呢？也就是说，它们之间的融合与借鉴最终能否跨越其各自所属的理论阵营——自由主义和现实主义之间、超国家主义与国家主义——的界限呢？或者说，这种融合能够最终消除它们之间的根本对立吗？

作者认为，在欧洲一体化问题上，无论新旧功能主义与政府间主义之间做出怎样的妥协，任何一个理论流派最终都无法超越其自身阵营。而且，不同阵营也是无法完全战胜和替代对方的。为什么会出现这种错综复杂的现象呢？在作者看来，这是由欧洲一体化本身的复杂性所决定的。因为就目前的这两个理论阵营而言，没有哪一个阵营能够完全解释和解决欧洲一体化的现象和问题，任何一派理论完全战胜另一派，都不符合解释欧洲一体化客观现实之需要。也就是说，在欧洲一体化问题上，我们需要两大阵营始终在斗争中共存，它们将永远处于一种"对立"和"妥协"共

---

① 肖欢容：《地区主义：理论的历史演进》，北京广播学院出版社2004年1月版，第262页。

存的状态。

然而，作者的疑问并没有结束：认识到两大理论阵营之间对立与妥协的共存是否就足够了呢？我们能否在承认对立与妥协的前提下，再上升一个理论层次，构建某种"超越性"的理论呢？作者将对学界已有的相关理论进行梳理和归纳，内部和外部两个方面的"理论超越"性尝试：批判理论对"理性主义"两大阵营的"超越"和比较政治对国际关系理论的补充与"超越"。

一、国际关系理论内部的超越——批判理论对两大阵营的挑战与超越

我们知道，无论是现实主义还是自由主义，都属于国际关系理论的范畴。但具体来说，"国际关系理论"这个范畴里面还包含两个更小的范畴——解释性理论（理性主义）和批判理论。① 批判理论是对解释性理论进行批判与反思，而这种批判与反思在一定意义上可以看作是对解释性理论的一种"超越"。由于现实主义和自由主义两大阵营都属于国际关系理论中的解释性理论，因此我们也可以说，批判理论也是对现实主义和自由主义的一种"超越"。这里我们所讲的第一个层次的"理论超越"就是在国际关系理论内部展开的。下面我们来具体看一下批判理论是如何对现实主义和自由主义进行"超越"的。

1. 批判理论对现实主义和多元主义的批评

一般认为，现实主义主要分为两大流派：摩根索的政治现实主义和华尔兹的新现实主义。现实主义是以"国家为中心"的分析法，着重研究国家权力和权力均势。其要点是：（1）国家是最重要和最核心的国际关系角色；（2）国家本质上是一种理性角色；（3）权力是国际关系中的核心概

---

① 解释性理论侧重对理论假设进行检验，提供因果关系上的理解，叙述国际事件并对其一般趋势和现象给予解释。其认识论基础是理性主义（rationalism）。这类理论把说明国际政治生活的真实性、直接为国家决策者解决难题服务作为自身的目的，因此亦称解决难题理论。西方国际关系理论自它产生后发展起来的（新）现实主义和（新）自由主义等均属于这一类。批判理论（Critical theory）注重对国际关系理论本身的哲学基础进行反省和重建，其认识论基础是反映主义（reflectionism），强调理论上的自我批评和重建，对正确认识和理解世界政治的性质与特征具有重要作用。长期以来，解释性理论在西方国际关系理论界占据支配地位。然而，自20世纪80年代开始，由于受西方政治及社会理论发展的影响和推动，批判理论逐渐兴起，对传统的理论提出批评和挑战。

第八章　欧洲一体化理论谱系中的"多层级治理"

念；(4) 国家安全是国际关系诸角色的核心问题。[①] 与之相关的，批判理论对现实主义的批评主要集中在：(1) 现实主义过于强调权力和安全，从整体上忽视了"世界政治"中的文化因素；(2) 现实主义，特别是新现实主义未能对单位和体系做详细的描述和分析；(3) 新现实主义未能把握国际关系中道义和伦理变化的意义。米尔斯海默（John Mearsheimer）指出，批判理论作为一种新思潮，是"挑战新现实主义的产物"，[②] 它标志着"后现实主义世界"或"后现代主义国际体系的"的开始。批判理论与新现实主义的区别是：第一，从本体论和认识论的角度，新现实主义强调存在一个可以认知的客观世界，与个人是分离的；批评理论则强调主客观和世界与个人是紧密联系的整体。第二，新现实主义强调，世界是由客观因素决定的，而批判理论则强调思想、观点等主观因素的作用，"思想观点形成物质世界"，而不是相反，所以"变革国际政治就是变革人们对国际政治的认识"。[③] 第三，新现实主义强调政治家、外交家、战略家的作用，而批判理论则强调知识分子尤其是批评理论家的关键作用。[④]

与此同时，批判理论对多元主义也展开了批评。多元主义是一种"多中心"的分析法，所强调的是国家决策和跨国主义。其要点是：(1) 非国家角色是国际关系中不可忽视的重要行为者；(2) 国家不一定是理性角色；(3) 相互依存和跨国主义是国际关系的核心概念；(4) 国家安全不一定是国际关系诸角色的核心问题，国际关系的重要议题是广泛的，不是一成不变的。[⑤] 多元主义的理论和研究方法曾起过很大作用，但有学者认为它们过于"技术化"，故也称之为"技术多元主义"；[⑥] 此外，批判理论认为多元主义在研究方法定位上明显趋于"折衷"；最后，批判理论认为多元主义未能满足研究"人类社会需要"的要求，缺乏从历史、经济、社

[①] 倪世雄：《当代西方国际关系理论》，复旦大学出版社2001年版，第174页。
[②] John Mearsheimer, The False Promise of International Institutionalism, *International Security*, Vol. 19, No. 3, Winter 1994/1995.
[③] John Mearsheimer, The False Promise of International Institutionalism, *International Security*, Vol. 19, No. 3, Winter 1994/1995.
[④] David Baldwin (eds.), Neorealism and Neoliberalism, 1993, p. 271.
[⑤] 倪世雄：《当代西方国际关系理论》，复旦大学出版社2001年版，第174页。
[⑥] Ken Booth and Steve Smith, *International Relations Theory Today*, Combridge University Press, 1995, p. 74.

会、政治、机构不同角度和内容对"人类社会需要"进行科学研究的手段。[1]

2. 批判理论从本体论、认识论、方法论和价值论等方面提出的批评

在本体论方面,批判理论挑战理性主义关于人性和人的行为的概念,强调行为体认同的社会建构,以及认同利益和行为的形成所具有的重要性。这一点在后来的建构主义研究取向中得到进一步发展。[2] 建构主义与新现实主义的区别在于:(1)新现实主义讲究物质实力的分配,建构主义则讲"社会关系",主张"社会变化",认为国际政治的根本结构是社会的,而不是物质的;(2)建构主义认为新现实主义不够结构性,结构决定"认同和利益",而不仅仅是"国家的行为"。[3] 建构主义与新现实主义的分歧实际上是反思主义与理性主义之间的分歧,前者强调规则、认同、利益和知识,后者注重结构、信息、策略和制度。[4]

建构主义认为新现实主义和新自由制度主义本身对一些基本概念的论述存在不足:第一,关于利益。两者都把利益看作是外生的,不能在理论内进行解释。新现实主义不能清楚地解释国家如何限定它们的利益、利益如何变化、物质实力有没有外在的观念因素、非物质因素等;而在新自由制度主义看来,博弈的共同利益总是先验的,没有解释来源,也没有解释变化,同时又看不到互动对利益和认同的影响。第二,关于行动者。新现实主义不需要行为者有能动性,新自由主义克服了上述弱点,但又依赖新现实主义的结构,因而使它们在该问题上不能深入。第三,关于制度。现实主义认为制度基本上是权势分布的反映(如北约),它对国家行为没有独立影响,而是建立在主要大国的利益估算基础上,其重要与否取决于国家。制度主义则认为制度改变国家偏好,改变国家行为,它是独立的变量,有能力使国家远离战争。但对于制度如何改变国家偏好或利益变化,

---

[1] Mark Hoffman, "Critical Theory and the Inter-paradigm Debate; in Hugh Dyer and Leon Mangesation (eds.), *The Study of International Relations*, St. Martion's Press, 1989, p. 76.

[2] 倪世雄:《当代西方国际关系理论》,复旦大学出版社2001年版,第196页。

[3] Alexander Wendt, The Agent-Structure Problem in International Relations Theory, *International Organization*, Vol. 41, No. 3, Summer 1987.

[4] Peter Katzenstein, Robert Keohane and Sephen Krasner (eds.), *Exploration and Contestation in the Study of World Politics*, MIT Press, 1999, pp. 335, 337, 339.

新现实主义和新自由主义都没有充分的论述。总之，两种理论在理性主义范围内的论争，忽视了非结构和非物质动因对国家利益行为和国际权势的影响以及偏好变化、非动力动因的作用和国内变化等因素的影响，这些不足正是建构主义试图解释的地方。[1]

在认识论方面，批判理论激烈批评实证主义关于认知的观点，批评试图建立在客观的、在经验上可以获得验证的真理性陈述，反对在独立于人的思想和实践之外存在客观标准的观点。批判理论认为，衡量知识是否可信赖的标准不是自然的标准，而是人为的标准。理论永远是特定时间和空间的产物，而且不可避免地会受到社会、文化以及意识形态的影响和限制。借用英国学者斯蒂夫·史密斯（Steve Smith）的话，国际关系理论主要还是"美国的学科"，"现实主义叙述世界政治的三个核心成分——国家利益、权力扩张和权力均势——特别适合于美国对外政策的需要"。[2]

在方法论方面，批判理论反对单一的科学方法占据支配地位，提倡在探索知识的过程中使用多种方法。批判理论认为，人类社会不同于自然界社会，人作为行为主体，不同于化学元素或物理颗粒，前者有思想、观念、价值、伦理道德等，而后者则没有。因此，研究自然世界的方法不完全适用于研究社会世界。[3]

在价值论方面，批判理论指责在建立理论的过程中价值中立的说法，否认理论研究活动中价值中立的可能性。批判理论强调恢复研究国际伦理和道德的重要性。在国际关系方面，只有少数人直接参与和经历国际事件和对外政策活动，而绝大多数人则是通过报纸、杂志、电视、小说等了解和认识国际关系及国际对外政策方针。这种通过操纵各类文化符号去建构国际关系含义的情形，将不可避免地使人们对国际关系的理解带上价值伦理的色彩。[4]

从上面的分析可以看出，批判理论所批判的对象是很广泛的，它针对

---

[1] [美]詹姆斯·罗尔蒂、[美]罗伯特·小法兹格拉夫，阎学通、陈寒溪等译：《争论中的国际关系理论》，世界知识出版社1987年版，第95页。

[2] Steve Smith, Paradigm Dominance in International Relations: The Development of International Relations as a Social Science, *Millennium: Journal of International Studies*, Vol. 16, No. 2, 1987.

[3] 倪世雄：《当代西方国际关系理论》，复旦大学出版社2001年版，第196页。

[4] 倪世雄：《当代西方国际关系理论》，复旦大学出版社2001年版，第197页。

解释性理论——包括现实主义和多元主义,从本体论、认识论、方法论和价值论等各个侧面进行了全面的剖析和批评,提出自己独特的国际关系理论视角,建构起一个理论"家族"(包括后现代主义、建构主义、女性主义等),对国际关系理论的发展做出巨大贡献。在作者看来,批判理论就是对传统国际关系理论的重要超越,它不再局限于传统国际关系理论的实证主义和理性主义的窠臼,而是注重对国际关系理论本身的哲学基础进行反省和重建,强调行为体认同的社会建构。

然而,这种挑战和超越还是有着一定脆弱性的,因为西方国际关系批判理论自身也面临着各种挑战和问题:第一,它在对理论本身建设或"超理论"问题进行认真思考的同时,对如何把理论应用于世界政治的经验分析上的关注还不够。正如米尔斯海默指出的,批判理论相当不成熟,光谈论从根本上改变国家行为和国际体系,但却很少触及如何去改变,同时缺乏有力的实证支持。[1] 第二,国际关系批判理论优势陷入极为抽象甚至晦涩难懂的思辨里,一定程度上阻碍了其传播与应用。第三,它使国际关系学科面临一个范围定位的问题。如果国际关系批判理论所关心的问题过于宽泛,过于追求新颖和奇异,那么它就会给西方国际关系学科带来某种程度上的认同危机。比如,后现代国际关系研究似乎过于强调主要适用于研究文学和社会学的方法,过分地将话语、文本、建构、认同等概念应用于国际关系的研究。由此可见,无论是传统国际关系理论,还是与之相对立而生的批判理论,都需要不断地发展和完善,这是整个国际关系理论发展的需要,也是更好地理解和推动国际社会发展的客观需要。

二、国际关系理论外部的挑战——比较政治学对国际关系理论的补充与超越

20世纪60年代政府间主义出现后,一体化理论出现两个发展趋势。一个趋势是将其纳入更加宏大的国际关系理论体系中去考察。厄恩斯特·哈斯就认为一体化理论作为一种专门的理论,已经失去了独立存在的意义,它应该被置于更普遍的相互依赖现象中来考察。另一个趋势就是把欧

---

[1] John Mearsheimer, The False Promise of International Institutionalism, *International Security*, Vol. 19, No. 3, Winter 1994/1995.

第八章 欧洲一体化理论谱系中的"多层级治理"

洲作为自成一体的独特的政治体系,而不是一般意义上的国际关系来理解。第二种趋势的研究主要集中在欧共体的比较政治和公共政策的分析上,它批评传统国际关系理论在欧洲一体化问题上存在很多不足,并提出自己独特的研究视角和思维方式。这种比较政治学的分析是对运用传统国际关系理论解释欧洲一体化的重要补充,也可以看作是对整个国际关系理论(以现实主义和自由主义为主体)的一种批评和"超越",我们称之为"国际关系理论外部"的"超越"。

按照第二种趋势的理解,传统国际关系研究在欧洲一体化问题上存在如下不足:第一,传统国际关系研究中,欧共体主要被看作是超国家一体化或者主权民族国家政府之间的合作。然而,欧共体不仅仅是"国际组织",事实上正如施密特指出的,存在这两种结果之间的结果也是可能的,这引发了对欧盟性质和欧洲一体化设想方面的研究,而国际政治的方法在分析共同体这种"内部政治"时,其限度非常明显。[①] 第二,国际关系视角把欧共体的政治冲突看作是一种单一的层面不能解释正在出现的欧盟政治中的复杂性和动力,忽视了欧盟体系中的"日常政治"。

对欧共体的比较政治和公共政策的分析是由欧洲一体化研究学者西蒙·布尔默(Simon Bulmer)在20世纪80年代初期系统提出的。他把欧共体看作是一种政治体系并对其进行决策分析,奠定了其国内政治理论方法的基础。20世纪七八十年代,欧洲一体化步伐减缓,一体化理论由此受到冷落,一些学者的研究兴趣就从发展中的一体化理论转向探讨共同体中的决策是如何形成的。布尔默认为,一体化进展缓慢的原因需要从国内政治中去寻找,因为超国家主义和政府间主义都没有考察成员国的国内政治变化及其对共同体的影响。布尔默试图通过一种国内政治的方法以及成员国的政策结构和态度,来解释成员国在共同体中的地位,特别是其国内政治如何对欧共体决策产生重要影响。布尔默还指出,国内政治决策过程并不遵循一体化理论假定的一体化逻辑,相反,一体化遵循决策过程的逻辑。他的理论突破了欧洲地区主义一体化理论的国际关系传统。开创了从比较政治学的角度系统分析欧共体的方法。到20世纪80年代中后期,随着欧

---

① 参见 P. C. Schmitter, Explaining the Present Euro-Polity with the Help of Past Theories, in G. Marks (et al. Eds.), *Governance in the European Union*, London: Sage, 1996。

洲新进程的启动，欧共体的发展不断深化，一体化的国际关系方法更加无法完整地对欧盟进行分析。在这种情况下，比较政治学的方法就更加兴盛起来。当前欧盟比较政治学研究的主体主要体现在国家政治的欧洲化（Europeanization of National Politics）和欧盟公共政策分析（European Public-Policy Making）两个方面。①

国家政治的欧洲化，我们在本书第七章第三节已经有所论述，其研究重心在于成员国的国内变化如何影响欧共体决策。其主要观点集中在以下几个方面：第一，有关国家政策过程的变化方面，把欧共体看作是一种新型的政治体系，强调欧共体的重要性及其政治过程，并通过国家来研究欧共体的决策如何受到影响；第二，有关国家身份方面，认为由于欧共体的决策代替了国家层次决策，国家政府和行政机构失去了对政策形成的影响力。但是，与之相对的，在现有的国家研究中，学者们一般认为国家身份的变化虽然很重要，但并不是颠覆性的，即只存在部分替代的现象。②

在欧盟性质与公共政策研究中，有两种基本的比较政治学方法：一是强调制度的重要性；二是关注个人、集团和政府的行为。前者体现的是制度主义与宪政主义的方法，制度主义和宪政主义主要体现在对欧盟性质的论述、超国家治理和欧洲法院与一体化理论等方面③；后者体现的是理性主义和多元主义的方法。

理性选择假定各个行为体是以自我利益为取向，存在着有序的偏好，并总是试图将它们的目标最大化。在做出这些假设之后，理性选择分析通过决策理论或博弈论来解释个体的行为或政策后果。在欧洲比较政治学分析中，学者们对理性解释研究的重要主题，也就是对共同体层次的制度进行博弈分析。另外，理性选择方法的应用逐渐遍及共同体层次的主要制度，如解释欧洲法院的作用、欧洲中央银行未来的地位甚至是共同体地理范围的扩展。这些应用都有一定的解释力，但是也存在重要限度。它们和

---

① Rhodes Carolyn and Mazey Sonia, Introduction: Integration in Theoretical Perspective, in Rhodes and Mazey (eds.), The State of the European Union, Vol. 3: *Building a European Policy?* Lynne Rienner Publishers, 1995, pp. 1 – 28. 转引自肖欢容：《地区主义：理论的历史演进》，北京广播学院出版社 2004 年版，第 151 页。

② 肖欢容：《地区主义：理论的历史演进》，北京广播学院出版社 2004 年版，第 154 页。

③ 肖欢容：《地区主义：理论的历史演进》，北京广播学院出版社 2004 年版，第 156 页。

第八章　欧洲一体化理论谱系中的"多层级治理"

新现实主义方法一样，把成员国看作是统一的理性的行为体，有着一套有序的偏好，忽视非政府行为体、有组织利益者和政治意识形态在政策中的重要作用。

多元主义方法强调社会和经济集团在塑造政治后果中的重要性。多元主义研究范式在当前的欧洲决策研究中占据主导地位，形成多层级治理理论和政策网络理论。多层级治理理论把欧盟看作一种混合形式：既不是政治体系也不是国际组织，而是介于两者之间。与国家中心主义的两层博弈理论假设不同，它设计了一套包罗万象、多层次的政治网络。政策网络的分析要求注重以部门为基础的日常部门决策的动力，因此其目标是为欧盟日常政治学提供一种理论。[①] 作者将在本章第四节对多层级治理理论及其在欧盟地区政策的实践进行详细论述。

从以上分析可以看出，在对欧洲一体化的研究中，比较政治学开辟了一个与国际关系理论极为不同的研究视角，在很大程度上对国际关系理论构成一种挑战、补充，甚至可以说是一种"超越"——跳出国际关系理论中自由主义和现实主义之间无休止的争论，从一种非国际关系的角度对自由主义和现实主义进行整体性批判。这种"超越"对于更加全面深入地研究欧洲一体化的复杂现实具有很大的理论意义和现实意义。

但是，比较政治学与国际关系理论的区别也不应该被过分夸大。这里有两个原因：第一，比较政治学与国际关系理论存在很多共同之处：两种方法通过不同的视角认识到民族国家在塑造欧洲政策后果方面的重要性；都从不同侧面对欧盟的进程进行分析；都重视欧洲政策行为体和决策结构对欧洲一体化的影响；同样对政府间主义和新功能主义中的理论参数进行分析，比如布尔默一方面采取政府间主义的假定，强调民族国家政府的重要作用，但同时又采取厄恩斯特·哈斯的多元主义方法，重视非国家行为体的作用。由此可知，国内政治方法实际上是嵌接了新功能主义和政府间主义两种方法的观点。[②]

第二，比较政治学与国际关系理论之间并非完全对立，也有一定的

[①] J. Peterson, "Policy Networks and European Union Policy-Making: A Reply to Kassim", *West European Politics*, Vol. 18（2），1995；Rasomend Ben, *Theories of European Integration*, pp. 124 – 125. 肖欢容：《地区主义：理论的历史演进》，北京广播学院出版社 2004 年版，第158—163 页。

[②] 肖欢容：《地区主义：理论的历史演进》，北京广播学院出版社 2004 年版，第 168 页。

欧盟地区政策研究：改革、效应与治理

"理论混合"。一方面，布尔默将一体化的活动简化为国际和国内两个层次，发展出双层博弈的解释框架，这对后来的一体化理论以及国际关系方法都产生了重要影响；另一方面，比较政治学还广泛吸收了国际关系理论中的制度主义和联邦主义观点。这实际上又从另一个角度体现与应验了我们曾经论述过的"理论混合"的趋势。由此可以说，"超越"并不是绝对的否定和批判，而是以"混合"为基础的，理论的"论争""混合"与"超越"是紧密联系在一起的有机整体。

第四节 "多层级治理"理论与欧盟地区政策实践

一、"多层级治理"的理论内涵

欧盟"多层级治理"理论模式（Multi-level governance）最初是由美国学者盖里·马克斯（Gary Marks）于1993年在对欧洲共同体的结构政策（structural policy）进行分析时提出的："最初是集中于处于中心位置的国家和欧盟层面的机制相互作用而产生的派生物，以及或多或少与之伴随发生的决策权力向次国家权威的分散，从而使它们有权力介入和影响欧盟的政策过程。"[①] "一体化是一个政体创建的过程，在这一过程中，权威和对政策制定的影响被多层政府分享——次国家的、国家的和超国家的……简言之，政治控制的中心已发生了变化，国家主权被欧盟成员国间的集体决策和欧洲议会、欧盟委员会及欧洲法院的自治角色所稀释。"[②] 欧洲学者里斯贝特·胡奇（Liesbet Hooghe）与美国学者马克斯在欧盟"多层次治理"方面合作完成多部有关"多层级治理"的代表性著作。彼得森和邦博格（Peterson, Bombeg）亦视欧盟为"多层治理之独特体系"。[③] 后来，经过查利·杰弗里（Charlie Jeffery）、贝阿特·科勒—科赫（Beate Kohler-Koch）、彼特斯和皮埃尔（G. B. Peters and

---

① Gary Marks, Liesbet Hooghe, Kermit Blank, European Integration from the 1980s: State-Centric v. Multi-level Governance, *Journal of Common Market Studies*, Vol. 34, September 1996.
② ［德］贝娅特·科勒—科赫、［德］托马斯·康策尔曼、［德］米歇勒·克诺特：《欧洲一体化与欧盟治理》，中国社会科学出版社2004年版，第168页。
③ Peterson John and Elisabeth Bomberg, *Decision-Making in the European Union*. London: Palgrave, 1999.

第八章　欧洲一体化理论谱系中的"多层级治理"

J. Pierre)、艾得伽·葛兰德（Edgar Grander）、托马斯·里斯—凯本（Thomas Risse-Keppen）、西蒙·希克思（Simon Hix）以及弗里茨·沙普夫（Fritz W. Scharpf）等多位学者的发展，多层级治理理论日趋充实和完善。

"多层级治理"方法最基本的一点就是把欧盟看成是地区、国家和超国家层次间的相互连接和互动。多层级治理的形成受到两种力量的影响：一方面，欧洲一体化使得成员国把很多关键领域的权力移交给欧盟；另一方面，许多欧洲国家，通过"地区化"进程把部分权力下放给次国家层面。[①] 胡奇和马克斯认为欧洲一体化是一种创造政体（polity-creating）的过程，在这一过程中政治权威和决策影响力是由多层次政府分享的，形成国家权力向上、向下和向侧的多维度转移，即政府权威同时向超国家层面（supranational level）、次国家层面（subnational level）以及公共私人网络（networking）分散和转移。多层级治理强调不同层级之间的权力分配，反对将权力集中于某一个层级。[②] "多层级治理是指不同地域层级之间决策的分散（dispersion de decision-making）。"[③] "在大多数情况下，三者之间出于资源交换的需要而互有需求，成为实现地区发展目标过程中的合作伙伴。但是，在三者的利益存在冲突的情况下，也不时出现两个行为者联合起来反对第三者的情况"。[④] 实际上，这种新的模式中出现了三角关系，其中任何两个行为者的关系都受到将它们与一个共同的第三方联系起来的第二网络的制约，即所谓的"二元网络"。[⑤]

特别指出的是，在这种新的"多层级治理"结构中，各个行为体之间是没有等级之分的。也就是说，超国家机构并不凌驾于成员国之上，并且

[①] Hooghe, 2001, preface.
[②] Benz, 1998, p. 1.
[③] Hooghe, 2001, preface.
[④] 陈志敏：《次国家政府与对外事务》，长征出版社 2001 年版，第 310 页。
[⑤] Christopher K. Ansell, Craig A. Parsoons and Keith A. Darden, Dual Networks in European Regional Development Policy, *Journal of Common Market Studies*, September 1997, p. 357.

成员国与次国家政府对超国家机构并没有隶属关系。① 欧盟多层级治理中的三个层级更多地是一种相互依赖的关系（dépendance mutuelle），而非等级依附关系（hiérarchique）（Marks 1996b；Ansell，Parsons，and Darden 1997；Hooghe 1998）。欧盟委员会在其1999年的报告中指出："结构基金的分配具有多层级治理的特性。比如，欧盟委员会、国家政府、地区和地方政府等都拥有自主权力（autonomes formellement）。它们之间的关系更多地是合作关系而非等级依附关系。"② 欧盟委员会主席普罗迪（Romano Prodi）曾说："我认为我们不得不放弃辅助性原则指导下的等级竞争思想，而转向一种网络安排考虑，即政策的酝酿、提议、执行和监督由不同层次的治理共同完成。"③

二、多层级治理的理论地位与问题

欧洲的"治理"观念在《欧洲治理白皮书》（European Governance：A White Paper）中被说成"影响到欧洲的权力的行使，特别是从开放、参与、责任、效率与和谐的观点出发的程序和行为"。④ 随着治理理论的兴起和《欧盟治理白皮书》的发表，欧盟内部也出现了关于欧盟治理的三种模式：第一种模式指出欧盟是个"没有政府的治理"（governance without government）体系模式；第二种是"开放方法的协调机制"（open method of coordination）治理模式⑤；第三种是多层级的网状（multi-level network governance）治理模式。⑥ 其中"多层级治理"模式逐渐成为研究的重点，

---

① 该论点首次由罗伯特·基欧汉（R·Keohane）和斯坦利·霍夫曼（S·Hoffman）于1991年《欧洲单一市场法案》顺利运作时提出，强调由于"当事人—成员国"之间无法全然掌握未来的不确定性，故创设"代理人—欧盟委员会和欧洲法院"来确保当事人彼此协议执行。马克·波拉克（Mark A. Pollack）将欧盟视为代理关系的典型，并详细分析了欧盟委员会、欧洲法院、欧洲议会充当代理人在欧洲一体化过程中发挥的作用。

② Commission, 1999a, p. 143.

③ European Commission Working Group, *Multi-level Governance*: *Linking and Networking the Various Regional and Local Level*, Report by "Governance" Working Group 4a, European Commission, 2001.

④ 欧盟Com428号文件，布鲁塞尔，2001年7月25日，《欧洲治理白皮书》，2000年。

⑤ Hodson & Maher, The open method as a new mode of governance: The case of soft economic policy coordination. *Journal of Common Market Studies*, 2001 (39), 4: 719–746.

⑥ Marks, G., Hooghe, L., & Blank, K. European integration from the 1980s: State-Centric v. Multi-level governance, *Journal of Common Market Studies*, 1996 (34), 3: 341–378.

大有整合前两种理论的趋势。

正如在上一节所提到的,"多层级治理"理论是相对于传统的一体化国际关系理论而产生的比较政治学方法中的一种重要理论。国际关系视角把欧共体的政治冲突看成是一种单一的层面,即行为体(现实主义中的民族国家、多元主义方法中的利益集团)支持或反对进一步的超国家一体化,它们不能解释正在出现的欧盟政治中的复杂性和动力。也就是说,国际关系方法忽视了欧盟体系中的日常政治。[1] 到 20 世纪 80 年代中期以后,比较政治学的方法兴盛起来,研究主题主要体现在国家政治的欧洲化和欧盟公共政策分析两个方面,其中"多层的治理"便被包含于后者的研究中,是多元主义方法指导下的重要研究内容(参见表 8—1)。

表 8—1　欧盟比较政治学研究中的方法与主题

比较政治学中的方法	欧盟政治研究中的体现
理性选择	考察单个行为体或制度的效用
多元主义	多层级治理理论;政策网络理论
制度主义与宪政主义	制度与超国家治理理论

资料来源:肖欢容:《地区主义:理论的历史演进》,北京广播学院出版社 2004 年版,第 157 页。

正如表 8—1 所展示的,"多层级治理"理论主要建立在多元主义的方法之上。理论是以更宽广的视角来研究欧洲问题,不仅含有国家的建构、超国家权力的集中,也涉及法规和权威在整个欧洲政体的运行。[2] "多层级治理"学者就是以多元角度审视国家,认为欧盟"多层级治理"所反映的其实就是后现代复杂流动、经常变化的国际政治形态[3]。

"多层级治理"理论对传统的"国家主权"思想构成某种挑战。随着全球化的不断深化发展,绝对主义上的国家主权越来越不适应新的国际国

---

[1]　肖欢容:《地区主义:理论的历史演进》,北京广播学院出版社 2004 年版,第 150 页。
[2]　吴志成:《治理创新——欧洲治理的历史、理论与实践》,天津人民出版社 2003 年版,第 388 页。
[3]　Chris Rumford, *Rethinking the State and Polity-Building in the European Union*: *the Sociology of Globalization and the Rise of Reflexive Government*, European Political Communication Working Paper Series, EurPolCom WPS 4.03, 2003.

欧盟地区政策研究：改革、效应与治理

内形势，"国家主权让渡理论"也应运而生。部分国家主权实现了向超国家层面和次国家层面的转移，这也为"多层级治理"理论与实践的出现提供了基础。不过，"多层级治理"较"主权让渡理论"更为"激进"的地方在于，前者实际上淡化或者"绕开"了关于"主权"问题的争论，摆脱了各层级之间的等级关系和依附关系。在"多层级治理"模式中谈论哪一个层级占主导地位，其意义已经不是很重要了。"或许实质性的问题并不是讨论由谁主导"，① 而是如何在不同层级之间开展最好的合作以达到资源、权能的最优化配置。② "多层级治理"这种新的思考方式，改变了传统的现实主义和自由主义阵营在解释欧洲一体化上的绝对对立，转而用一种新的"资源共享"的角度来解释三个层级的相互依存。

这些新的研究路径被称为欧盟研究的"后本体论"趋势一些学者认为，与其把精力花在欧盟到底是一个成熟的超级国家还是一个政府间机制这种无意义的争论上，还不如撇开这一问题，转而考察欧盟现实中的影响与作用。③ 胡奇［Hooghe（2001a）］认为"多层级治理"为考察欧盟提供了一个全新的视角，它打破了传统的关于欧盟性质和治理"国家间主义"（intergovernmentalism）与"超国家主义"（supranationalism）之间的"二原"（dichotomie）争论。在欧洲学者胡奇（Hooghe，1996）看来，两种传统理论模式——新现实主义（国家中心主义）和新功能主义——没有提供启发性的视角（perspectives heuristiques）来研究次国家行为者在欧盟决策中的地位，这也就是要采纳"多层级治理"的方法来研究欧洲一体化的原因。胡奇还认为这两种理论模式只能证明各次国家地域之间存在很大的地区差距，却无法适应对"凝聚力"（cohésion）的研究。

不过，"多层级治理"理论能够在多大程度上对传统"自由主义"和"现实主义"之争构成挑战，还需要进一步观察。多层级治理突破了主权

---

① Peterson John and Elisabeth Bomberg, *Decision-Making in the European Union*. London：Palgrave，1999：148，p.170.

② Kohler-Koch 2002，Elop，p.2.

③ Kevin Featherstone, Claudio M. Radaelli (eds.), *The Politics of Europeanisation*, Oxford：Oxford University Press，2003. p.4.

第八章 欧洲一体化理论谱系中的"多层级治理"

话语的零和观念,但的分析并不认为国家不重要。[①] 国家主权虽然有了不同程度的"让渡",但这些让渡还是集中在经济领域,政治和外交领域的让渡依然步履维艰。"国家主权"在相当长的时间内仍将"顽强存在",且在多数情况下仍是最为重要的决策体和行为体,在各层级关系中依然起着某种程度的"主导"作用。

综上所述,"多层级治理"理论是欧洲一体化研究的重要理论模式,对于解释欧洲一体化提供了新的视角和思维方式。但是,与此同时,该理论仍不够完善,并没有统一的内涵,在解释过程中时常会出现自相矛盾之处。而且,"多层级治理"模式中各层级和行为者数量繁多,使得不同层级之间的协调十分复杂,且成本较高。具体而言,该治理模式可能存在的缺陷表现在表8—2中:

表8—2 "多层级治理"在协调过程中的结果

多层级治理结构	协调过程中的结果
行为者众多	和解(transaction)成本上升
议会的控制	行为者的自私倾向与讨价还价的策略性(Orientations stratégiques de marchandage)
管理不同层级的复杂性	谈判程序复杂
与部门政策的关联(Articulation)	特殊行政体的紧密联合(Coalitions puissantes d'administrations spécifiques)
各成员国不同的制度框架	对概念和目标的异议;参与者能力的不同
欧盟政策的变化	高度复杂的程序

资料来源:Baudelle Guy et Elissalde Bernard, l'aménagement à l'heure de l'Europe: une construction territoriale imparfaitement partagée?, l'*Information géographique*, décembre 2007.

以上各方面都从不同程度反映出欧盟地区政策效率的低下,因此如何提高"多层级治理"模式的效率就成为一个核心问题。其中一个很重要的途径就是程序的简化并实行"分权化",以进一步明晰各层级之间的权责。"成员国在政治、制度、社会文化和经济上的不同,使得欧盟的治理十分

[①] G. Marks, L. Hooghe and K. Blank, European Integration from the 1980s: State-Centric v. Multi-Level Gouvernance, *Journal of Common Market Studies*, Vol. 34, No. 3 (1996), p. 373.

艰难和复杂。只有同时促进'一体化'和'分权化',才有可能取得成功。"① 甚至还有学者认为"多层级治理"理论的地位被高估了,该理论实际上"仍然只是一个描述欧盟内部形势的概念,而并非是在欧洲一体化现有理论(比如两大主流理论)之外找到另外一条有效的途径。"② 但无论怎样,多层级治理的理论在欧洲一体化理论发展过程中占据着不可忽视的重要地位,对国际关系理论和比较政治学的发展也具有积极意义。

三、欧盟地区政策:"多层级治理"的典范

随着"地区化"进程的不断发展,欧盟各"地区"的地位不断提升,而国家的地位则受到一定程度的削弱,由此形成一种新的由欧盟、国家和地区组成的"多层级治理"架构。"从20世纪80年代开始在西欧兴起的'地区化'进程,使得"多层级治理"的趋势在欧洲愈演愈烈。"③

"多层级治理"作为一个行为原则和组织模式,在欧盟官方文件中不断被强调。2001年欧盟颁布了《欧洲治理白皮书》,④ 在该文件的框架内,一个研究"多层级治理"的工作组曾建议在不同地域层级之间开展合作,建立网络关系,包括建立跨地区的合作(INTERREG)等。在2007年第四次聚合报告中(第十四部分),"多层级治理"模式得到详细阐释和运用。欧盟2014年颁布的《2007—2013年凝聚政策中的"多层级治理"评估》报告中,将"多层级治理"理解为一种由不同类型——公有的(public)、私有的(private)和社会的(societal)的行为体,通过正式的和非正式的方式,参与决策与执行的过程。⑤ 欧盟另一份关于"多层级治理"的文件也指出,"多层级治理"描述了一种不同层级之间的共同决策过程,不仅包含纵向各层级之间的合作,也包括横向不同政策领域之间的合作。"多层级治理"的不同层级之间不存在固定的等级依附关系,而是包括

---

① Rui Azevedo, nouvelles configurations des territoires après cinq ans de construction européenne, *l'Information géographique*, 2007, No. 4.

② 转引自徐静:《欧洲联盟多层级治理的理论与实践——以结构基金的运作为例》,华东师范大学硕士学位论文,2006年。

③ Hooghe 2001a.

④ Gouvernance européenne, un livre blanc, COM (2001) 428 final.

⑤ *An assessment of Multi-level Governance in Chohesion Policy 2007 – 2013*, European Union, 2014, p. 9.

第八章　欧洲一体化理论谱系中的"多层级治理"

"自上而下"和"自下而上"两种方向的相互关系，地区和地方层级发挥着举足轻重的作用。[①]

我们曾经在第七章第四节详细讨论过"地区"层级的地位和作用，从"多学级治理"的角度，"地区"具有特别重要的地位。有学者认为，"地区"是欧盟治理的重要坐标（un site clé）。[②] "关于欧洲次国家层级的研究有助于发展出一个新的决策概念——多层级治理。"[③] 同样有学者指出，"次国家层次参与欧盟政治的各种渠道，是欧盟多层级治理的重要因素"。[④] "通过各层级'伙伴'关系的强化，欧盟治理中的欧盟与国家之间的两层'二极'（dyadiques）模式逐渐转化为由三个层级（超国家、国家和次国家）组成的多层级治理模式。"[⑤] 鉴于欧盟地区政策在处理欧盟内部各层级之间的关系（参见图8—1 欧盟地区政策运行过程中不同层级之间的关系），尤其是推动"地区"作用的提升方面具有不可替代的重要作用，该政策也便成为研究"多层级治理"方面一个非常重要的案例。正如有学者指出的，在有关"多层级治理"的研究中，"最吸引我们注意力的是具有地区倾向的政策，也就是地区发展政策，该政策为我们研究欧盟多层级治理提供了一幅完整的图景"。[⑥] "正是通过欧盟结构政策和凝聚政策'多层级治理'才成为欧盟内部一个特别显著的现象。"[⑦] 欧盟地区政策在1988年改革后形成一种多层级的决策模式。[⑧] 在2007年关于欧盟地区政策未来的民意调查中，人们普遍认为："多层级治理"是欧盟地区政策的本质（l'originalité）。[⑨]

"多层级治理"作为欧盟地区政策的重要特点，有助于促进地方和地

[①] Local and regional Partners Contributing to Europe 2020: Multi-level Governance in support of Europe 2020, Luxembourg: Publications Office of the European Union, 2015.

[②] Boyle Mark, Euro-regionalism and Struggles over Scales of Governance: The Politics of Irland's Regionalisation Approach to Structural Eund Allocations 2000 – 2006, Political Geography 19 (2000), pp. 737 – 769. http://www.elsevier.com/locate/polgeo.

[③] Benz 1998, p. 1.

[④] Hooghe 2001, p. 81.

[⑤] Hooghe 2001, p. 84.

[⑥] Benz 1998, p. 7.

[⑦] Hooghe 2001, preface.

[⑧] Hooghe 2001, p. 9.

[⑨] http://ec.europa.eu/public_opinion/archives/flash_arch_en.htm.

欧盟地区政策研究：改革、效应与治理

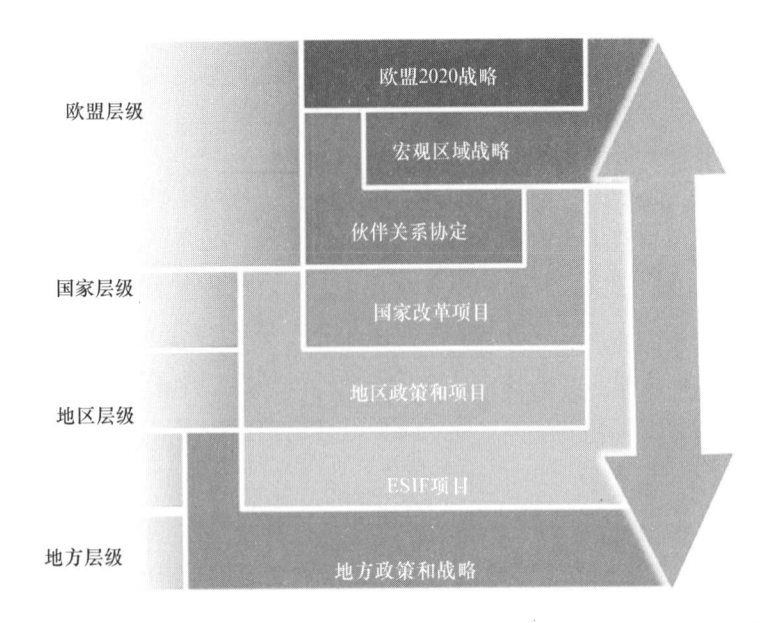

图 8—1　欧盟地区政策运行过程中不同层级之间的关系

资料来源："Local and Regional Parteners Contributing to Europe 2020: Multi-Level Governance in Support of Europe 2020", Luxembourg: Publications Office of the European Union, 2015.

区层级民主的发展。欧盟通过结构基金来发动地区层级的行为者，使该层级成为新的"多层级治理"层级的核心因素。"多层级治理"在凝聚政策中主要通过"伙伴关系原则"来体现。该原则最早于1988年改革中提出，要求地区和地方主体参与到政策制定和执行过程中，并在此后的1993年改革（增加经济和社会合作伙伴内容）、1999年改革（增加女性平等内容）和2006年改革（增加非政府组织内容）中都有所完善。① 其间有一个重要的演变是，从"多层级管理"（multi-level government）到"多层级治理"（multi-level governance）的转变。

欧盟地区政策的"多层级治理"特点不仅体现在该政策的制定和执行过程中，也体现在监督控制和评估过程中。胡奇曾经指出，多层级治理在政策执行和监管过程中发挥的作用最大，而在项目设计过程中的作用次之，作用最小的体现在与欧盟委员会的谈判阶段。

---

① *An Assessment of Multi-level Governance in Chohesion Policy 2007 – 2013*, European Union, 2014, pp. 32 – 33.

第八章　欧洲一体化理论谱系中的"多层级治理"

以欧盟地区政策的主要政策工具——结构基金为例，在该基金的整个运作过程的各个阶段，在欧盟委员会的宏观指导、成员国的主导下，地方和地区政府进行了不同程度的参与。一方面，从结构基金的制定和执行流程来看，在设定结构基金的规划期预算总额时，成员国的中央政府具有关键性影响力。不过，成员国必须依据欧盟委员会的总预算提案加以讨论，而且在理事会讨论之前，欧盟委员会必须根据伙伴关系原则广泛咨询成员国境内的区域和地方政府的意见。另一方面，从结构基金的管理方面，欧盟委员会通过分权化改革不断强化地区层级的作用。"分权化管理意味着欧盟结构基金即地区政策的具体执行被确定在地区的层次上，而不是中央或联邦政府的层次上。"[①] 具体分析可参考本书第三章第三节的论述。

不过，需要指出的是，无论是从理论方面还是实践方面，我们都不能过分高估"多层级治理"的地位和作用。欧盟 2014 年颁布的《2007—2013 年凝聚政策中的"多层级治理"评估》报告中指出，欧洲"多层级治理"存在五方面的挑战：[②]（1）分权化与共同决策经验与传统的缺失，以及次国家行为体（尤其是新成员国）相关决策和执行能力的缺乏。（2）由于资源的缺乏，非公共领域（non-public sector）的行为体对项目的参与和决策的影响力仍然较为有限，而凝聚政策本身各项规则的复杂性，也增加了这方面的挑战。（3）有些国家和地区分配到的欧盟凝聚政策基金有所减少，这对该政策的可持续性有所影响。（4）"多层级治理"的行政成本较高。参与的行为体越多，行政成本越高。（5）民主赤字。有研究指出，多层级治理中的某种"自上而下"的技术官僚模式（technocratic model）使得有些民主化机构被边缘化了。政策制定过程仍然被"自上而下"的模式所主导。决策由一些主要的行为体（包括欧盟、成员国和地区层级行为体）主导，而市民社会行为体以及非政府组织的参与相对较少。

该报告也提出相应的政策建议：[③]（1）欧洲议会应该鼓励欧盟委员会

[①] *White Paper on European Governance Report by Working Group 3b*, Decentralisation Better Involvement of National, Regional and Local Actors, 2001.

[②] *An Assessment of Multi-level Governance in Chohesion Policy 2007 - 2013*, European Union, 2014, p. 10.

[③] *An Assessment of Multi-level Governance in Chohesion Policy 2007 - 2013*, European Union, 2014, pp. 72 - 75.

对各个项目主体提供更多的技术支持，以促进更好的合作；鼓励技术培训以及优秀经验的推广。（2）欧盟各机构应该在项目执行早期确保给所有参与者预留足够的时间，尤其是在新项目的开展初期。欧盟委员会应该确保在执行过程中各方得到充分的信息，并且不要给项目实施主体增加额外的行政压力。（3）欧盟各机构应该提高合作伙伴间的透明度，责任和分工应明确，避免相互推诿。（4）欧盟各机构除了要在各个"执行项目"层级上增加各方合作。

综合第三部分的所述，我们可以看到，欧盟地区政策在推动欧洲内部以"地区化"进程为代表的"欧洲化"进程中发挥着举足轻重的作用，并且在推动欧盟"多层级治理"模式的建构与实践方面也具有不可替代的重要作用。由此，我们认为，欧盟地区政策的确发挥着重要的"制度效应"。当然，关于"制度效应"的这一认定，如同第二部分关于"经济社会与地域效应"的认定一样，也面临很多的问题。比如，有学者认为，中东欧地区的"地区化"进程是"失败"的。而备受关注的"欧洲化"问题，也向来争议颇多，难有定论。关于"多层的治理"的研究，学者们做出很多的努力，也开创出一条试图超越传统"自由主义"与"现实主义"无休上争论的新的道路，但也备受质疑。总之，无论是"地区化""欧洲化"还是"多层级治理"，都是十分复杂的现象和过程，不能过分简单化地进行理解。欧盟"多层级治理"在理论和实践中的地位都不能被过分高估。欧洲一体化的理论和实践都需要进一步发展和完善，尤其是当前欧盟遭遇众多危机的挑战，我们更应该对欧洲一体化的各种理论与实践进行深度反思。但无论如何，有一点需要肯定的是，在欧洲一体化几十年的进程中，欧盟地区政策一直致力于解决随着扩大而不断加深的地区发展不平衡问题，并且积累了很多宝贵的经验。这些经验，对于其他国家和地区解决地区发展不平衡问题具有重要的借鉴意义。当然，欧盟也可以从其他国家借鉴相关经验。作者将在本书最后一部分，对中国与欧盟地区政策进行一个简单的比较分析，并初步探讨二者之间的互鉴与多层级合作。

第四部分

中欧地区政策比较、互鉴与多层级合作

本书前三个部分集中讨论了欧盟地区政策在历次扩大中的重要改革及其（经济、社会、地域、制度）效应。可以看出，欧盟地区政策在欧盟扩大的过程不断得以深化，取得一定的成效。我们知道，地区发展不平衡问题仍然是当前国际形势面临的重要挑战之一，也是中国经济与社会发展中的一个重要议题。近几十年来，中国和欧盟在地区均衡发展方面都做出很大的努力，也都积累了一些宝贵的经验。"他山之石，可以攻玉。"我们的问题是：欧盟地区政策和中国地区政策之间是否存在可以相互借鉴的地方，应该如何借鉴？作者试图在本部分对该问题进行分析。首先，作者将对欧盟和中国地区政策展开比较思考：具体包括政策面临的挑战，政策目标的异同、层级与效率的比较、区域划分体系的比较、监督与法制体系的比较以及发展进程与特点的对比等；然后，我们将探讨中欧相互借鉴与合作提升之道：一方面探讨中国可以从欧盟地区政策学习和借鉴的地方，另一方面也对中国地区政策的比较优势进行简单介绍；最后，我们将结合"一带一路"的大背景，对中国与中东欧地方合作问题进行简单分析，探讨一种中欧多层级合作机制的可行性，可以将中欧地区政策合作现有机制与成果同其他中欧地方合作投机有机整合起来，构建更加全面有效的中欧多层合作机制。

第九章　中国与欧盟地区政策比较、互鉴与多层级合作

第一节　中国与欧盟地区政策的比较思考

欧盟的地区政策和中国的地区政策都是非常庞杂的系统，要对二者开展对比思考，我们首先要面对的一个重要问题是，二者是否可以进行比较。中国的地区政策是单一制国家内部的区域经济政策，而欧盟的地区政策则兼具了国家间性质和超国家性质。但是，作者认为，鉴于中国和欧盟地区政策之间面临许多共同的挑战，彼此也有许多可以相互借鉴的地方，二者之间的比较已经具备了一定基础。中国发展与改革委员会和欧盟委员会于2017年发布的《中欧地区政策合作报告》指出，中国与欧盟地区政策在以下几个方面存在很大的共性：（1）将促进区域协调发展作为地区政策的重要目标；（2）着力推进区域合作与一体化发展；（3）重视城乡统筹发展和城镇化建设；（4）重视生态环境保护；（5）注重发挥不同主体的积极性；（6）探索建立科学的区域发展评价体系。[1] 具体而言，作者的比较分析将从以下几个方面展开：

一、相似的挑战

中国与欧盟都面临严峻的地区发展不平衡问题。近年来，随着"一带一路"建设、京津冀协同和"长江经济带"发展三大战略的实施，四大板块协同发展效应不断增强。但与此同时，东北地区与其他三个板块的分化愈加明显，经济增长"南快北慢"现象、特殊地区发展滞后等问题仍制约着区域协调发展。总体而言，中国区域发展不平衡问题仍然十分严峻。根据本书第二部分的论述，欧盟内部地区差距演变形势也非常复杂。欧盟委员会第七次聚合报告指出，30年来，成员国之间的差距和欧盟层面的

---

[1] 《中欧地区政策合作报告》，Report on EU-China Regional Policy Cooperation. http://ec.europa.eu/regional_policy/sources/cooperate/international/pdf/final_report_eu_china_2017.pdf.

地区总体之间的人均 GDP 差距总体上不断缩小（虽然这一缩小的趋势因 2008 年的金融危机而停顿，但金融危机后，重新出现缩小趋势），而成员国内部人均 GDP 差距总体上却在不断扩大（虽然也有个别国家内部的地区间差距扩大不明显或者有所减小），地区差距形势依然严峻。

基于上述相似的挑战，两大地区政策的目标本质也具有一定的相似性。

二、相近的目标

总的来说，中国地区政策的基本目标包括以下几个方面：适度缩小区域发展差异，实现所有地区基本公共服务均等化，充分发挥区域比较优势，提高整体竞争水平，促进区域经济、社会和资源以及环境协调发展。而欧盟地区政策的主要目标也可以被概括为"经济、社会与地域聚合"。其宗旨也是要缩小地区间差距，提升欧盟总体和各地区的竞争力，实现经济、社会和地域全方位的聚合。由此看来，两个地区政策的目标也是比较相似的。

三、层级与效率的比较

正如本书第三部分论述的，欧盟地区政策与欧盟"多层级治理"之间有着非常内在的关联。在 2007 年关于欧盟地区政策未来的民意调查中，人们普遍认为："多层级治理"是欧盟地区政策的独特性。[1]

与欧盟多层级治理不同的是，中国也存在多层级。但中国内部的"多层级"与欧盟的"多层级"在本质上是有区别的：前者是由上而下的等级制垂直管理体系，后者是强调非等级制的平等的网络化管理体制。需要关注的一点是，欧盟地区政策在实施过程中，通过伙伴关系原则和共同投资原则，一直注重发挥地区和地方层级不同主体的积极性。近年来，中国也积极促使经济调节从全国"一刀切"转向分类指导、充分发挥地方积极性。由此，社会组织渠道得到拓宽，公众参与度有所提高，各地区和部门相继建立了政府信息公开制度。此外，还实行公众咨询制度，不断提高公众参与度和区域管理决策过程的透明度。

---

[1] http：//ec. europa. eu/public_opinion/archives/flash_arch_en. htm.

第九章　中国与欧盟地区政策比较、互鉴与多层级合作

与层级相关的是效率问题。总体来讲，中国地区政策的效率相对更高。欧盟要协调众多成员国之间的利益博弈，加上层级众多，程序烦琐，严重限制了欧盟地区政策的制定和实施的效率。

四、区域划分标准和体系的比较

中国的区域划分根据经济发展阶段的变化而不断进行调整。中华人民共和国成立初期，为平衡区域经济发展，将全国划分为沿海地区和内陆。20 世纪 60 年代，出于国防和安全需要，调整为一线、二线和三线地区。改革开放之后，为满足区域经济快速发展的需要，区域划分调整更为频繁，从"六五计划"时期的沿海地区和内陆到"七五计划"和"八五计划"时期的东部地区、中部地区和西部地区，再到"九五计划"时期的七大经济区域。世纪之交以来，随着西部大开发、振兴东北老工业基地和促进中部崛起战略的实施，中国重新划分为四个区域：沿海地区、东北地区、中部地区以及西部地区。在中国当前的区域划分中，主体功能区和特殊地区的划分也十分重要。总体而言，中国的政治、经济和管理体制差异对于区域的划分有着重大影响，区域发展战略决定区域的基本划分方式。在中国的区域划分中，每个区域的空间范围过大，这一点需要在以后的区域划分中加以改进。

相对而言，欧盟的区域划分体系更加完善，主要体现在其较为完善的 NUTS 系统上。自 1989 年改革以来，NUTS 分类系统和新克罗诺斯信息系统的 REGIO 区域就以不同欧盟成员国之间的比较为基础，通过提供能够反映区域差异性的动态图，为欧盟地区政策的实施提供基础，使得政策可以对不同地区和地区群组间的经济差异进行细微的比较。负责 NUTS 分类管理的欧洲统计局也开发了自己的城市审计系统，并在自己的区域数据中加入了城市和大城镇的详细社会经济状况图。但是，欧盟地区政策的执行环境正处于变化当中，新问题的出现使得使用者产生了对新型数据的需求：减缓全球变暖、减少二氧化碳排放、加强和开发更高效的研发能力等。

五、监督与法制体系比较

在监督体系上，双方各有优势。中国更多的是上下级垂直监督关系，当然也邀请了第三方监督机构的介入，比如世界银行。欧盟则有比较完善

的监督机构设置，比如每个项目有管理机构、认证机构、审证机构以及中间机构（参见本书第三章的论述）。

欧盟地区政策法制体系相对比较完善，从政策制定、执行到监管和评估等各个方面都有一套明确可依的法律法规进行约束。在中国，地区政策没有非常明确的概念范畴和运作框架，具体内容包含地区发展、产业布局、区域补偿（财政转移支付）和公共投资等，与其他政策比如产业政策、金融政策、农业政策等是相互包含交错的关系，其范畴要大于欧盟地区政策的范畴。中国目前没有明确而统一的类似欧盟 DG REGIO 这样的机构来负责地区政策的制定与实施，也尚未建立起一套专门的地区政策法制体系。

六、环境保护与可持续发展比较

中国和欧盟都非常重视环境保护可持续发展。中国把生态文明理念贯穿于区域发展总体战略的全过程，十九大报告提出要"加快生态文明体制改革，建设美丽中国"。当前，全球环境治理进入新阶段，全球经济正面临着绿色转型的战略机遇期，中国的绿色转型也正在进入快车道。中国最近几年推出的"主体功能区"[①] 概念，有一个非常核心的考量，就是把环境和资源的承载能力放进来。

欧盟地区政策越来越重视环境保护和智慧城市的建设方面。欧盟地区政策的五个核心内容几乎都涉及可持续发展和环境保护：[②]（1）通过投资支持就业、教育和社会融入；（2）促进中小企业发展；（3）通过投资和研究性工作推动科研和创新；（4）通过重要投资项目推动环境保护事业；（5）推动交通与能源（尤其是可再生能源与创新型交通基础设施）的现

---

① 有学者指出，"主体功能区"概念并没有甄别出区域政策的作用对象（即最贫困地区和结构重组地区）。同时，由于行政主体的缺位，即使是划分出来了也难以实施。但是，在中国当前努力实施科学发展的背景下进行主体功能区的划分又是非常必要的，它的重要性并不是体现在它甄别出区域政策的作用对象，而是体现在它甄别出中国未来经济社会发展政策的优化、重点作用对象和限制、禁止作用对象。但是，这种划分并不能解决中国区域发展严重不平衡的问题，也不能实现中国统筹区域发展的目标。参见李明著：《欧盟区域政策及其对中国中部崛起的启示》，武汉大学出版社 2010 年版，第 234—235 页。

② https://europa.eu/european-union/topics/regional-policy_en；另外可参考：https://cor.europa.eu/en/news/Pages/Lisbon-Europe-s-Green-Capital-in-2020.aspx。

代化，以应对气候变化方面的挑战。第七次聚合报告强调欧盟需要更多的投资，以求达到2030年增加共享新能源、降低温室气体排放量的发展目标。2014—2020规划期的欧盟地区政策增加了对气候变化等方面的关注。2014—2020规划期中，欧洲地区发展基金与凝聚基金的21%投入到有关气候变化方面，有约780亿欧元基金投入到低碳经济、气候变化与危机预防、环境保护等方面。欧盟已经推出相关措施来确保2050年前有效减少温室气体排放，这些内容在"2020气候变化与能源框架"与"2030气候变化与能源框架"（climate and energy framework）中都有具体体现。

中国和欧盟在实现资源可持续利用方面有各自的长处和不足。中国的主要长处在于能够迅速动员组织大规模环保活动，这一点可从近年来的植树造林和风力发电的例子中看出。而欧盟的主要长处则在于成熟的综合性环境管理能力。中欧在环境政策方面已有深入合作，但环境保护的重要性和可持续发展重点的转变决定双方有必要进行进一步的密切合作。2017年，欧盟发布的关于中欧地区政策合作的报告——《中欧地区政策合作报告》[①]指出，可以深化合作的潜在领域包括：（1）寻求更多加强国家、地区和当地环保法规执行力度的方式，包括征收环境税；（2）进行战略环境评估，作为促进地区可持续发展的手段；（3）进一步将可持续发展融入地区发展的经济管理中；（4）进一步推行"绿色"公共采购；（5）加深地区间经济发展的合作，例如江河流域的综合治理；（6）环保机构更多地参与地区发展政策，构建网络并提高能力，使开发商和环保人士建立更紧密的合作伙伴关系。

七、发展进程与特点的比较

最后，作者将对中国和欧盟地区政策的发展进程进行比较细致的比较，并试图提炼出各自的特点与趋势。

首先，中国地区政策经历了由均衡到不均衡、再到均衡和区域协调发展的几个阶段：

---

① 《中欧地区政策合作报告》，Report on EU-China Regional Policy Cooperation. http://ec.europa.eu/regional_policy/sources/cooperate/international/pdf/final_report_eu_china_2017.pdf。

1. 区域均衡发展政策时期

从中华人民共和国至改革开放前，中国实行的是地区均衡发展政策。该时期主要受"均衡布局论"的指导，[①] 通过"内地建设"和"三线建设"，[②] 使得内地工业产值在30多年间增加了40多倍。地区均衡发展政策在一定程度上对加速中国工业化进程起到了积极的作用，但也存在根本缺陷，忽视了市场机制的作用。当时的"均衡"战略实际上只是一种低水平的均衡，[③] 忽视了经济发展和区域生产力布局的效率原则，造成较大的经济损失。

2. 区域非均衡发展政策时期

改革开放以后，宏观经济从计划经济向市场经济转轨，区域发展政策转向重视国民经济整体发展和宏观积极效益的非均衡发展政策。非均衡发展政策强调"效率优先"，并力图"兼顾公平"。全国经济区域主要划分为三大地带——东、中、西部地带，确立了"梯度转移"的战略思路，优先发展东部，以东部的发展带动中部和西部的发展，使生产力布局逐步由东向西做梯度转移。这种非均衡发展政策取得举世瞩目的成就，提高了宏观经济效益和人民生活水平，却导致东部和中西部之间的差距逐步扩大。

3. 适度非均衡发展政策时期

20世纪90年代以来，中国区域发展政策开始从非均衡向适度均衡发展转变，实行"非均衡发展"和"协调发展"的有机结合。1999年，中国开始实施"西部大开发战略"，这意味着中国区域非均衡发展政策的实质性转变。2006颁布的《国民经济和社会发展第十一个五年规划纲要》提出，"坚持实施推进西部大开发，振兴东北地区等老工业基地，促进中部地区崛起，鼓励东部地区率先发展的区域发展总体战略，健全区域协调互动机制，形成合理的区域发展格局"。虽然东西部之间、城乡之间经济发展"增速差距"有缩小的趋势，但区域间绝对差距仍有扩大的趋势，城乡差距也日益扩大。

[①] 陈家海著：《中国区域政策的改变》，上海财经大学出版社2003年版，第226页。

[②] 1964—1978年，在中国中西部的十三个省、自治区进行了一场以战备为指导思想的大规模国防、科技、工业和交通基本设施建设，被称为三线建设。

[③] 张广翠：《欧盟地区政策研究》，吉林大学博士学位论文，2006年，第235页。

4. 区域协调发展新格局阶段

党的十八大以来，统筹推进"三大战略"和"四大板块"发展，促进区域协调协同共同发展，进入塑造区域协调发展新格局阶段。党的十九大首次将区域协调发展上升到国家战略层面，明确提出坚定实施区域协调发展的战略，建立更加有效的区域协调发展新机制，以"一带一路"建设、京津冀协同发展、"长江经济带"发展战略为引领，提升区域发展质量。

与中国地区政策阶段和目标的多次调整相比，欧盟地区政策发展表现出更明显的一致性与连续性。正如本书第一部分详细论述的，自20世纪70年代以来，欧盟地区政策的改革主要呈现出以下几个总体特点和趋势：（1）"凝聚力"与"竞争力"的双重强化趋势。（2）程序的简化以求更高的效率：基金使用的"集中化"和政策工具的不断整合。（3）不同层级之间"合作"的加强与职权的明晰："合作"原则与"辅助性"原则的扩大和深化；欧盟委员会职权的集中化、更加注重策略性；成员国和地区权责的完善，加强"分权化"管理。（4）结构基金数量和比重的不断提升。（5）趋向更加智慧、绿色与亲民的欧洲。

综合上面的分析，中国与欧盟地区政策之间既有相似之处，也有很多不同之处，参见表9—1"中国与欧盟地区政策比较分析"。作者希望通过不同政策之间的比较思考，反观中国与欧盟地区政策的优势与不足，相互取长补短，推动彼此的进一步完善与发展。21世纪以来，中国与欧盟地区政策之间已经开展了一系列合作，并取得一定成效。接下来，作者将对中国与欧盟地区政策之间的合作历史进行简单梳理。

表9—1 中国与欧盟地区政策比较分析

	中国	欧盟	比较思考
层级、效率	单一制国家内部区域发展政策。中央与地方之间垂直的隶属关系，地方自主权相对较少，地方不同主体积极性有待提高，但近些年来分权化趋势有所加强。总体效率相对较高	兼具国家间与超国家性质。地方分权化程度比较高，注重发挥不同主体的积极性，但近些年来"再国家化"趋势有所加强。实行"多层级治理"，总体效率相对较低	不是同一个层级，为二者的比较形成一定障碍；总体而言，中国效率更高

续表

	中国	欧盟	比较思考
挑战	四大板块之间发展仍然不平衡,南北差距有所扩大。东部区域内差距和东中西三大板块间差距有所减小,但地市级以及县级层面的差距形势严峻	随着欧盟不断扩大,成员各国之间差距和整个欧盟层面的地区间差距有所减小,但成员国内部差距有所扩大	都面临严峻挑战
目标、工具	缩小地区间差距,区域协调发展。主要目标非常明确:"减少贫困"。除了贫困地区扶持工具相对比较完善,其他地区政策工具不够完善	目标体系逐渐浓缩,由初期的六个目标逐渐压缩为三个目标:竞争力、趋同与区域合作。基金使用不断集中化、政策工具体系也不断整合	中国的目标更加明确和集中。欧盟目标体系更完善
区域划分	未形成统一的区域划分体系	完善的区域划分系统:NUTS[①]	欧盟相对更加完善
法律与政策体系	尚未形成完善统一的法律制度体系和单一的政策制定与执行部门。区域战略与地区政策混淆	欧盟层面统一负责地区政策的部门:DG REGIO	欧盟政策体系相对更加完善
监督体系	上级监督下级;引入第三方监督,比如世界银行等国际团队;总体不够完善	前期评估、中期评估与后期评估;每一个项目都设有管理机构、认证机构和审计机构,必要时还指派一个或几个中间机构辅助完成任务	各有优劣。欧盟监督体系较为完善
环境保护与可持续发展	越来越注重视生态环境的保护。"主体功能区"体系建设,追求"公共福利均等化"	对可持续发展、环境保护和生态多样性一直比较重视,且越来越重视	欧盟经验丰富;中国进步快
发展进程与改革趋势	经历四个阶段:均衡——非均衡——适度非均衡——区域协调发展	历次改革与历次扩大紧密关联。主要趋势:"凝聚力"与"竞争力"的双重强化、程序简化、职权明晰、基金增加等	都经历不断改革与深化

资料来源:作者自制。

---

① NUTS:Nomenclature of territorial units for statistics(欧洲地域统计术语)。

第九章 中国与欧盟地区政策比较、互鉴与多层级合作

第二节 中国与欧盟地区政策可相互借鉴之处

通过前面的比较分析，我们可以看出，两大地区政策之间存在许多共同之处，也存在一些差异。共同的挑战、相似的目标、各自运行机制的异同，为彼此借鉴提供了共同的需求和基础。此处所说的"借鉴"更多地是一种"启发性思考"，而不是简单的"照搬"和"移植"。正如上面比较分析中提到的，欧盟地区政策与中国地区政策在性质和范畴上都有所区别：从性质上看，欧盟地区政策是由各成员国在一定程度上实行主权让渡而形成的、凌驾于各成员国地区政策之上的、一种"超国家"的"共同体地区政策"。而中国的地区政策是一个主权国家内部的国家政策。性质上的差异导致两种政策在运作模式和运作效力上必然存在差别。从范畴上看，欧盟地区政策是欧盟政策体系内部的重要政策之一，具有明确的政策法律框架和资金管理机制，并与其他欧盟政策独立开来，比如产业政策、农业政策、金融政策等。而在中国，地区政策并没有非常明确的概念范畴和运作框架，具体内容包含地区发展、产业布局、区域补偿（财政转移支付）和公共投资等，与其他政策比如产业政策、金融政策、农业政策等是相互包含交错的关系，其范畴要大于欧盟地区政策的范畴。由此，简单把二者进行比较是不妥当的，而只能在适当范围内做出一些"启发性思考"和"可能性借鉴"。

首先，作者将分析中国可以从欧盟地区政策经验中得到的启发：

一、中国可以从欧盟地区政策借鉴之处

1. "竞争力"（效率）与"凝聚力"（公平）并重

"效率"与"公平"是地区政策的两个核心概念。欧盟地区政策从产生至今，始终把提高"凝聚力"作为首要发展目标。到20世纪90年代，随着全球化的发展和国际竞争的日益加剧，以及欧盟自身经济发展过缓导致的竞争力下降，欧盟地区政策的目标由提高"凝聚力"为主，转为"凝聚力"和"竞争力"并重的"双重强化"趋势。

如何更加有效地处理好"公平"和"效率"两大基本原则之间的关系，也是中国地区政策的核心任务。在这一点上，欧盟地区政策与中国地

区政策找到共同的目标。欧盟地区政策在 50 多年的发展中积累了许多宝贵经验，值得学习与借鉴。

2. 完善并简化程序，促进各层级间紧密合作

程序的简化是欧盟地区政策历次改革的重要内容，具体包括：政策目标和政策工具的集中化、政策工具之间的协调以及不同层级之间职权的明晰和"分权化"等。我们可以借鉴欧盟地区政策相关经验，建立起自己明确的目标和工具体系，使得政策制定、执行、监督和评估各个环节之间的程序更加完善，降低程序成本，提高运作效能，有效解决地区发展不平衡问题。

"伙伴关系原则"是欧盟地区政策自成立之初就确立的基本原则，并在实践过程中得到不断强化。欧盟、成员国、地区各层级之间的合作关系日益紧密，职权也越来越清晰。职权的明晰主要通过"分权化"来实现。通过不断的"分权化"，欧盟委员会的职权越来越具有"战略性"。欧盟机构从具体的管理中撤出，其责任主要调整为实行监督、制定管理规则、突出政策优先顺序以及利用储备金奖励绩效先进的地区，从而影响成员国的操作过程。与此同时，欧盟各成员国和地区层级在实施规划、跟踪、评估等方面的职权也得到相应强化。这种"分权化"管理模式有利于提高整个政策运作的效率。

而中国地区政策在实践中表现为中央政府以行政命令主管地区发展事务，地区和地方政府的自主权较为有限。中国可以尝试制定专门的中央和地方关系法，厘清中央和地方各层级之间的职权关系，提高地区和地方层级的参与积极性和主动性，全面调动社会资源，从而更有效地解决日益严峻的地区差距问题。

3. 完善监管评估机制与法律政策体系

正如在第一部分详细论述过的，地区政策的有效运行除了应有政策制定环节的法律保障之外，还需要有执行、管理、监督和评估等各个环节的配套保障。欧盟指导并参与成员国和地区的监督控制过程，以保障和促进欧盟地区政策的效率。比如在 2007—2013 规划期中，欧盟地区政策的跟踪监管系统得到进一步改进，欧盟采取一种"战略性跟踪"，而成员国和地区负有具体的监督责任。根据欧盟委员会 2006 年结构基金、社会基金和凝聚基金一般协议的规定（欧盟理事会 1083/2006 号协议第 59 条），每

一个"执行项目"都需要建立一套相应的监管系统，包括管理机构、认证机构、审计机构以及中介机构。此外，在地区政策运行前、运行过程中以及运行结束时，欧盟、成员国和地区层级都要在"伙伴关系原则"的指导下进行各种类型的评估，向相关部门提交预测和评估报告。与此同时，欧盟还制定了一系列奖惩措施，对成员国的政策执行和资金使用情况进行监管。

中国地区发展政策可以在以下几个方面充分借鉴欧盟地区政策的经验：(1) 建立和完善法律框架，制定地区政策总体原则与实施细则，在宪法中对地区政策做出明确的规定，完善中央与地方关系法以及竞争法，协调各层级之间的关系，充分调动各层级的社会资源；(2) 建立科学规范的区域划分机制，实现全国范围内有效统一的区域划分和评价标准；(3) 建立专门的地区政策部门，完善政策工具体系，综合运用法律、经济、行政等多种区域协调方式，共同促进地区政策发展目标的实现。

4. 进一步加强生态环境保护，完善"主体功能区"体系

正如前面的比较分析中所论述的，欧盟越来越重视环境保护与可持续发展，并积累了大量成功经验。2019 年 12 月，最新一届欧委会也把环境保护作为其执政的核心议题之一。欧盟的经验为中国生态环境的保护和可持续发展提供了许多宝贵经验。中国近些年推出的"主体功能区"建设，其宗旨也正是要推动环境保护与可持续发展。在"主体功能区"建设过程中，中国需要妥善处理好几组重要关系：保护与发展之间的关系、公平与效率的关系、主体功能区战略与区域发展战略的关系、主体功能区划与其他原有的各种规划之间的关系、政府与市场的关系等。目前中国的主体功能区制度在执行过程中仍然面临各种困难：不同部门之间协调有一定困难，不同层级之间政策落实不到位。中国政府应该注重完善生态补偿机构，全力推动实现公共服务均等化，促进可持续发展。

5. 整合研究力量，加强理论与实证研究

欧盟在整合不同国家和地区的相关学者进行理论和学术研究方面，也积累了很多宝贵的经验。比如，专门成立"欧洲地域发展与聚合研究网络"，集结欧洲国家主要的地理学者和研究机构，就"地域聚合"问题开展常年的系统性研究，并取得一系列丰硕的研究成果。中国学界的相关研究也一直在加强，但仍有提升的空间。以"主体功能区"为例，目前社会

各界对这一新概念的认识尚不统一,不同地区和层级的理解和利益诉求各不相同,存在复杂的博弈关系,学者们需要加强相关研究。中国学者也可以加强与欧洲学者的合作与交流,以取长补短、相互促进。

二、中国地区政策的比较优势

当然,中国地区政策同样积累了许多宝贵的经验。在作者看来,中国地区政策经过几十年的发展,虽然存在一些不完善的地方,但仍然体现出一些独特的优势:

首先,中国中央政府管理能力相对较强、政策效率相对较高。一个最典型的案例就是中国扶贫工作成效显著。改革开放40年来,中国7亿多人口摆脱贫困,对过去40年世界扶贫事业的贡献率超过70%。中华人民共和国成立70年来,中国的扶贫制度逐步建立并不断完善。中华人民共和国成立之初,中国开始实施以解决大多数人基本生存困境为目的的救济式扶贫,即以政府为责任主体,以国家财政为经济基础,通过财政补贴或实物救济等途径保障贫困群体最低程度的生活水准。改革开放后,国家把扶贫开发工作纳入国民经济和社会发展的整体布局,开始了生产救助与生活救助相结合的、以解决贫困人口温饱问题为主要目标的开发式扶贫,社会普遍性的绝对贫困状况基本解决。后来,在扶贫主体上,中国成立了各级专门的扶贫开发领导机构,致力于在贫困地区进行基础设施建设,改造生产条件,帮助贫困地区形成新的生产能力。党的十八大以来,中国实施精准扶贫方略,创造了人类减贫史上的奇迹。据相关资料统计,2013年至2017年,中央财政安排的专项扶贫资金从394亿元增加到861亿元,累计投入2822亿元;省级及以下财政扶贫资金投入也大幅度增长。安排地方政府债务1200亿元,用于改善贫困地区生产生活条件。安排地方政府债务994亿元和专项建设基金500亿元用于易地扶贫搬迁。政府和社会机构大规模的资金投入,"集中力量办大事",极大地促进了脱贫攻坚的进程。

其次,中国地区政策虽然尚未建立起独立而完善的政策体系,但也因其政策范围广、可用资源丰富、政策工具多、差异化灵活政策的运用等而具有一定的优势。围绕实现既定区域发展总体战略,中国政府根据不同区域经济社会发展情况,编制重点区域发展规划和政策文件,明确地区发展

第九章　中国与欧盟地区政策比较、互鉴与多层级合作

功能和定位，给予相应的政策支持，不断优化区域发展空间格局，促进要素自由有序流动；打造重要功能平台，通过建设经济特区、国家级新区以及各类试验区和示范区，为区域创新发展和体制改革积累经验，培育新的经济增长极；完善区域协调发展机制，通过设立重大战略领导小组及其办公室、建立国家有关部门与地方参加的省部际联席会议等方式，研究协调解决区域发展中的重大问题和事项。在此过程中，综合采用多种政策工具，逐步形成比较完整的区域政策工具体系。常用的政策工具有：（1）财税政策，通过国家对地方财政转移支付提高欠发达地区财政支出水平，推进地区间基本公共服务均等化，对重点支持地区直接给予财政补贴，给予部分地区税收优惠政策等；（2）投资政策，对东中西部不同地区设定差异化投资补助比例，安排重大项目建设等；（3）金融政策，在不同区域实施差异化金融监管政策，实施差别化存款准备金率、优惠贷款利率、金融机构准入条件等；（4）产业政策，充分发挥地方比较优势，制定差异化产业准入政策，在重大生产力布局方面予以支持等；（5）土地政策，在安排土地利用年度计划指标时对重点地区予以倾斜支持，允许部分地区适当降低建设用地准地价等；（6）改革政策，通过设立重大功能平台等方式，支持重点地区在全面深化改革中先行先试。此外，还会根据不同地区特点，综合使用对口支援（帮扶）、价格支持、人才支持、生态补偿、对外开放等支持政策。

再次，中国政府能够根据国际和国内形势的变化"与时俱进"，及时调整政策，从而在一定程度上保证了地区政策的成效。总体来说，中国地区政策体系一直在不断完善。党的十九大以来，区域治理呈现出五个方面的转变特征：从"点状规划"向"面状布局"转变；从单一区域发展向区域和城镇化规划相结合转变；从行政主导的区域管理向多元参与的区域治理转变；从促进区域经济增长向实现区域公平正义转变；以及区域发展战略从"内向主导"向"内外结合"转变。[①] 近些年，中国不断完善区域发展协调机制。目前，国家层面已成立京津冀协同发展领导小组及相应办公室；珠三角形成以政府协同治理为主导的多层级协同机制；长三角建立了高层定期会晤、协调会议等磋商机制，出台了《粤港澳大湾区发展规划

---

① 柳建文："我国区域治理转变的新特征"，《中国社会科学报》2019 年 6 月 5 日。

纲要》（2019 年 2 月）、《长江三角洲一体化发展规划纲要》（2019 年 5 月）。与此同时，地方层面也在整合现有区域协调机构和常设机构，探索成立跨区域权威治理机构。

综上所述，中国与欧盟地区政策之间有许多可以相互借鉴的地方，那么二者之间是否已经开展实际的合作了呢？成效如何？遇到哪些困难与挑战呢？接下来，作者将对此进行简单梳理。

第三节 中国与欧盟地区政策的合作：回顾与展望

早在 2003 年，中欧双方领导人就提出开展地区政策合作的倡议。2004 年 12 月，第七次中欧领导人会晤首次就平衡发展、地区政策、农村发展等问题开展对话与交流，并提出要召开中欧区域经济发展研讨会。2006 年 5 月 15 日，欧盟委员会与中华人民共和国国家发展与改革委员会（NDRC）签署了《地区政策合作谅解备忘录》，举行了"中国—欧盟区域经济发展研讨会"，正式开启中欧地区政策对华合作机制。《备忘录》明确了合作的组织形式：每年至少举办一次中欧地区政策对话会议，会议原则上在中国和欧盟轮流举办。截至 2016 年，中欧双方已经成功举办 9 次高层对话会与 11 次高层研讨会（参见图 9—1）。此后，2018 年 4 月 24 日，中欧区域政策合作案例地区研讨会在京召开。2018 年 7 月 16 日，第 11 次中欧区域政策合作高层对话会在北京召开。2018 年 7 月 18 日，由国家发改委地区经济司、欧盟委员会地区与城市政策总司联合主办的第 13 次中欧区域政策合作研讨会在郑州召开。

同时，中欧双方还开展多次研究访问和培训项目。在这一框架下，2008 年 10 月展开了中国区域政策与欧盟区域政策各方面的对比研究。该对比研究旨在为中国专家准备"十二五计划"过程中介绍欧盟的经验，反过来也为未来欧盟区域政策提供借鉴。这并不是说根据中国或欧盟的现实状况提供量身定制的解决方案，而是为专家制定未来区域政策举措提供参考依据。该研究项目中，双方共有 22 名专家参与其中。2008 年 7 月，双方专家赴重庆市和广东省，分别就统筹城乡发展、东部及西部城市发展对比、中国对口援助机制、民营企业发展、城市新区建设及高新技术产业开发区发展等问题，与地方有关部门进行座谈，并进行了实地考察。12 月，

第九章　中国与欧盟地区政策比较、互鉴与多层级合作

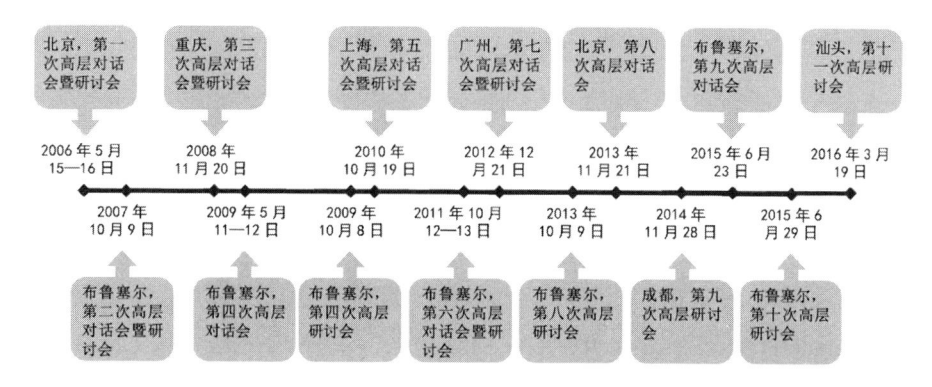

图 9—1　中欧高层对话会暨研讨会

资料来源：《中欧盟区域政策合作报告》，http://ec.europa.eu/regional_policy/sources/cooperate/international/pdf/final_report_eu_china_2017.pdf。

中方专家赴英国和比利时，就英国区域政策和欧盟区域政策的制定及实施进行了调研。2010 年 12 月，中方和欧方专家组分别完成中国与欧盟区域政策的最终研究报告。[①] 2017 年，欧盟发布了关于中欧地区政策合作的报告——《中欧地区政策合作报告》，该报告回顾了十多年来中欧地区政策合作的历程，并对中欧未来合作方向进行了展望。[②]

2010—2014 年，双方在中欧区域政策合作培训项目下开展了能力建设与合作交流，涉及欧盟区域政策的背景立法过程及实践、区域集聚和创新、区域产业集群创新、区域政策法律框架和多层管理体系、城市可持续发展、城乡一体化发展、城乡协调发展、区域合作与区域创新等多个主题。有超过 220 名来自中国 31 个省（自治区、直辖市）的官员、学者与欧盟近 20 个成员国的 45 个地区交流了经验，参观了不同地区各具特色的优秀实践案例；来自欧盟成员国的约 100 名官员、学者和企业代表来中国

---

① 欧盟与中国各自所做报告的完整版更多信息请参考：Less Poverty, More Employment: Helping the European Union to achieve its 2020 targets-A Study of the organisation of the European Union Cohesion Policy with special reference to anti-poverty policy in the People's Republic of China，以及 EU-China Cooperative Research Program on Regional Policy: Research Report of the Chinese Expert Group，https://ec.europa.eu/regional_policy/en/policy/cooperation/international/china/。

② 两份报告的中文摘要《欧盟与中国区域政策对比》参见：https://ec.europa.eu/regional_policy/sources/cooperate/international/pdf/brochure_eu_china_v08_zh.pdf。

欧盟地区政策研究：改革、效应与治理

进行实地考察交流。参见表9—2："中国区域能力建设与合作交流活动一览表"：

表9—2　中欧区域政策能力建设与合作交流活动一览表

期次	时间	地点	主题
第1期	2010年7月	欧盟国家	欧盟区域政策的背景立法过程及实践
第2期	2011年3月	欧盟国家	区域集聚和创新
第3期	2011年10月	欧盟国家	区域产业集群创新
第4期	2012年4月	中国	区域政策法律框架和多层管理体系
第5期	2012年7月	欧盟国家	区域政策法律框架和多层管理体系
第6期	2012年11月	欧盟国家	城市可持续发展
第7期	2013年5月	欧盟国家	城乡一体化发展
第8期	2013年6月	中国	城乡协调发展
第9期	2013年10月	欧盟国家	区域合作与区域创新
第10期	2013年11月	欧盟国家	区域政策与区域创新
第11期	2013年11月	中国	城乡协调发展
第12期	2014年5月	欧盟国家	区域与城市创新
第13期	2014年6月	欧盟国家	区域与城市创新
第14期	2014年7月	中国	区域与城市创新
第15期	2014年10月	欧盟国家	区域与城市创新
第16期	2014年11月	欧盟国家	区域与城市创新
第17期	2014年11月	中国	区域与城市创新
第18期	2015年1月	中国	区域合作
第19期	2015年4月	中国	区域合作
第20期	2015年5月	中国	区域合作

资料来源：《中欧盟区域政策合作报告》，http：//ec.europa.eu/regional_policy/sources/cooperate/international/pdf/final_report_eu_china_2017.pdf。

与此同时，中欧双方还务实推进案例地区合作。2013年，中欧双方对地区政策合作形式进行了大胆创新，在原有基础上增加了案例地区合作，并于2015年纳入欧盟"国际城镇项目（亚洲——可持续及创新性城市与区域合作）"（International Urban Cooperation，IUC-Asia）。中国的广州开发区、天津市、武汉市、成都市与法国里昂、意大利拉齐奥、西班牙巴塞罗那、英国伯明翰/西米德兰郡、爱尔兰都柏林等地区开展了务实合作，汕头市与西班牙安达卢西亚也就合作意向开展了交流。目前，中国的郑州市、重庆市、汕头市、长春市净月高新区和龙岩市已被选为新增案例地区，将与希腊阿娜卡梅特罗市、德国曼海姆市、保加利亚布尔加斯市、西班牙马拉加市和捷克布拉格市建立结对关系并开展合作。在"国际城镇项目"的支持下，中欧地区政策合作试点地区范围进一步扩大，支持试点地区之间在可持续城镇发展、工业及科技创新、贸易投资、智慧城市、金融、社会教育及人文交流等方面开展多领域务实合作，注重推进中小企业部门的合作，继续加强政府、研究机构及商业三方参与的合作模式。

2015年6月29日召开的第17次中国欧盟领导人会晤联合声明中指出，双方欢迎中欧城镇化伙伴关系不断深化，在城市规划设计、公共服务、绿色建筑、智能交通等领域积极开展合作，同意启动新的中欧城市和企业合作项目。双方鼓励加强区域政策对话，逐步拓展试点地区范围，深化结对合作领域，以促进务实有效合作。此次中欧领导人会晤期间，欧盟委员会与中华人民共和国国家发展与改革委员会共同签署《全面深化中欧区域合作联合声明》（以下简称《联合声明》），开启了双方合作的新篇章。该《联合声明》回顾并充分肯定了自2006年中欧区域政策对话机制启动以来，双方在区域政策对话交流、重大理论课题研究、管理人员能力建设、试点地区合作等方面开展的各项工作，并提出下一阶段全面深化中欧区域政策合作的重点领域。双方倡议继续深化合作机制、加强区域政策合作与交流、深入开展联合研究、强化地区间合作、创新合作平台、加强能力建设与人员交流。

在《联合声明》中，双方认为，中欧区域政策合作前景广阔，双方高度重视区域协调发展问题。双方共同回顾了区域政策对话机制启动以来的各项工作，对在各相关领域取得的丰硕成果表示满意。双方认识到双边的地方政府对合作做出重要贡献。双方欢迎广州开发区作为第一个中欧区域合作试点地区，与奥地利上奥地利省结对开展工作。天津市、成都市、武汉市和意大利拉齐奥大区、波兰下西里西亚省等欧洲地区间合作取得明显进展。双方试点地区进行了密切交流，签署了一批政府间和企业间多层次合作的备忘录，促进了地区经贸、科技、教育、文化等多领域的合作，对发展双边及多边合作关系发挥了重要作用。双方一致同意，为深入落实《中欧合作 2020 战略规划》，共同应对区域发展不平衡的挑战，在改革进程中相互学习借鉴，积极开展如下工作：（1）深化合作机制。双方统一在资金允许的条件下，为更长期地加强中欧区域政策合作提供更多的资源支持，共同设计一个多年度发展战略图。密切加强其他相关部门及公共机构的联系，实现更好的沟通合作。（2）继续加强区域政策合作与交流。继续办好中欧区域政策高层对话会和研讨会，围绕促进区域协调发展、推进区域一体化、区域创新、支持中小企业发展、产业转型升级、城乡统筹等区域发展和区域合作重大问题开展交流，促进区域政策领域的相互理解何合作。（3）深入开展联合研究。探讨围绕与无语和城市发展有关的战略与热点问题开展共同研究，为中国研究制定区域发展政策、国民经济社会发展规划和欧盟制定 2020 年后的下一代区域发展政策提供智力支持。支持研究成果的实际转化和应用。（4）强化地区间合作。进一步扩大中欧区域政策合作试点地区范围，支持双方更多城市和地区参与到此项合作中来。（5）创新合作平台。鼓励双方创新区域合作平台，建立双方城市间在特定领域的知识分享机制。推动双方合作城市成立工作组，探讨联队社会、经济、人口和环境挑战时如何促进区域一体化和城市可持续城市发展。通过这种"城市对城市"的合作，在具体案例的基础上，建立城市政策知识库，并通过为城市发展提供产品和服务创造大量的商业机会。（6）加强能力建设与人员交流。建立健全中欧双方人员交流合作的长效机制，继续实施中欧区域政策能力建设项目，支持来自中国和欧盟成员国的代表通过实地考察、座谈、研讨等多种形式开展合作交流，增进双方的了解与认知，提高相关人员的知识水平和业务能力。（7）经双方共同同意开展的其他领域合作。

其实早在 2012 年 5 月 3 日，中欧就已经共同签署《中欧城镇化伙伴关系共同宣言》，规定配合中欧领导人定期会晤，每年举办一次中欧城镇化论坛，对伙伴关系进行指导。论坛轮流在中国和欧盟举办，会议成果呈送中欧领导人。伙伴关系旨在通过所有适当层面，包括国家、区域、地方等层面的合作，共同应对挑战。伙伴关系将重点突出（但不限于）

第九章　中国与欧盟地区政策比较、互鉴与多层级合作

以下领域：城镇化发展战略和政策、城镇化空间布局、城镇产业经济可持续发展、城市公共服务体系、城市生态环境保护与治理、城乡一体化发展等方面。2015 年 6 月 29 日，中欧城镇化伙伴关系论坛在比利时首都布鲁塞尔召开，就城市建设投融资、可持续城市交通、智慧低碳城市等主题进行了深入研讨和交流。在中欧城镇化合作伙伴关系总体框架下，中欧双方秉承互利共赢的原则，从长期经济战略的共同点出发，建立了多层次、多领域的务实合作机制，城市间、企业间合作持续深化，中欧城镇化伙伴关系从务虚转向务实，从概念走向行动，扎实有效地开展了一系列广泛而深入的合作，中欧城镇化伙伴关系已经成为中国城镇化国际合作的标杆。

最近几年的中欧领导人会晤联合声明中，也不同程度地提及中国与欧盟区域政策合作的相关内容。比如 2018 年 7 月 16 日召开的第 20 次中欧领导人会晤联合声明指出，双方致力于加强区域政策合作，将按照商定的频率轮流举行区域政策高级别论坛。双方重申将通过加强与扩大中欧城市间合作落实《中欧城镇化伙伴关系共同宣言》。

通过上面的回顾可以看出，中国与欧盟地区政策的合作已经启动十多年，并且取得一定的成效，但仍然处于较为初步的阶段，合作的广度和深度都需要大幅度提高。虽然双方的合作对法律框架与管理体系、区域创新与区域合作、城乡协调发展、智慧城市、人文交流等领域都有所涉及，但多数只是通过会议研讨和交流活动的方式展开，实际项目的开展仍然十分有限。鉴于中国与欧盟的体量都十分庞大，除了有宏观层面的官方会议与学者之间的交流互访之外，应该充分鼓励多层级合作——欧盟层面、成员国层面、地区和地方层面（比如城市之间、企业之间），针对一些具体的问题领域开发出一些切实的合作项目。虽然从 2013 年起，中欧之间已经尝试通过"国际城镇项目"推动部分城市之间的合作，但这些城市所涉及的范围仍然是十分有限的，而且合作的成效也需要进一步观察。

中欧地区政策的合作较"一带一路"的提出要早一些时间。随着"一带一路"倡议的提出，两大地区政策之间的合作也有意识地与"一带一路"框架联系起来。"一带一路"倡议的提出，也为中国和欧盟地区政策的合作提出更好的机遇、更高的要求和更大的挑战。早在 2015 年 6 月

29 日的中欧城镇化伙伴关系论坛上，国家发展改革委主任徐绍史就曾指出，中国将重点实施"一融双新"工程（农民工融入城镇、新生中小城市培育、新型城市建设），要把中欧城镇化合作融入"一带一路"建设。2018 年第 13 次中欧地区政策高层对话会的一项内容就是：中国与欧洲铁路交通联盟、国际铁路联盟签署了三方合作意向书，一致同意发起"一带一路"主要交通枢纽国际联盟，促进"一带一路"主要货运枢纽的合作与交流，提高中欧班列的运行效率。

"一带一路"倡议本身具有"陆海内外联动"的特点，"一带一路"不仅是陆上的对外开放与区域联动，也是海上的对外开放与区域联动。十九大以来，区域发展战略从"内向主导"向"内外结合"转变，形成陆海内外联动、东西双向互济的开放格局。"十三五"规划也提出全面促进国际次区域合作。但作者认为，仅仅推动"次区域"合作还是不够的，还需要推动地方层级的合作。只有加强地区和地方层面的互动与合作，才可以真正体现"一带一路"的宗旨和成效，并可以有效避免长期陷入关于"一带一路"概念争论的"口水战"中。以中欧关系为例，双方通过加强地区与地方层级之间的合作，可以产生"外溢效应"，从而"自下而上"地推动中欧多层级立体合作。

中国与欧盟地区政策合作，是中国与欧盟在"一带一路"背景下开展多层级全方位立体合作的重要载体、平台和渠道。由此，中国与欧盟地区政策之间的合作，正是能够有效推动中欧之间多层级合作，尤其是地区和地方层级合作的重要路径。

"一带一路"背景下中欧地区政策合作可以从三个层面继续推动：

（1）宏观层面：结合"一带一路"和"16 + 1"（"17 + 1"）等框架，继续保持原有的中欧高层会议与交流机制并不断创新，以实现常态化、机制化、可持续化。

（2）中观层面：积极推动中国和欧洲次区域之间的合作与交流（欧盟地区政策本身的一个重要内容就是处理跨边界的区域合作）。以中东欧地区为例，原有的一些次区域，比如维谢格拉德四国集团（V4）、波罗的海国家、多瑙河流域国家等，都已经拥有一定的次区域合作基础。中国可以考虑与这些次区域加强合作，节约次区域合作的成本。不过鉴于这些次区域联合本身的脆弱性，该层面的合作也不能过于高估。

（3）微观层面：加强地方层面的合作，结合现有的类似"国际城镇合作项目"（欧盟地区政策框架内的重要项目）、"国际友好城市"、"市长论坛"、"中欧城镇化伙伴关系论坛"、"中国可持续城市发展论坛"等机制，进一步开拓创新，通过开展一系列具体的项目，推动地方政府之间的合作，推动不同领域、不同部门、不同企业之间的多维度、多主体、开放性合作。

　　接下来，作者将结合"一带一路"的大背景，以中国与中东欧地区的地方合作为案例，具体探讨中欧多层级合作的机制的构建。

第十章 "一带一路"背景下中国与中东欧地方合作——一种多层级机制探析[*]

作者将"中国与欧盟地区政策合作"与"中国与中东欧地方合作"结合起来展开思考，主要有以下几个原因：首先，二者都是在"多层级"的视角下开展的，而且都重点关注同个层级——地方层级。其次，二者在机制和形式上有一定的重叠。比如，前面提到的"市长论坛""'一带一路'地方合作委员会""中欧城镇化伙伴关系论坛""国际友好城市"等平台与地区政策合作的"国际城镇项目"具有一定的重合性，都致力于推动城市间的友好合作。这些政策框架和工具之间可以有效整合起来。第三，地区政策本身的内涵包含城市发展、城乡一体化、环境保护、可持续发展、提升地方竞争力、发挥地方主体积极性等内容，这些与地方合作的内容也是一致的。最后，无论是地区政策合作还是地方合作，都受到"一带一路"倡议的影响，并面临新的共同的机遇和挑战。

作者认为，中国与欧盟地区政策合作现有的框架和成果为中国与中东欧地方合作提供了一个重要"基础"和"进路"。之所以说是"基础"，是因为中国与欧盟地区政策合作在2006年就已经正式开展，并在推动双方地区和地方合作方面取得一定的成果，这些将成为推动中国与中东欧地方合作的重要平台。之所以说是"进路"，是因为目前中国与中东欧地方合作的路径比较分散，这些路径与中欧地区政策合作框架、成果和政策工具（比如"国际城镇项目"等）可以有机整合起来，从而推动地方合作的深入开展。

随着"一带一路"的深入开展，"地方合作"已经成为越来越重要的议题。近年来，学界对"一带一路"和"16 + 1"（现为"17 + 1"）的研究主要着力于国家战略和政策层面，对于中国与中东欧的地方合作关注得

---

[*] 臧术美："'一带一路'背景下中国与中东欧地方合作——一种多层级机制探析"，《社会科学》2020年第1期。

第十章 "一带一路"背景下中国与中东欧地方合作——一种多层级机制探析

相对较少。本研究的一个基本问题是,"一带一路"背景下的中国与中东欧合作,是否需要以及如何加强和推动地方层级的合作？本研究认为,从一种多层级的视角来看,低层级的地方合作对于推动中国与中东欧高层级合作具有"外溢"效应,地方层面的合作将逐渐推动高层国家双边和多边的政治互信、外交合作。因此,地方合作将是推动"一带一路"背景下中国与中东欧"多层级"、全方位合作的重要基础和方向。本章将主要借用两个理论工具开展研究,一个是"欧盟多层级治理"理论,另一个是新功能主义的"外溢"效应原理。

本章将分三个部分展开：首先结合现有的研究成果和信息,对中国与中东欧地方合作的多层级视角做一个理论解析；接着,本研究将探讨"多层级"视角下的中国与中东欧地方合作机制；最后,本章将尝试从"全球化""地区化"与"地方化"关系的角度,对地方合作进行"多层级"延展性思考。

第一节 "多层级"的视角及其理论基础

当前中国与中东欧的合作有两个重要平台：一个是 2012 年创建的"16 + 1"（现为"17 + 1"）平台,第二个就是 2013 年提出的"一带一路"倡议。目前一般认为"16 + 1"（"17 + 1"）是在"一带一路"大框架内更加具体的、更有针对性的地区合作平台。近些年来,"16 + 1"（"17 + 1"）和"一带一路"倡议,一方面在促进中国和中东欧国家之间的双边（以及较低程度的多边）合作之间取得一定的成效。另一方面,也受到一些疑虑和失望情绪的困扰：疑虑情绪主要来自欧盟以及德国、法国等欧盟成员国中的大国对中国"分裂欧盟"的担心；失望情绪主要是指部分中东欧国家初期对中国投资的高期望值正逐渐有所回落。[1] 那么,如何才能缓解这些疑虑和失望情绪呢？作者有一个思路是,能否依照"外溢"效应逻辑,在现有的双边为主的合作形式之外,积极推动地区和地方合作,探索一种更加综合的"多层级"全方位、立体式的合作模式？

---

[1] 此观点是作者在 2016 年 7 月和 2019 年 6 月两次访问维谢格拉德四国——波兰、捷克、斯洛伐克、匈牙利——期间与部分学者交流时所得。

一方面，本研究认为中国与中东欧地方层级合作的深入开展，将会对中国和中东欧高层级合作——包括超国家的区域和次地区层面、国家层面——产生"外溢效应"，为其提供必要的基础和推动力；但另一方面也应该看到，就目前中国与中东欧的合作形式来看，"自下而上"的自发的地方合作仍然不是很充分，而更多地是受中央政府"自上而下"的主导。但长远来看，随着"一带一路"的深入开展，"自下而上"的地方合作模式将会占据越来越重要的地位。中国与中东欧之间的合作将形成由"自上而下"与"自下而上"相结合的多层级立体合作模式。本研究有两个理论工具，一个是经济学上和新功能主义的"外溢"效应原理，另一个是"欧盟多层级治理"理论。

一、"多层级治理"理论的启发

正如在本书第八章详细论述过的，20世纪90年代开始，"多层级治理"逐渐成为欧盟治理的一个重要理论流派和实践模式。该理论方法最基本的一点就是把欧盟看成是地区（此处指国家内部地区）、国家和超国家层次间的相互连接和互动。本书借用欧盟"多层级治理"理论，并非意在简单照搬该理论的所有内容，而主要意在借用"多层级"视角来探讨中国与欧盟（尤其是中东欧）及其内部各层级之间的合作关系。这种"多层级"，并不是各个层级之间简单的叠加，而是一种思想观念的革新，即一定程度上淡化不同层级之间的隶属关系，[①] 强调不同层级之间的相互依赖与合作（partnership）的关系，通过不同层级之间的双向互动（"自上而下"与"自下而上"相结合），进而产生最大的整体效应。中国与中东欧国家和地区之间的合作，同样可以采用这种"多层级"的视角和方法，以争取双方合作效应的最大化。

欧盟内部的"多层级"包含了欧盟、次地区（sub-region）、成员国、地区（region）和地方（local level）五个层面。通常来说，"地区"有两个含义，一种含义是国际关系意义上的"地区"，包括超国家层面的两个

[①] 当然，作者并不认同比较激进的"多层级治理"理论的某种主张，即彻底取消不同层级之间的隶属关系。作者认为这是不现实的，也是不必要的。

第十章 "一带一路"背景下中国与中东欧地方合作——一种多层级机制探析

或两个以上国家组成的"地区"(比如欧盟)和"次地区"① (比如V4——维谢格拉德四国、多瑙河流域国家、波罗的海国家等)层面;另一种含义是地理学与行政管理等意义上的"地区",主要是指低于成员国层面、高于地方层面(多指市镇和村庄)的中间层级,一般是指省(比如法国的大区和省)和州(德国的联邦州)等。在中欧合作中,当我们讲"地区与地方合作"时,也有两重含义:一重是广义的,包含与欧盟、次地区、国家内部各地区和地方等多个层级的合作;另一重含义是狭义的,只包含与国家内部地区和地方层级的合作。本书中,为了避免读者将两种含义混淆,把国家内部的"地区与地方合作"统一简称为"地方合作"。② 而这个国家内部的"地方合作",也就是本书的主要研究对象(对中国与中东欧次地区的合作只是略微提及,不做展开③)。

实际上,地方合作也分为两种形式:一种是地方政府完全自主主导的地方间合作,另一种就是受中央政府主导或者引导的地方间合作。就目前中国与中东欧合作的现实来看,完全由地方主导的、纯粹的地方合作还比较少,多数地方合作或多或少都会受到中央政府的指导。比如,"中国—中东欧国家(首都)市长论坛"虽然是地方政府之间的论坛,但实际上也是在双边中央政府的引领下完成的。本研究暂时不对两种地方合作进行细致划分。

二、新功能主义的"外溢"效应原理

在"多层级"合作的框架内,本研究重点关注对最低层级——即地方层级——合作的推动。这一观点和思路受到"外溢"④ 效应原理的启发。同样地,本书也曾经在第八章的理论论述中对"新功能主义"进行过详细论述。经济学上的所谓"外溢"效应,是指一个组织在进行某项活动时,

---

① "次地区"也经常被表达为"次区域",本书统一使用"次地区"的表达方式。
② 实际上,在欧洲,国家内部的地区(regional level)和地方(local level)是被作为两个不同的层级来对待的。
③ 欧洲原有的一些次区域,比如维谢格拉德四国集团(V4)、波罗的海国家、多瑙河流域国家等,都已经拥有一定的次区域合作基础。中国可以考虑与这些次区域加强合作,节约次区域合作的成本。不过鉴于这些次区域联合本身的脆弱性,该层面的合作也不能过于高估。
④ "外溢"效应也经常被表达为"溢出"效应,本节统一使用"外溢"效应。

不仅会产生活动所预期的效果,而且会对组织之外的人或社会产生影响。研究欧洲一体化的一个重要理论——新功能主义的核心概念即为"外溢"效应:外溢产生的压力使一体化从技术部门逐渐扩展到政治性部门,逐步发展和深化,并最终建立制度化的区域性超国家机构。新功能主义的逻辑内容主要体现在三个方面:经济与政治的相对区分、多元主义的观念以及行为体与超国家制度的互动。新功能主义的"外溢"效应包括:功能(部门)外溢、政治外溢或养成外溢以及地理外溢。[1] 虽然这种理论随后也受到各种批判,尤其是受到"政府间主义"的激烈批判[2](认为一体化的出现并不具有必然性,不可能自动地从经济统一转向政治统一),但它在解释欧洲一体化进程以及经济合作("低阶政治")对政治和文化合作("高阶政治")的推动方面,依然具有不可忽视的重要地位。

依照"外溢"效应原理,对地方层级的更多关注以及对地方合作的进一步推动,是中国与中东欧合作、中欧多层级合作开展的重要基础和方向。地方经济合作和文化交流的开展,将会逐步推动国家间经济合作、文化交流、政治互信和外交合作的开展。作者认为,中国与中东欧地方层级开展切实有效的合作,会逐渐增加双方多层级合作的粘合度,从而有可能改变欧洲国家对"一带一路"的成见和偏见,逐渐化解其疑虑情绪(虽然这种疑虑仍将持续较长的时间,且会出现一定的反复)和失望情绪(只有为当地人带来切实的福利,才会消除其失望情绪)。当然,我们需要认识到的是,短期来看,地方合作并不必然带来疑虑的减轻和消退。在地方合作的初期,如果对方将地方合作视为中国的某种"地缘政治工具",那么越是成功的地方合作,就越会引起欧盟及其成员国中大国的警觉。这也就可以解释为什么近几年欧盟加强了对中国在中东欧投资项目合作的监管。不过,从长远来看,随着地方合作的有效开展,人们对"一带一路"

---

[1] 新功能主义代表人物厄恩斯特·哈斯,可参考其系列作品,比如 Ernst Haas, *Beyond the Nation-State*: *Functionalism and International Organization*, Stanford University Press, 1964. 参见肖欢容:《地区主义:理论的历史演进》,北京广播学院出版社 2003 年版,第 70—77 页。

[2] 政府间主义对功能主义的批判,可以参考斯坦利·霍夫曼的系列作品,比如:Stanly Hoffmann, Obstinate and Obsolete? The Fate of the Nation-State and the Case of Western Europe, *Daedelus*, Vol. 95(2), 1966. 国内对新功能主义理论以及政府间主义的介绍可以参考陈玉刚:《国家与超国家——欧洲一体化理论比较研究》,上海人民出版社 2001 年版;肖欢容:《地区主义:理论的历史演进》,北京广播学院出版社 2003 年版。

第十章 "一带一路"背景下中国与中东欧地方合作——一种多层级机制探析

的认知会更加客观和准确，这些疑虑也会随着认知观念的改变而有所缓解。

第二节 "多层级"视角下的中国与中东欧地方合作机制

中国与中东欧国家和地区的合作由来已久，而且一直呈现出一定程度的"多层级"合作特点，既包含超国家层面的多边合作（中国与欧盟以及各种次地区组织之间的合作），也包含国家层面的双边合作，同时也有地方层面的合作。本研究将重点关注"多层级"框架内地方层面的合作。中国社会科学院的徐刚曾撰文对中国与中东欧地方合作历史做了一个梳理，他指出：改革开放40年来，中国与中东欧国家的地方交往与合作经历了"地方交往开创国家关系发展新局面的80年代""进入21世纪的地方合作平稳发展的'前后各十年'"以及"2012年以来的地方合作新时代"。徐刚认为自"16+1"合作机制创立以来，双边合作逐步出现"地方合作行业（领域）化、行业（领域）合作地方化"的显著特征。[①] 目前，中国和中东欧国家地方合作已经有地方领导人会议、"市长论坛"、"中欧班列"、"一带一路地方合作委员会"、各种行业协调机制和中心、"国际城镇合作项目"以及"国际友好城市"等多个平台。

一、地方领导人会议、"市长论坛"以及"一带一路"地方合作委员会

近些年，"16+1"各国地方政府积极参加各领域务实合作，在园区建设、经贸、科技、教育、人文等领域取得积极进展。2013年（重庆）、2014年（捷克布拉格）、2016年（唐山）和2018年（保加利亚索非亚），已经成功举办四次中国—中东欧国家地方领导人会议。2016年6月16日，《中国—中东欧国家地方省州长联合会章程》在中国—中东欧国家地方省州长联合会第二次工作会议上获得审议并通过。章程宗旨旨在引导和支持中国和中东欧国家地方基于相互尊重、互利共赢、优势互补的原则，积极

[①] 徐刚："中国与中东欧国家地方合作：历程、现状与政策建议"，《欧亚经济》2019年第3期。

参与经济、产能、交通、物流、基础设施、环保、农业、科技、人文等各领域交流与合作，丰富中国—中东欧国家合作内涵，深化中国同中东欧国家间的友谊。此外，2018年还专门被定为"16+1地方合作年"。

"市长论坛"也是中国与中东欧地方合作的一个重要平台，具体包括"中国—中东欧国家首都市长论坛"与"中国—中东欧国家市长论坛"等形式。"中国—中东欧国家首都市长论坛"分别于2016年（保加利亚首都索菲亚）、2017年（黑山首都波德戈里察）、2018年（塞尔维亚首都贝尔格莱德）和2019年（阿尔巴尼亚首都地拉那）举办。而"中国—中东欧国家市长论坛"在分别在2017年、2018年和2019年在浙江宁波举办。此外，中国与波兰地方合作论坛创立于2013年，至今已经连续举办过多届。

此外，还有一种新的合作平台——"一带一路"地方合作委员会——值得关注。2017年5月，"一带一路"地方合作委员会由杭州市人民政府与中国人民对外友好协会在城地组织（UCLG）亚太区框架下联合发起成立，秘书处落户杭州。围绕"开放、合作、分享、共赢"的宗旨，"一带一路"地方合作委员会设定了一系列工作目标和任务，主要包括：聚焦问题，探讨政府解决途径；分享经验，提升城市治理能力；推动交流，建立合作伙伴关系。目前，全球已有近70个城市和机构加入该委员会。

二、中欧班列

中欧班列也是中国与中东欧地方合作的重要形式，而且扮演着越来越重要的角色。2016年10月8日，国家发改委公布了《中欧班列建设发展规划（2016—2020）》，对中欧班列的发展提出首个顶层设计。自从2016年6月8日中国铁路正式启用"中欧班列"统一品牌以来，截至2019年7月，中欧班列累计开行数量达到1.7万列，通达欧洲15个国家51个城市。为解决回程货源不足的问题，中国建立了上海、天津、苏州、宁波四个进口贸易促进示范区建设，并开展了两届中国国际进口博览会。中欧班列逐渐实现常态化经营，为促进中国与沿线国家，包括中国与中东欧国家与地方之间的合作发挥着越来越重要的作用。而且，目前来看，中国中西部地区已经成为中欧班列的主要始发地，这对促进

第十章 "一带一路"背景下中国与中东欧地方合作——一种多层级机制探析

国内地区平衡发展也会产生一定的积极效应。

但是，中欧班列也存在不少问题。目前，中欧班列的运输能力相对于海运和陆路口岸公路运输而言，还有非常大的差距。中欧班列长期以来都是亏本经营，主要原因在于单向运输，而各地政府争相补贴也成为一个乱象。只有重庆和成都等少部分地区中欧班列，具备了离开运费补贴可适应市场化运行的潜力。有学者分析，目前中欧班列的主要运作方式是政府主导下的国有或国有控股企业参与成立的，如渝新欧和汉新欧。另一种是在政府扶植和补贴下成立的，以大型物流民营企业作为实际载体。最后一种是民营企业自发根据市场规律开通的，如义新欧，只有这一种是民企自负盈亏。[①] 也有学者指出中国与中东欧物流合作存在以下不足：物流基础设施建设相对滞后，合作方式单一，物流与产业联动滞后以及信息化程度有待提高。[②]

三、各行业协调机制、联合会和中心

各行业协调机制、联合会和中心也成为中国与中东欧地方合作的一种形式。2014—2018年间，已经成立数十家联合会与协调中心，包括"中国—中东欧国家地方省州长联合会"（2014年8月布拉格）、"中国—中东欧国家联合商会"（2015年12月华沙）、"中国—中东欧国家农业合作促进会"（2015年6月索菲亚）以及"中国—中东欧国家物流合作联合会"（2016年5月里加）等。2019年4月发布的《杜布罗夫尼克纲要》中，讨论建立以下多个行业协调机制：海关信息中心（匈牙利）、"信息通信技术协调机制"（克罗地亚）、"智慧城市中心"（罗马尼亚）、"创意中心"（黑山）、"区块链中心"（斯洛伐克）等。

四、欧盟层面现有的中欧合作机制

此外，许多欧盟层面现有的中欧合作机制也为中国与中东欧地方合作提供了一定的支持：包括"中国—欧盟领导人会晤"（2019年4月召开了

---

① 刘少斌："中欧班列：'丝路'贸易兴起"，《宁波经济》2015年第3期，第40—42页。

② 王煜洲："'一带一路'倡议下四川省与中东欧国家物流合作对策研究"，《现代化物流》2018年第8期，第28—29页。

第 21 届）、"中国—欧盟市长论坛"（2012 年布鲁塞尔举办首届，2013 年定名为"中欧城市博览会"）、"中欧城镇化伙伴关系论坛"（2012 年举办首届）、"中国可持续城市发展论坛"（2013 年举办首届）等机制，同样可以被纳入中国与中东欧地方合作的框架内。

五、欧盟"国际城镇项目"

在"国际城镇项目"的支持下，中国与欧盟地区政策合作试点地区范围逐步扩大，支持试点地区之间在可持续城镇发展、工业及科技创新、贸易投资、智慧城市、金融、社会教育及人文交流等方面开展多领域务实合作，注重推进中小企业部门的合作，继续加强政府、研究机构及商业三方参与的合作模式。本书第九章已对"国际城镇项目"进行过详细介绍。

六、"国际友好城市"

大力开展中国国际友好城市工作，促进中外地方政府交流，有助于推动实现资源共享、优势互补、合作共赢。[1] 中东欧国家在"国际友好城市"方面表现突出。1980—2018 年间，中国与中东欧友好城市共结对 169 对，其中 2012—2018 年间新结 76 对。这些友好城市之间的合作，将是推动中国与中东欧地方合作的重要载体。不过，中东欧国家内部与中国友好城市的分布非常不均衡，主要集中在波兰、捷克、匈牙利、希腊、罗马尼亚、保加利亚和塞尔维亚等国。[2] 而且，大多数友好城市的实际合作效果并不明显。如何在"一带一路"和"16 + 1"（"17 + 1"）背景下提升友好城市的合作效果，是推动中国与中东欧地方合作的重要议题。

此外，还有一个层面的平台就是次地区层面的合作机制，比如维谢格拉德四国集团、波罗的海沿岸国家和地区、多瑙河流域国家和地区、巴尔干地区（又分为西巴尔干地区和东巴尔干地区）等，它们具有天然的地缘亲近性以及长久的合作历史，也可以作为中国与中东欧开展合作的重要平台，值得各方面积极推动。但这些次地区组织本身仍然比较松散，中国与之开展合作的成效短期内不可被高估。

---

[1] 习近平在中国国际友好大会暨中国人民对外友好协会成立 60 周年纪念活动上的讲话。
[2] 中国国际友好城市联合会网站：http://www.cifca.org.cn/Web/YouChengTongJi.aspx.

第十章 "一带一路"背景下中国与中东欧地方合作——一种多层级机制探析

从国内来看,自"一带一路"倡议提出以来,各地方政府纷纷积极布局,依托各自资源和地理位置优势,寻找与"一带一路"建设的契合点,拓展与沿线国家的经贸合作,推动当地开放水平迈上新台阶,同时加速了中国全方位开放格局的形成。2019年11月5—10日在上海举办的第二届中国国际进口博览会,一个重要的目标就是深入促进"一带一路"沿线国家与中国地方政府及机构的双向对接合作。中国省市与中东欧的合作一方面表现出越来越高的积极性,但也存在很大的不均衡性,没有形成全国性的统一规划和分工。目前最为活跃的省市主要集中在浙江(宁波)、辽宁、河北和四川(成都)等。比如,2015年浙江省宁波市出台了《宁波市人民政府关于加强与中东欧国家全面合作的若干意见(甬政发〔2015〕58号)》。截至2018年底,宁波各类各级科研院校已经与中东欧国家78所院校或机构建立了合作关系,教育合作项目数达100项。[1] 2014年9月,河北省人民政府印发《关于加强与中东欧国家全面合作的实施意见》。河北省自2014年全民启动与中东欧国家之间的经贸和人文合作以来,逐步创造出市场先行的河钢模式,经济唱戏、政治搭台的中捷模式。[2] 有学者认为当前四川对接中东欧合作主要体现在以中欧班列为载体的物流合作上。数据显示,截至2017年,成都的中欧班列开行总数跃居全国首位,占全国中欧班列总数的1/4。[3] 山东玲珑轮胎兹雷尼亚宁项目是塞尔维亚伏伊伏丁那自治省投资额最大的项目,也是塞尔维亚迄今最大的绿地投资项目,总额超过8亿欧元,将创造1200个就业岗位,带动兹雷尼亚宁周边地区经济发展和基础设施的完善,助力塞尔维亚全国经济发展。[4] 一方面,这种"各自为战"的地方合作模式,一定程度上保障了地方主体参与"一带一路"的灵活性;但另一方面也要注意避免(比如中欧班列不同线路之间)同质化竞争、无序竞争和资源配置不合理问题。

---

[1] 邱璐轶、华忆迪:"'一带一路'倡议背景下宁波与中东欧国家产教协同实践研究",《三江论坛》2019年第7期。

[2] 刘海云、李扬、杨雪倩:"河北省与中东欧国家经济合作的现状及对策研究",《河北经贸大学(综合版)》2019年第1期。

[3] 王煜洲:"'一带一路'倡议下四川省与中东欧国家物流合作对策研究",《现代化物流》2018年第8期,第28—29页。

[4] 中国—中东欧国家合作秘书处网站:http://www.china-ceec.org/chn/sbhz/t1650497.htm。

综上所述，以上各种平台实际上涉及欧盟、次地区、国家、地方等多个层级，也涉及中国国内各个层级的参与，为中国与中东欧"多层级"合作提供了一定的机制性保障。但总体来说，这些平台的效应发挥尚不允分，彼此之间也缺乏充分的协调，并未形成一个统一的协调机制。在以后的中欧地方合作中，需要各方积极整合现有机制，使其发挥更大的效用。但由于中东欧国家内部的多样性，加之缺乏凝聚力，由谁来承担最主要的协调任务仍然是一个问题。作者在与中东欧学者的交流中经常听到的一个观点是，"16+1"（"17+1"）对他们而言并不是一个统一的实体，没有专门的领导人和办事部门，"不可能打一个电话就能找到负责人"。即使是那些历史相对悠久的次地区组织，也并不能找到一个明确而有执行力的"负责人"。而欧盟目前对"16+1"（"17+1"）仍然抱有较大的戒备心理，也不太可能为中东欧地区成立一个统一的协调机制。正如中国社会科学院的刘作奎指出的，在推动双边务实合作中，中国仍面临许多问题和挑战，主要包括：中东欧是非同质区域，难以形成战略实体；欧盟怀疑中国与中东欧合作的动机；中东欧国家市场存在一些风险等。[1] 中国社会科学院的徐刚也特别指出中国与中东欧地方合作存在的一些问题，包括"点面结合的示范效应和规模效应亟待加强，中东欧 16 国之间的差异性应该妥善处理，以及双多边合作平台需要进一步扩宽"等。[2]

不过，实践证明，随着"一带一路"的深入开展，中国和中东欧地方合作机制还处于不断深化、拓展和逐渐系统化的进程中。上述各平台之间的协调问题，仍将是一个长时间内很难根本解决的问题，尚需要中国与中东欧国家"自上而下"地双边推动，以及有些地方政府"自下而上"地积极推动。而且，这种地方层面的合作将是中国与中东欧合作最重要的基础和最有潜力的发展方向。"16+1"（"17+1"）和"一带一路"作为中国与中东欧合作的高层级平台，既要发挥其宏观指导作用，也要注意引导、推动和规范各种地方合作机制的构建、完善与协调，从而发挥出更好

---

[1] Liu Zuokui, *The Pragmatic Cooperation between China and CEE: Characteristics, Problems and Policy Suggestions*, Working Paper Series on European Studies, Institute of European Studies, Chinese Academy of Social Sciences, Vol. 7, No. 6, 2013, p. 1.

[2] 徐刚："中国与中东欧国家地方合作：历程、现状与政策建议"，《欧亚经济》2019 年第 3 期。

的整体效应。

第三节 "全球化""地区化"与"地方化":地方合作的"多层级"宏观思考

关于中国与中东欧"多层级"合作,还有一个维度就是从"全球化""地区化"与"分权化"等相互关联的概念入手展开思考。这将有助于我们更好地理解"一带一路"与全球地方层面的多样化发展之间的复杂关系,从而更好地推动"人类命运共同体"的建构。

一、"全球化""地区化"与"分权化":作为一种动因的理解和借重

"全球化"是20世纪后半叶以来的重要趋势和潮流。从某种意义上讲,"一带一路"正是顺应全球化浪潮的产物,是在新的全球化进程中推动实现全球互联互通、共建"人类命运共同体"的重要举措。"一带一路"需要沿着开放包容、互利共赢的方向继续参与和推动全球化进程。"一带一路"倡议为中国与包括中东欧在内的沿线国家地方合作提供了前所未有的机遇。

与此同时,在某种程度上,"全球化"过程中会伴随着"地区化"和"分权化"过程,这为全球地区和地方合作提供了重要基础。"地区化"本身有两个层面的含义,一个是超越国家层面的地区(与次地区)一体化过程,比如欧盟一体化进程、欧洲次地区一体化进程等;另一种含义是国家内部的地区和地方层级权力逐渐上升的过程。这两种含义的"地区化",都在一定程度上受到全球化力量的推动,与全球化的内在逻辑是一致的,可以被视为一种全球化的地域表达和体现。

第二次世界大战以后尤其是20世纪80年代以来,欧洲国家积极参与全球化的进程,其间就伴随着较为复杂的"地区化"和"分权化"的过程(西欧和东欧的表现形式和动因有所不同,本书第七章已经有过详细论述)。这些欧洲国家不同程度的"分权化"过程,旨在推动地方主体的积极性以及地方竞争力的提升。这种地方竞争力的提升,也被认为是欧盟实现"2020年战略",提升欧盟整体竞争力的重要支撑。在这一背景下,欧洲国家尤其是中东欧国家和地区对外来投资有一种天然的

强烈需求,这也为中国与中东欧的地方合作奠定了一定的基础。"一带一路"倡议正好可以顺应这种地区化和分权化的趋势与需求,实现与地方间的合作共赢。

"一带一路"倡议是一个比较宏大的框架,首先需要与沿线国家中央政府进行双边推动,但与此同时,其具体项目的开展还需要更多地着眼于、依托于与沿线国家地方政府的合作与共同发展。这些地方合作的推动,一定程度上有助于加强地方政府的话语权,提升其国内地位。

二、"全球化"与"地方化":地方合作中对差异性与多样性的尊重

全球化过程一直面临"普世性"与"特殊性"之间的内在张力。近些年来,全球化进程受到越来越多的"地方化"("本土化")力量——包括民粹主义、民族主义、各种右翼极端主义——的冲击和挑战。这些力量可以被视为"反全球化"或"逆全球化"的力量。如何处理"全球化"与"反全球化""地方化"("本土化")力量之间的张力,是当前国际局势面临的一个核心问题。"一带一路"倡议也需要认真对待这一问题,在与当地地方合作中,需要充分理解和尊重沿线国家与地区的多样性、差异性和敏感性,因地制宜,从长计议,实现共赢。

关于中国与中东欧地方合作问题,作者曾经多次与中东欧国家学者交流,得到的答复也呈现出某种多样性:有希腊学者认为,鉴于希腊的国家体量非常小,中国与希腊之间的合作目前只能停留在国家间层面,地方合作的条件还不充分;有保加利亚学者认为,中国与保加利亚之间的合作在多个层级都有开展,地方层级的合作已经有一定成效,值得大力推动;有罗马尼亚学者认为,中国与罗马尼亚之间的合作在国家层面比较有成效,地方层面还比较薄弱,仍需要很大的耐心来推动。[①] 无独有偶,作者于2019年6月访问波兰、捷克、斯洛伐克时,从与相关学者的座谈中也得到类似的多样性答复:像斯洛伐克这样体量非常小的国家,与中国开展地方合作的基础和需求都非常弱;而像波兰这样较大的中东欧国家,则具有一定的地方合作的基础和需求。

---

① 此处三位学者的观点源自作者于2019年10月28-29日参加由中国社会科学院主办的第四届中国—中东欧论坛期间与学者们的交流。

第十章 "一带一路"背景下中国与中东欧地方合作——一种多层级机制探析

的确，目前中国与中东欧的地方合作呈现出多样性。波兰与捷克在参与和推进"16+1"地方合作方面较为活跃。华沙、布拉格、布达佩斯等较大城市与中国的合作具有较大需求，其他城市则需求相对较少。波兰国际事务研究所（PISM）2014年发布了题为"地区合作是中波战略伙伴关系的关键"的战略文件。该文件指出，2011年波兰—中国关系升级为战略伙伴关系，标志着两国之间更紧密的合作。但两国高层关系不足以充分发挥伙伴关系的潜力，而地方行政当局最有可能促进实际合作的发展。因此，波兰地方政府应与中国西部地区建立更紧密的关系，更有效地利用现有工具（直接铁路连接、伙伴关系协议、地区办事处），并倡导基于互惠互利的合作。[1] 在中波地方合作以及"17+1"合作中，华沙扮演着重要的角色。此外，波兰罗兹大学亚洲事务中心主任梅德明（Dominik Mierzejewski）教授指出，罗兹已成为欧洲和中国之间的重要物流枢纽。罗兹地方政府在成都设立了代表处，四川省也在罗兹设立了代表处。随着双边合作的进一步发展，这些联系已通过中央政府进一步正规化；波兰现已在成都设立总领事馆，罗兹与中国西部之间就电子商务和出口签署了谅解备忘录。[2]

总体来说，目前中国与中东欧地方合作仍处于初步阶段，尚存在不少问题。中东欧很多地方行为主体（中小企业、老百姓）对中国、对"一带一路"的了解都非常少，还存在一定的误解，甚至存在很大程度的漠视。很多老百姓并不知道"一带一路"的存在，或者仅对"一带一路"有一个概念上的简单认知。中东欧当地媒体的宣传，也经常起到比较负面的引导作用。中国与中东欧国家间的合作应该深入到地方层面，通过落实一些具体的合作项目，给当地的发展带来实际的益处，从而帮助当地人建立起对中国、对"一带一路"的正确认知。而这也是中国构建自己的国际话语权，提升软实力，推动"人类命运共同体"建设的重要途径。

从长远来看，根据"外溢"效应原理，地方层面的有效合作将逐渐推

---

[1] Adriana Skorupska, Justyna Szczudlik-Tatar, *Regional Cooperation Key to Polish–Chinese Strategic Partnership*, No. 25 (61), November 2014 © PISM, pp. 1–2.

[2] Dominik Mierzejewski, Building a BRI Hub in Poland, *Eurasian Studies*, January 15, 2019. http://greater–europe.org/archives/6386.

动高层国家与地区间双边和多边的政治互信、外交合作。中国与中东欧之间的合作将是"自上而下"与"自下而上"相结合的"多层级"合作模式。"一带一路"背景下对地方层级的更多关注以及对地方合作的进一步推动,是中国与中东欧之间、中欧之间"多层级"合作开展的重要基础和方向。但作者也认为,中国与中东欧地方合作目前尚处于起步阶段,成效比较有限,且存在各种问题。中国与中东欧地方合作需要进一步推动,但需要注意以下几个方面的问题:

(1) 首先,中国与中东欧国家体量严重不对等,企业规模也严重不对等。中国走出去的企业多为大型国有企业,而欧洲国家比较鼓励中小企业的发展,中小企业数量庞大。这些不对等使得双方开展合作的困难比较多,许多合作计划难以落实。比如,有斯洛伐克学者认为中国目前与当地的地方合作并不活跃,成效不大,缺乏特殊的经贸项目,没有找到合适的路径。因此,以后可以适当鼓励中国地方政府以及中小企业走出去,加强与中东欧地区的本地中小企业的对接,促进项目落地。同样,需要注意解决中欧班列往返货运量不对等、不平衡的问题。

(2) 其次,如何在合作过程当中加强相互理解,打消欧洲国家(主要是西欧大国)的疑虑,有效淡化意识形态因素的消极影响(比如2019年10月布拉格解除友好城市的案例[①]),解决不同体制、机制在合作中遇到的各种现实问题(比如对中国市场经济国家地位的承认问题),是中国与中东欧地方合作的一个核心问题。从长远来看(短期内可能会有反复),根据"外溢"效应原理,加强地方合作,有助于提升双方尤其是中东欧地方行为主体对中国和"一带一路"的认知,减轻某些欧洲大国的疑虑情绪。地区和地方层面的合作,因为层级较低,一般采取比较务实的路径。地方层面的良性经济合作与文化交流将为更高层面的经济、文化甚至外交等领域的合作奠定基础,铺平道路。

(3) 还有,需要认真对待中东欧国家内部的多样性。"16 + 1"("17 + 1")是一个对我方来说比较便利和有效的提法,但不能忽视其内部巨大的

[①] 据中国驻捷克大使馆官方网站,2019年10月9日北京市人民政府外事办公室经授权发布声明,宣布解除与捷克首都布拉格市的友城关系并暂停一切官方往来,原因是捷克布拉格市新一届市政当局主要官员等人"屡屡在台湾、涉藏等涉及中方核心利益的重大问题上采取错误行动并发表不当言论"。

第十章 "一带一路"背景下中国与中东欧地方合作——一种多层级机制探析

差异性和多样性。而且,"16+1"("17+1")的提法,对于欧盟尤其是西欧大国而言,容易引起他们"分裂欧盟"的担忧,因此在使用这一概念时,中国也要保留一定的审慎态度。

(4) 此外,中国与中东欧合作的现有各平台之间应如何协调,使之发挥更大的效用,值得认真研究和推动。

(5) 需要特别指出的是,要重点考虑如何处理好中国各项投资与欧盟各项基金和规制之间的关系,避免造成正面冲突。作为欧盟结构基金的主要受惠国,自入盟以来,中东欧国家接受了大量的欧盟援助,受益很大,成果较为明显。有中东欧学者认为,中国和欧盟在中东欧地区并不存在大的冲突,而是可以发挥各自的优势,在不同的领域与中东欧国家开展合作,共同推动中东欧地区的发展。比如,有波兰东方研究中心的学者认为,在欧盟渗透比较深的领域,中国与中东欧国家合作的空间还是很小的,中国可以考虑在欧盟尚未深入渗透的领域加强与当地的合作,比如跨边界的项目等。但也有中东欧学者的观点并不十分积极,比如有斯洛伐克学者认为中国在中东欧的投资量落后于日本和韩国,仍然处于较为边缘化的位置。他还较为主观地提出,如果中国不来投资,其他国家也会来投资,而且当地人对中国的投资有一定的疑虑,认为中国企业在当地的口碑和形象有待提升,中国企业也并没有为当地人提供很多就业岗位。此外,当地高铁建设需求不足(人流量不够),与高铁建设有关的征地、环保压力等也是中东欧国家面临的现实问题。这些都需要我们认真思考和应对。

(6) 最后,建议相关研究更加注重地区和地方层面的实地调研、案例研究与分析,而不应仅仅停留在宏观层面的政策分析上。

综合第四部分的论述可以看到,中国与欧盟地区政策之间既有很大的相似性(挑战与目标的类似),也有很多差异(层级与效率,区域划分体系、监督与法制体系、改革过程与特点等方面的差异)。两大地区政策之间可以开展有效的借鉴与合作,中国地区政策既需要从欧盟地区政策中借鉴其成功经验,同时,也表现出相对于欧盟地区政策的比较优势。目前,中国与欧盟地区政策之间的合作仍然处于比较初级的阶段。双方虽然已经初步创立了一系列合作机制,但是,这些机制更多地停留在领导人会议、研讨会、互访交流等方面,还缺乏更加深入的实际项目的推动与开展。虽然中欧双方已经通过"城镇合作项目"等方式推动实际合作，但到目前为止案例城市之间的合作范围依然比较有限，还需要进一步推广。总之，中国与欧盟地区政策之间的合作，以及中欧之间的多层级合作，前景广阔，潜力较大，值得进一步研究和推动。

结　语

　　随着欧盟（欧共体）的不断扩大以及全球化的深化与国际竞争的加剧，欧盟地区政策改革从20世纪70年代初步建立开始，先后经历了1988年、1999年、2004—2006年等多次重要改革，逐步确立起完善成熟的政策体系。欧盟地区政策改革中呈现出几个重要特点和趋势："凝聚力"与"竞争力"双重目标强化趋势；程序不断简化；欧盟、国家、地区等不同层级之间的"合作"不断加强与各自的职权进一步明晰；更加"智慧"、"绿色"与"亲民"。但欧盟地区政策依然存在诸多缺点，仍旧需要进一步改革与完善。

　　欧盟地区政策的效应主要分为两个大的维度：一是经济、社会与地域效应，二是制度效应。关于经济与社会效应的研究相对比较充分，欧盟机构本身对欧盟地区政策的效应长期进行规范性研究，并通过各种报告的形式做出总结，但欧盟所采用的理论模型过于简单，其结论也因此受到不少批判和质疑。经济学家运用更加全面深入的理论模型，比如新古典经济学、内生经济增长理论、新地理经济学等对欧盟地区政策经济、社会与地域效应进行研究，并取得丰硕成果。但以上各种研究的结论之间并没有完全达成一致。新古典经济学按照"边际效益递减"规律以及"完美竞争"理论，认为欧盟内部差距会逐渐缩小。但是，这种较为积极的评价很快被内生经济增长理论和新地理经济学相对消极的结论所取代。内生经济增长理论认为不同地区之间的差距会日益扩大，而新地理经济学引入对"空间"因素的考察，认为经济发展所导致的"城市及周围地区的聚合"在缺乏有效干预的情况下会造成"中心"与"外围"地区差距的日益扩大。虽然欧盟在总体的"多中心化"努力中取得一定成果，但成员国内部的差距正在逐步扩大。新地理经济学对欧盟地区政策的"地域效应"研究做出一定贡献。总体而言，欧盟和经济学家们普遍认为欧盟国家间的差距得到一定程度的缩小，而国家内部地区间差距却进一步扩大了。与欧盟地区政策效应研究中对"空间"和"地域"因素的日益强化相一致的是，欧盟从20世纪90年代开始重视对"欧盟空间"的建设工作,提出《欧洲空间发展纲要》和《欧盟地域议程》,并建立了专门的欧盟政策地域效应研究网络——"欧洲空间规划研究网"。

在经济社会与地域效应研究之外,本书第三部分重点研究欧盟地区政策的"制度效应"。欧盟在推动各成员国"地区化"进程中起到重要作用,但是也遇到不同程度的阻力。因为欧盟所设计的地域标准与传统经济—社会文化地区之间有一定的冲突。这也就引出人们对"欧洲化"问题的深层思考。作者的结论是,没有统一的"欧洲化"的"模板",欧盟应该尽可能地尊重各国的"多样性",实现"多样性中的统一"。而"地区化"所遇到的困难甚至"失败",也让我们追问地区层级到底应该发挥什么样的作用。我们的结论是,自20世纪80年代以来,地区层级的作用逐步提升,甚至一度出现"地区的欧洲"这样乐观的设想。但是,现实情况是,地区层级的作用不能被过分夸大,也不能过分乐观,成员国层面仍然是最重要的决策主体。"多层级治理"的概念与模式在一定程度上回答了如何处理不同层级之间关系的问题,它的贡献是更加关注不同等级之间资源的共享而非竞争。但是,这种治理模式在现实中也遇到很多挑战,第一是"多层级治理"效率比较低,第二是它所设想的不同层级之间的"非等级制"、"非依附性"的关系仍然是偏于理想主义的和非常脆弱的,成员国的主导地位尚未被根本撼动。

综上所述,欧盟地区政策在改革中不断发展,在实现欧盟经济、社会与地域聚合方面已经做出许多积极的贡献,但欧盟要实现成员国之间、成员国内部地区之间以及欧盟层面各个地区之间的全方位趋同和聚合,仍然是一项十分艰难的长期任务。欧盟地区政策效应评估所遇到的各种消极结论,并不能直接导致人们对该政策的完全否定。如何寻找更加合适的理论工具,做出更准确全面的评价,依然需要学者们不断努力。

关于作者最关心的问题——欧洲一体化的本质与未来,经过十多年的关注与思考,作者有了一个初步的结论:寻求一个绝对而唯一的答案本身,就是一种过于理想主义甚至幼稚的、不科学也不合理的认知和思维方式。欧洲一体化本身是一个不断变化发展的动态过程,不可能有某一种理论可以给予完全和完美的解释,欧盟各种政策领域也不可能尽善尽美,总是在需要中不断摸索前进。对于欧洲一体化问题的探讨,更好的态度应该

结　语

是尽可能摒弃过于理想化、过分主观的设想，尊重不同主体（官方与学界）的各种不同意见、理论和预测的表达，尊重并且动态而多元地理解欧洲一体化本身极为复杂而曲折的现实。正如法国哲学家埃德·加莫兰（Edgar Morin）在其《反思欧洲》一书中所使用的一种"复杂思维范式"（complexit），[①]面对各种理论之间的争论，应该秉持一种开放、包容和欣赏的态度。应该看到，关于欧洲一体化的本质与未来，欧洲内部不同利益群体、不同阶层、不同国家之间的态度和观点历来就是多样化和多元化的。近些年，右翼势力和民粹主义的不断上升，使得这种多元化争论面临巨大的挑战。但鉴于欧洲一体化的一个最重要的特点就是"多样性中的统一"，这些争论将始终是欧洲一体化进程中不可或缺的重要组成部分，也是我们了解欧洲的钥匙。

回想欧洲一体化主流理论——新功能主义和自由政府间主义——的"理论论争"以及"理论混合"，我们可以发现，这两种理论尤其是后者，仍然是最能够解释欧洲一体化的理论工具。"多层级治理"理论以及其他各种形式（批判理论以及比较政治学）的所谓"理论超越"，都未能实现实质意义上的超越。我们所能预见的欧洲一体化，仍然是（自由）政府间主义主导下的欧洲。尤其是最近发生的英国脱欧事件，更加充分地说明了这一点。当然，我们也没有必要过分悲观，欧洲一体化近70年的发展历史同样在证明，保持一定程度的主权让渡是必要的、可行的。

欧洲一体化目前正经受各种危机，比如欧债危机、难民危机、恐怖主义、民粹主义、英国脱欧等，但这不能代表欧洲一体化的前景将会"一片暗淡"。可以预见，无论正在经受怎样的困境，欧洲一体化的道路仍将继续下去，因为推动欧洲一体化的两个最重要因素依然存在：一是欧洲一体化的"初衷"——避免欧洲各国战争；二是新时代的"必要性"——通过欧洲内部整合提升整个欧洲的国际地位（一个分裂的欧洲是不利于当代欧洲大陆国家的整体生存的）。很显然，这两个因素对于当代欧洲的命运而言依然是举足轻重的，而欧洲一体化的道路也将继续在这两个深层因素的推动下进一步深化下去。

[①] ［法］埃德加·莫兰著，康征等译：《反思欧洲》，生活·读书·新知三联书店2005年版。

最后，中国与欧盟地区政策之间既有很大的相似性，也有很多差异。两大地区政策之间可以开展有效的借鉴与合作。但是中国与欧盟地区政策之间的合作仍然处于比较初级的阶段。双方虽然已经初步创立了一系列合作机制，但是多停留在领导人会议、研讨会、互访交流等方面，还缺乏更加深入的实际项目的推动与开展。虽然中欧双方已经通过城镇合作项目等方式推动了实际合作，但到目前为止案例城市之间的合作范围依然比较有限，还需要进一步推广。总之，中国与欧盟地区政策之间的合作，以及中欧之间的多层级合作，前景广阔，潜力较大，值得进一步研究和推动。

附录一 欧洲国家"地域统计单位专用术语"(NUTS)三个层级列表

国家(及简写)		NUTS-1	NUTS-2	NUTS-3
奥地利	AT	Groups of states	States	Groups of Bezirks
比利时	BE	Regions	Provinces (+ Brussels Capital Region)	Arrondissements
丹麦	DK	-	Regions	Groups of municipalities
芬兰	FI	Mainland Finland	Large areas	Regions
		Åland	-	-
法国	FR	ZEAT	Régions	Départements
		Overseas departments	Overseas departments	Département d'outre-mer
德国	DE	States (Länder or Bundesländer)	Regierungsbezirke	Districts (Kreise)
希腊	GR	Groups of development regions	Peripheries	Prefectures
爱尔兰	IE	-	Regions	Regional Authority Regions
意大利	IT	Groups of regions	Regions	Provinces
卢森堡	LU	-	-	-
荷兰	NL	Landsdelen	Provinces	COROP Regions
葡萄牙	PT	Continental Portugal	Comissões de coordenação regional	Groups of Municipalities
		Azores and Madeira	-	-
西班牙	ES	Groups of autonomous communities	Autonomous communities	Provinces
			Ceuta and Melilla	-
瑞典	SE	-	National areas	Counties

续表

国家（及简写）		NUTS-1	NUTS-2	NUTS-3
英国	UK	Regions of England	Groups of Counties; Inner and Outer London	Unitary authorities or groups of districts
		Wales	Groups of unitary authorities	Groups of unitary authorities
		Scotland	Groups of unitary authorities or LECs	Groups of unitary authorities or LECs
		Northern Ireland	Northern Ireland	Groups of districts
保加利亚	BG	Regions	Planning Regions	Oblasts
塞浦路斯	CY	–	–	–
捷克共和国	CZ	–	Groups of Regions	Regions
爱沙尼亚	EE	–	–	Groups of Counties
匈牙利	HU	Groups of Regions	Regions	Counties + Budapest
拉脱维亚	LV	–	–	Regions
立陶宛	LT	–	–	Counties
马耳他	MT	–	–	Islands
波兰	PL	Groups of Voivodeships	Voivodeships of Poland	Podregiony (Groups of Powiats)
罗马尼亚	RO	Macroregion	Regions	Counties and Bucharest
斯洛伐克	SK	–	Groups of Regions	Regions
斯洛文尼亚	SI	–	Groups of Regions	Statistical Regions
克罗地亚	HR	–	Statistical Regions	Counties
马其顿共和国	MK	–	–	
土耳其	TR	Group of Provinces (Iler)	Group of Provinces (Iler)	Provinces (Iler)
冰岛	IS	–	–	–
列支敦士登	LI	–	–	–
挪威	NO			
瑞士	CH	–	Regions	Cantons

资料来源：WIKIPEDIA，2009年5月查阅。

附录二　欧盟委员会提供的14个结构指标一览表

结构指标	定义和解释	全面的政策目标	涵盖的国家
人均国内生产总值（GDP）	以购买力为标准（PPS）的人均GDP（EU15＝100）	生活标准以及社会和环境福利	欧盟15个成员国（MS）和12个申请国（ACC）以及美国、日本、爱尔兰和挪威
劳动生产力	以人均购买力为标准、用GDP表示的人均劳动生产力（＝100）	经济的全面效率	欧盟15个成员国（MS）和12个申请国（ACC）以及美国、日本、爱尔兰和挪威
就业率	15—64岁的就业人口占该年龄段总人口的比例	充分就业以及与社会排外做斗争	15MS＋12ACC＋爱尔兰和挪威
中老年就业率	55—64岁的就业人口占该年龄段总人口的比例	充分就业以及与社会排外做斗争	15MS＋12ACC＋爱尔兰和挪威
年轻人（20—24岁）的教育水平	20—24岁年轻人中至少接受了中高等教育和培训的数量占该年龄段总人口的比例	国家教育体系的性能	15MS＋12ACC
研究和技术开发（R&TD）	国内用于研究和开发的总开支（GERD）占GDP的比重	研究方面的成就	15MS＋12ACC（除马耳他）＋美国、日本、爱尔兰和挪威
比较价格水平	每个国家的购买力平价和市场汇率的比率	价格集中	15MS＋12ACC（除马耳他）＋美国、日本、爱尔兰和挪威
商业投资	私人部门的固定资产总值（GFCF）占GDP的比重	经济形势下的商业信心	15MS＋挪威
社会转型之后的贫穷风险率	社会转型后其可支配收入在贫困极限以下的人口比例，该极限相当于国家中等水平的可支配收入的60%	与贫穷和社会排外作斗争	15MS＋12ACC

续表

结构指标	定义和解释	全面的政策目标	涵盖的国家
区域就业率离差	国家内部 NUTS-2 区域的就业率变化系数	经济与社会融合	15MS（除丹麦、爱尔兰、卢森堡）+ 保加利亚、匈牙利、波兰、捷克、罗马尼亚和斯洛伐克
长期失业率	长期失业（12个月以上）人口数占15—64岁年龄段的活跃人口数的比重	充分就业以及与社会排外作斗争	15MS + 12ACC + 美国、日本、爱尔兰和挪威
温室气体排放	六种温室气体（CO_2，CH_4，N_2O，HFC_8 和 SF_6）的排放总量（用 CO_2 等价物表示）的变化百分比，与京都议定书目标和欧盟理事会决定相关的基年是2008—2012年，基年=100	气候变化和京都议定书的实施	15MS + 12ACC + 美国、日本、爱尔兰和挪威
经济的能源强度	以 GDP 划分的本国的能源消费总量（1995=100）	更有效率的能源使用	15MS + 12ACC + 美国、日本、爱尔兰和挪威
货运量	以1995年为基年、用吨公里/GDP 计算的、相对于 GDP 的货运量指标	减轻经济增长对交通发展产生的影响	15MS + 12ACC（除马耳他）+ 美国、日本、爱尔兰和挪威

资料来源：欧盟官方网站。

附录三 欧盟待开发的新指标一览表

领域	指标	特性
一般经济背景	潜在产量	
	总要素生产力	
就业	空缺	劳动力短缺
	工作质量	开发一些除了终身学习和工作事故之外的指标
	边际效率税率	充分考虑失业的指标
	儿童福利	巴塞罗那欧洲理事会设定了所有成员国要不断提高其能力的目标
创新和研究	关于知识经济的合成指标	它关心的是知识经济领域的投资
	人力资本方面的公共和私人投资	完善特定的时间序列
	网上公共服务（电子政务）	更新目前所获得的数据
	IT开发	建立起一个一致的框架来计算开支、说明变量并为数据的收集确定合适的方式和手段
创新和研究	宽带接入	正处于开发之中，这也是电子欧洲2005年行动计划的目标之一
经济改革	商业的人口统计学	协调处理已经存在的关于商业的出生率、存活率和死亡率的数据
		评价市场效率、兼并和财政金融稳定性等方面的指标
社会融合	人均的区域GDP	完善区域价格指标的开发利用

续表

领域	指标	特性
环境	有毒化学品的消耗	目前正在准备之中，对社会使用这些化学品的风险进行评估
	健康的期望	对于成员国数据的收集开始于2004年，申请国开始于2005年
	生物多样性指标	目前正在准备，这些于共同体生物多样性行动计划紧密相关（BIO – IMPS 项目）
	资源生产力	对于一些特定资源（例如发电）的数据已经可以获得，而针对一体化之后的产品政策进行的研究目前正在进行
	选定的原料的重复利用率	对于一些特定资源（例如发电）的数据已经可以获得，而针对一体化之后的产品政策进行的研究目前正在进行
	危险废弃物的产生	同上

资料来源：欧盟官方网站。

参考文献

一、外文主要参考文献

Alexander Wendt, The Agent-structure Problem in International Relations Theory, *International Organization*, Vol. 41, No. 3, Summer 1987.

Adriana Skorupska, Justyna Szczudlik-Tatar, *Regional Cooperation Key to Polish-Chinese Strategic Partnership*, No. 25 (61), November 2014 © PISM.

Andrew Moravcsik, *The Choice of Europe: Social Purpose and State Power from Messia to Maastricht*, Cornell University Press, 1998.

Andreas Faludi, la dimension territoriale de l'intégration européenne, *l'Information géographique* 2007, No. 4.

Archimidis Kalaitzidis, *Does Regionlism Undermine the States? Lessons from the Greek and Irish Cases*, Temple University, 2004.

Armstrong H. W. and Taylor J., Regional Economics and Policy, 3rd Edition, Blackwell, Oxford, 2000.

Andreas Faludi, la dimension territoriale de l'intégration européenne, *l'Information géographique* 2007, No. 4.

Bafoil François et Hibou Béatrice, *Les administrations publiques et les modes de gouvernement à l'épreuve de l'europeanisation: une comparaison Europe du Sud, Europe de l'Est*, Paris: Centre d'études et de recherches internationales, 2003.

Bafoil François, avec Gilles Lepesant, Rachel Guyet et Suzanne Nies, *Cohésion territoriale et développement européen: dynamiques et pôles de croissance en Europe centrale et orientale*, Grenoble: CERAT, 2003.

Balme, Rcihard, Introduction: Pourquoi le gouvernement change-t-il d'échelle? In *Les politiques du néo-régionalisme*, edited by Rcihard Balme. Paris: Economica, 1996.

CERAT (eds.), sous la responsabilité de François Bafoil; avec Gilles

Lepesant, Rachel Guyet et Suzanne Nies, *Cohésion territoriale et développement européen: dynamiques et pôles de croissance en Europe centrale et orientale*, 2003.

Baudelle Guy et Elissalde Bernard, l'aménagement à l'heure de l'Europe: une construction territoriale imparfaitement partagée?, *l'Information géographique*, décembre 2007.

Belliard Teddy, *La réforme des fonds structurels européens*, Memoire de l'Université de Nantes, 1999 – 2000.

Benz Arthur and Burkard Eberlein, *Regions in European Governance: The Logic of Multi-Level Interaction*, Badia Fiesolona, Italy, 1998.

Bernard Jouve, Vincent Spenlehauer, Philippe Warin, *la région, laboratoire politique, une radioscopie de Rhône-Alpes*, la Decouverte, 2001.

Boulineau Emmanuelle, La persistance de la centralisation en Bulgarie: héritage du passé ou effet de crise? , in Rey V. , Coudroy de Lille L. et Boulineau E. (dir.), *l'élargissement de l'Union européenne: réformes territoriales en Europe centrale et orientale*, Paris, l'Harmattan, 2004.

Boulineau Emmanuelle, Décentralisation et régionalisation en Bulgarie et en Roumanie. Les ambiguïtés de l'europeanisation, Proposition d'Article pour l'Espace géographique, *Dossier Bulgarie et Roumanie*, 2008.

Boyle Mark, Euro-regionalism and struggles over scales of gouvernance: the politics of Irland's regionalisation approach to Structural Eund allocations 2000-2006, *Political Geography 19*, 2000. http://www.elsevier.com/locate/polgeo.

CEDECE, Sous la direction de Guillermin Guy et Oberdorff Henri, *la Cohésion économique et sociale: une finalité de l'Union Européenne*, Actes de colloque de Grenoble 19-21 octobre 1998, la Documentation Française, Paris, 2000.

Charles Pentland, *International Theory and European Integration*, London: Faber and Faber, 1973.

Charleux Laure, La politique régionale de l'Union européenne: des régions à l'espace? -essai d'analyse statistique et spatiale, thèse soutenue en décembre 2003.

Charleux Laure, *La politique régionale européenne face à l'élargissement élairage sur le défi financier*, dans Rey Violette, Coudroy de Lille Lydia et Boulineau Emmanuelle, *l'élargissement de l'Union européenne : réformes territoriales en Europe centrale et orientale*, Paris : l'Harmattan, 2004.

Charpin Jean-Michel, *l'élargissement de l'Union européenne à l'est de l'Europe : des gains à escompter à l'Est et à l'Ouest*, la documentation française, paris, 1999.

Chris Rumford, *Rethinking the State and Polity-Building in the European Union : the Sociology of Globalization and the Rise of Reflexive Government*, European Political Communication Working Paper Series, EurPolCom WPS 4.03, 2003.

Christian Talgorn, "Une politique confortée par des mesures de développement du monde rural" dans *"Quel avenir pour la PAC?"*, Colloque, 29 septembre 1995, Centre de Recherches européennes de Rennes, Edition Apogée, Rennes, 1996.

Christiansen Thomas, *Reconstructing European Space : From Territorial Politics to Multi-level Governance*, Badia Fiesolona, Italy, 1996.

Christopher K. Ansell, Craig A. Parsoons and Keith A. Darden, Dual Networks in European Regional Development Policy, *Journal of Common Market Studies*, Semtember 1997.

Claudio M. Radaelli, Whither europeanization? Concept Strethcing and Substantive Change, *Europeen Integration online Papers (EIOP)*, Vol. 4, 2000, No. 8, http://eiop.or.at/eiop/texte/2000-008a.htm.

Conzelmann Thomas, "Europeanisation" of Regional Development Policies? Linking the Multi-Level Governance Approach with Theories of Policy Learning and Policy Change (*) *European Integration online Papers (EIOP)* Vol. 2 (1998) No. 4, http://eiop.or.at/eiop/texte/1998-004a.htm.

Conzelmann, Thomas and Knodt Michèle (eds.), *Regionales Europa-Europäisierte Regionen*, Bd. 6 des Mannheimer Jahrbuches für Europäische Sozialforschung, Frankfurt/M. : Campus, 2001.

Conzelmann Thomas, 2002, Europäisierte Regionalpolitik in Deutschland und Großbritannien, Baden-Baden : Nomos Verlagsgesellschaft, 2002.

Dall'erba Sandy, *Les politiques de développement régional en Europe à la lumière des outils récents de la science régionale*, thèse soutenue les 25 juin 2004

(Université de PAU et des Pays de l'Adour).

Dall'erba S. (2004a), Distribution of Regional Income and Regional Funds in Europe 1989 – 1999: an Exploratory Saptial Data Analysis, *Annals of Regional Science.*

Dall'erba S. et Hewings G. J. D, *Regional Convergence and the Impact of Structural Funds over 1989 – 1999: a Spatial Econometric Analysis*; *Discussion Paper REAL 03 – T – 14*, Université de l'Illinois à Urbana-Champaign, 2003.

David A. Baldwin, Neoliberalism, Neorealism, and World Politics, in David A. Baldwin (eds.), *Neorealism and Neoliberalism: The Contemporary Debate*, New York: Columbia University Press, 1993.

David Long and Lucian M. Ashworth, Working for Peace: the Functional Approach, Functionalism and Beyond, in Lucian M. Ashworth and David Long (eds.), *New Perspective on International Functionlism*, Macmillan Press, Ltd., 1999.

David Mitrany, *A Working Peace System*, Chicago: Quadrangle Books, 1966. (First Pubished 1943)

Defraignf Jean-Christophe, *De l'intégration nationale à l'intégration continentale: Analyse de la dynamique d'intégration supranationale européenne des origines à nos jours*, l'Harmattan, 2004.

Dehousse, *Misfits: EU Law and the Transformation of European Governance*, http://www.jeanmonetprogram.org.paper/02/020201/html.

De la Fuente A. The Empirics of Growth and Convergence, A Selective Review, *Journal of Economic Dynamics and Control*, 1997.

Delevoye Jean-Paul, Cohésion sociale et territoires, La Documentation française, Paris 1997.

De Vries M. S., The Rise and the Fall of Decentralisation: a Comparative Analysis of Arguments and Practices in European Countries, *European Journal of Political Research*, Vol. 38, No. 2, 2000.

Dévoluy Michel, *Les politiques économiques européennes: enjeux et défis*, Paris: Éd. du Seuil, DL 2004.

Dominik Mierzejewski, Building a BRI hub in Poland, *Eurasian Studies*,

January 15, 2019, http://greater-europe.org/archives/6386.

Dominique Rivière, *l'Italie et l'Europe : vues de Rome, le chassé-croisé des politiques régionales*, l'Harmattan 1996.

Dominique Rivière, *L'Italie : des régions à l'Europe*, Armand Colin, 2004.

Douect Philippe, *Cohésion territoriale de l'Union européenne-La gestation ambiguë d'un ambitieux projet politique*, http://www.urbanistes.com/file/download/CU64_Doucet_txt_SFU.doc.

Douect Philippe, *Territorial Cohesion of Tomorrow : A Path to Cooperation or Competition?*, in *European Planning Studies*, Volume 14, No. 10, November 2006.

Dunford Michael, Le développement économique en Europe depuis 1950, in l'*Information géographique*, décembre 2007.

DIACT, *Les fonds structurels européens*, La documentation française, 2006.

Doutriaux Yves, *La politique régionale de la CEE*, Presses Universitaires, 1991.

Drevet Jean-Françcois, *L'élargissement de l'Uion européenne jusqu'où?*, l'Harmattan 2001.

Ernst B. Haas, *The Uniting of Europe : Political, Social, and Economic Forces 1950 – 1957*, Steroford Uninersity Press.

Ernst B. Haas, *Beyond the Nation-State : Functionalism and International Organization*, Stanford University Press, 1964.

Ernst B. Haas, *The Uniting of Europe : Political, Social, and Economic Forces 1950 – 1957*, Stanford University Press (Stanford, California) 1958 and 1968, Authors's Preface 1968.

Ernst Haas, *The Web of Interdependence : The United States and International Organization*, Prentice Hall, 1970.

Enrst Haas, *The Obsolescence of Regional Integration Theory*, Berkeley : Institute of International Studies, University of California, 1975.

Expansions, ruptures et continuite de l'idée européenne, I, *Annales Litteraires de l'Université de Besançon*-No. 497, Diffusion les Belles Lettres, Paris, 1993.

Expansions, ruptures et continuite de l'idée européenne, II, *Annales Litteraires de l'Université de Besançon-No. 562, Diffusion les Belles Lettres, Paris, 1995.

Expansions, ruptures et continuité de l'idée européenne, III, *Annales Litteraires de l'Université de Franche-Comté*-No. 641, Diffusion les Belles Lettres, Paris, 1997.

Fernanda Antinia Josefa Liussa, *Essays on Regional Growth: Institutions, Geography and Economic Policies*, University of California, 2003.

Fritz W. Scharpf, *Notes toward a Theory of Multi-level Governance in Europe*, MPIfG Discussion Paper, 2000.

Gray Marks, Liesbet Hooghe, Kermit Blank. European Integration from the 1980s: State-Centricv. Multi-level Governance J. *Journal of Common Market Studies*, Vol. 34, September 1996, (3).

Gary Marks, Francois Nielsen, Leonard Ray and Jane Salk, Competencies, Cracks and Conflits: Regional Molization in the European Union, in Gary Marks, Frit W. Scharpt, Philippe Schmiter and Woltgang Streack (eds.), *Govermance in the European Union*, London: Sage Publications, 1996.

Gerda Falkner, *The Europeanisation of Austria: Misfit, Adaption and Controversies*, 2001, European Integration online Papers (EIoP) Vol. 5. No. 13, http://eiop.or.at/eiop/texte/2001-013a.htm.

Guido Tabellini et Charles Wyplosz, *Réformes structurelles et coordination en Europe*, La Documentation française 2004.

Guy Baudelle et Bernard Elissalde, Regards croisés sur l'intégration européenne, *Information Géographique*, Vol. 75, No. 4, 2007.

Guillot et Jocelyn Courtois, sous la direction de Françoise Lavallard, *Les régions européennes et la France dans la perspective Agenda 2000: Réformes des Fonds structurels Communautaires et de la Politique Agricole Commune*, Étude conduite par Barbara Mauvilain la Documentation Française, 1998.

Hamilton D. K., Developing regional regimes: a comparison of two metropolitan areas, *Journal of Urban Affairs*, Vol. 26 (4), 2004.

Hooghe Liesbet, Subnational Mobilization in the European Union, *West European Politics*, 1995.

Hooghe and Marks, Europe With the Regions? Regional Representation in European Union, *Publius*, 1996.

Hooghe Liesbet (eds.), *Cohesion Policy and European Intégration: Building Multi-level Governance*, Oxford University Press, 1996.

Hooghe Liesbet, EU Cohesion Policy and Competing Models of European Capitalism, *Journal of Common Market Studies*, 1998.

Hooghe Liesbet and Gary Marks, *Multi-level Governance and European Integration*, Rowman & Littlefield Publishers, Inc, 2001.

Hooghe Liesbet and Gary Marks (2001a), Types of Multi-level Governance, *European Integration online papers*, Vol. 5, http://eiop.or.at/eiop/texte/#e1x.

Hodson & Maher, The open method as a new mode of governance: The case of soft economic policy coordination, *Journal of Common Market Studies*, 2001 (39).

Hughes James, Guendolyn Sasse and Claire Gordor, *Europeanization and Regionalization in the EU's Enlargement to Central and Eastern Europe*, Palgrave Macmillan, 2004.

Husson Claude, *L'Europe sans territoire: essai sur le concept de cohésion territoiriale*, SECPB, 2002.

Illner Michal, *Réformes sur la voie de la décentralisation dans trois pays d'Europe centrale et orientale candidats à l'adhésion*, Notre Europe, 2002.

Ilona Pálné Kovács, The Two Phases of Region-Building in Hungary, The Case of South-Transdanubia, in *Political Studies of Pécs*, IV, *Regional Decentralisation in Central and Eastern Europe*, Pés, Hungary, 2007.

Iranzo Susana, *Three Essays on Economic Geography: Theory and Estimation*, University of California, 2003.

Islam N., What Have We Learned from the Convergence Debate? A Review of the Convergence Literature, *Journal of Economic Surveys*, 2003.

Jachtenfuchs, The Governance Approach to European Integration, *Journal of Common Market Studies*, 2001.

Jeffery Charlie, *The Regional Dimension of European Union: Towards a third Level in Europe*? London: Frank Cass, 1996.

Jeppe Tranholm-Mikkelsen, "Neo-functionalism: Obstinate or Obsolete? A reappraisal in the Light of the New Dynamism of the EC", *Millennium: Journal of International Studies*, Vol. 20, No. 1, 1991.

John Loughlin, "Europe of the regions" and the Federalization of Europe, *The Journal of Ferderalism*, Fall 1996.

Johan P. Olsen, Europeanisation, in Michelle Cini (eds.), *European Union Politics*, Oxford, New York: Oxford University Press, 2003.

John Mearsheimer, The False Promise of International Institutionalism, *International Security*, Vol. 19, No. 3, Winter 1994/1995.

Kauffmann Pascal et Yvars Bernard, *Intégration européenne et régionalisme dans les pays en développement*, l'Harmattan, 2004.

Ken Booth and Steve Smith, *International Relations Theory Today*, Combridge University Press, 1995.

Kevin Featherstone, Claudio M. Radaelli (eds.), *The Politics of Europeanisation*, Oxford: Oxford University Press, 2003.

Keating Michael and Loughlin John, *The Political Economy of Regionalism*, London, 1997.

Keating Michael, *The New Regionalism in Western Europe: Territorial Restructuring and Political change*, Cheltenham: E. Edgar, 1998.

Klaus H. Goetz, Simon Hix, Introduction: European Integration and National Political Systems, in Klaus H. Goetz, Simon Hix (eds.) *Europeanized Politics? European Integration and National Political Systems*, London Portland, OR: Frank Cass, 2001.

Kevin Featherstone, Claudio M. Radaelli (eds.), *The Politics of Europeanisation*, Oxford: Oxford University Press, 2003.

Krugman P. et Venables A. Integration and the Competitiveness of Peripheral Industry, dans: Bliss C. and Braga de Macedo J. (eds.), *Unity with Diversity in the European Community*, Cambridge: Cambridge University Press, 1990.

Kohler-Koch Beate, European Networks and Ideas: Changing National Policies?, *European Integration online Papers (EIoP)*, Vol. 6 (2002) No. 6, http：//eiop. or. at/eiop/texte/2002 - 006a. htm.

Labasse Jean, *L'Europe des régions*, Flammarion, 1991.

Lambinet Marc, *Le rôle de la politique régionale et de la régionalisation dans l'intégration de l'Europe*, thèse arrêté du 23 novembre, 1988, Université de Paris X, Nanterre.

Lemieux V. , 1996, L'analyse politique de la décentralisation, *Canadian Journal of Political Sciences*, Vol. 29, No. 4.

Layard R. , Nikell S. J. , Jackman R. *Unemployment*：*Macroecoomic performance and Labour Market*, Oxford：Oxford University Press, 1991.

Leon N. Lindberg, Integration as a Source of Stress on the European Community System, *International Organization*, Vol. 19 (1), 1966.

Leon N. Lindberg and Stuart Scheingold, *Europe's World-Be Polity*：*Patterns of Change in the European Community*, Englewood Cliffs, 1970.

Liu Zuokui, *The Pragmatic Cooperation between China and CEE*：*Characteristics*, *Problems and Policy Suggestions*, Working Paper Series on European Studies, Institute of European Studies, Chinese Academy of Social Sciences, Vol. 7, No. 6, 2013.

Maria Green Cowles, James Caporraso, Thomas Risse (eds.) *Transforming Europe*：*Europeanization and Domestic change*, Ithaca and London：Cornell University Press, 2001.

Maarten Vink, *What is Europeanization and Other Questions on a New Research Agenda*, Paper for the Second YEN Research Meeting on Europeanisation, University of Bocconi, Milan, 22 - 23 November 2002.

Marcou Gérard (eds.), *Regionalization for Development and Accession to the EU*：*A Comparative Perspective*, OST/LGI, Budapest, 2002.

G. Marcou, *Regionalization in Europe*：*Situation*, *Development and Outlook in the Member States of EU and the Central and Eastern Applicant States*, Luxembourg：European Parliament, REGI 108 A EN, 2000.

Mark Hoffman, Critical Theory and the Inter-paradigm Debate：in Hugh Dyer and Leon Mangesation (eds.), *The Study of International Relations*, St. Martion's Press, 1989.

Marks, G., Hooghe, L., & Blank, K, European integration from the 1980s: State-centric v. multi-level governance, *Journal of Common Market Studies*, 1996.

Martin R., Public Policies, Regional Inequalities and Growth, Journal of Public Economics, 1999.

Martin R., A quoi servent les politiques régionales européennes? *Economie Internationale*, la Revue du CEPII, 2000.

Martin Griffiths, *Fifty Key Thinkers in International Relations*, Routledge, 1999.

McEldomney, J. J. ,Evaluation and European Regional Policy, *Regional Studies*, 1991.

Merlin Pièrre, *L'aménagement du territoire*, Presses Universitaires de France, 2002.

Michael O'Neill, *The Politics of European Integration: A Reader*, Routledge, 1996.

Monika Wulf-Mathies: *Les leçons du passé, les pistes de l'avenir*, Discours de clôture du Forum sur la cohésion, Bruxelles, 30 avril 1997.

Moravcsik, Andrew, Preferences and Power in the European Community: A Liberal Intergouvermental Approch, *Journal of Common Market Studies*, 1993.

Moulin Olivier, *Les contrats de plan Etat-Région*, La Documentation française, Paris, 2002.

Negrier Emmanuel et Jouve Bernard, *Que gouvernent les régions d'Europe? échanges politiques et mobilisations régionales*, l'Harmattan, 1998.

Mike Goldsmith, Variable Geometry,Multilevel Governance: European Integration and Subnational Government in the New Millennium, in Kevin Featherstone, Claudio M. Radaelli (eds.), *The Politics of Europeanization*, Oxford: Oxford University Press, 2003.

Nash, *Contemporary Political Sociology: Globalization, Politics and Power*, Oxford: Blackwell, 2000.

Nunberg, B., *The State after Communism: Administrative Transitions in Central and Eastern Europe*, Washington D. C. : World Bank, 1999.

Overman H. G. et Puga D. , Unemployment Clusters Across European Regions and Countries, *Economic Policy*, 2002.

Patrick le Gales et Christian Lequesne, les paradoxes des régions en Europe, *la Découverte*, 1997.

Patrick Faucheur, *Cohesion Policy Facing the Crisis: What Effects for the EU's Regions?* Policy paper, Notre Europe, Jacques Delors Institute, 15 Janurary 2014.

Parlement Européen, *Europe-Providence ou Europe des Nations? l'avenir de fonds structurels*, 1998.

Paul Taylor, Functionalism: The Approach of David Mitrany, in A. J. R. Groom and Paul Taylor (eds.), *Framework for International Cooperation*, St. Martin's Press, 1990.

Pereira A. , *Evaluation of the Community Support Framework for 1994 – 1999*, Report for the Direct ESPON General for Regional Policies, Commission of the European Communities, 1994.

Perroux F. , Economic Space, Theory and Applications, *Quarterly Journal of Economics*, 1950.

Peter Katzenstein, Robert Keohane and Sephen Krasner (eds.), *Exploration and Contestation in the Study of World Politics*, MIT Press, 1999.

Peterson John and Elisabeth Bomberg, *Decision-Making in the European Union*, London: Palgrave, 1999.

Peuziat Jean-Phillipe, *La politique régionale de l'UE: entre expertise et réforme*, l'Harmattan, 2004.

Pramelska-Skrzypek G, Les nouvelles collectivités régionales à l'épreuve de la gestion: l'exemple de la Petite Pologne, in Rey Violette, Coudroy de Lille Lydia et Boulineau Emmanuelle, *l'élargissement de l'Union Européenne: réformes territoriales en Europe centrale et orientale*, Paris: l'Harmattan, 2004.

Puga D. et Venables A. J. 1997, Preferential Arrangements and Industry Location, *Journal of International Economics*, 1997.

Regourd S. , De la decentralisation dans ses rapport avec la démocratie, *Revue du droit public et de la science politique en France et à l'étranger*,

No. 4, 1990.

Rey Violette, Florent Gerbaud, Georgette Zrinscak, Michelin Billaut, Béatrice Von Hirschhausen, *Les nouvelles campagnes de l'Europe centre orientale*, Paris, CNRS ed., 1996.

Rey Violette, Brunet Roger, *Europes orientales, Russie, Asie centrale*, Paris, Belin, RECLUS, 1996.

Rey Violette, Coudroy de Lille Lydia et Boulineau Emmanuelle, *l'élargissement de l'Union Européenne: réformes territoriales en Europe centrale et orientale*, Paris: l'Harmattan, 2004.

Rey Violette., Saint-Julien Thérèse., *Territoires d'Europe, la différence en partage*, Lyon, Editions de l'ENS-LSH, 2005.

Risse, T., Cowles, M., Caporaso, J., Europeanization and domestic change: introduction, in Cowles, M., Caporaso, J. and Risse, T. (eds.) *Transformation Europe: Europeanization and Domestic Change*, Cornelle University Press, Ithaca, NY, 2001.

Roger Brunet, *Territoire de France et d'Europe*, Maisons de géographe, Belin, 1997.

René Kahn, Les régions et la construction européenne: le cas de l'Alsace, dans Bitsch Marie-Thérèse, *Le fait régional et la construction européenne*, Etablissements Emile Bruylant, S. A., 2003.

Rhodes Carolyn and Mazey Sonia, Introduction: Integration in Theoretical Perspective, in Rhodes and Mazey (eds.), The State of the European Union, Vol. 3: *Building a European Policy?* Lynne Rienner Publishers, 1995.

Robert Keohane, *International Institution and State Power: Essays in International Relations Theory*, Boulder, Colo.: Westview Press, 1989.

Robert Ladrech, Europeanization of Domestic Politics and Institutions: the Case of France, *Journal of Common Markets Studies*, Vol. 32, Issue 1, 1994.

Rosamand Ben, *Theories of European Union*, Macmillan press Ltd., 2000.

Rui Azevedo, nouvelles configurations des territoires après cinq ans de construction européenne, *l'Information géographique*, 2007.

Sagan Iwona, Regional Transformation in Postsocialist Poland, in *Political*

Studies of Pécs, IV, *Regional Decentralisation in Central and Eastern Europe*, Pés, Hungary, 2007.

Sapir André, *An Agenda for A Growing Europe: The Sapir Report*, Oxford University Press, European Commission, 2004.

Schimmelfennig Frank and Sedelmeier Ulrich, *The europeanization of Central and Eastern Europe*, N. Y. : Cornell University Press, 2005.

Scott A. , *Regions and the World Economy: The Coming Shape of Global Production, Competition and Political Order*, Oxford and New York: Oxford University Press, 1998.

Schmitter Philippe C. , A revised Theory of European, in Lindberg and Scheingold (eds.), *Regional Integration: Theory and Research*, Harvard University Press, 1971.

Schmitter P. C. , Explaining the Present Euro-Polity with the Help of Past Theories, in G. Marks (et al. eds.), *Governance in the European Union*, London: Sage, 1996.

Schmitter, Imagining the Future of the Euro-policy with the Help of New Concepts. in G. Marks, F. W. Scharpf, P. C. Schmitter & W. Streeck (Eds.), *Governance in the European Union*, London: Sage, 1996.

Sidjanski Dusan et Ricq Charles, *Les politiques régionales en Europe*, L. E. P, Lausanne, 1985.

Simon Hix, The Study of the European Union II: the "New Governance" Agenda and Its Rival, *Journal of European Public Policy*, March 1998.

Simunova Lucia, *la politique régionqle européenne: les défis de l'élargissement: Le cas de la Slovaquie*, Memoire de l'Institut d'Etudes Politiques de Paris, 2001-2002.

Stanly Hoffmann, The European Process at Atlantic Crosspurposes, *Journal of Common Market Studies*, Vol. 3, 1964.

Stanly Hoffmann, Obstinate and Obsolete? The fate of the nation-state and the case of Western Europe, *Daedelus*, Vol. 95 (2), 1966.

Steve Smith, Paradigm Dominance in International Relations: The Development of International Relations as a Social Science, Millennium: *Journal of*

International Studies, 16, No. 2, 1987.

Stone, Sweet, Alec, and Wayne Sandholtz, 1997, European Integration and Supranational Governance, *Journal of European Publics*, (4).

Tavera Christophe, *La convergence des économies européennes*, Économica, 1999, Paris.

Tanja & Thomas Risse, When Europe Hits Home: Europeanisation and Domestic Change, *European Integration online Papers* (EIOP) Vol. 4 (2000) No. 15, 29. 11. 2000, http://eiop. or: at/eiop/texte/2000 – 2015a. htm.

Vicherman R. W., Location, Accessibility and Regional Development: the Appraisal of Trans-European Networks, *Transport Policy*, 2, 1996.

Vicherman R., Spiekermann K. et Wegner M., *Accessibility and Economic Development in Europe: Regional Studies*, 1999.

Vasil Hudák, Henrik Huitfeldt, Edward J. Meegan (eds.), *Regional Policy Goes East: Essays in Trends and Lessons leraned for Regional Development Policy in Central and Eastern Europe*, East West Insitute, 1999.

Vivien A. Schmidt, Europeanization and the Mechanics of Economics Policy Adjustment, *Journal of European Public Policy*, December 2002.

Wiktor Gíozacki, Regionalization in Poland, in Gérard Marcou (eds.), *Regionalization for Development and Accession to the European Union: A Comparative Perspective*, Open Society Institute, 2002.

Weatheril Stephen and Bernitz Ulf (eds.), *The Role of Regions and Subnational Actors in Europe*, Oxford and Portland, Oregon, 2005.

W. Nicholl, The Luxembourg Compromise, *Journal of Common Market Studies*, Vol. 23, 1984.

ZANG Shumei, *La Politique Régionale de l'Union européene: Niveaux, Outils et Exemplarité?* Thèse, Ecole Normale Supérieure Lyon (ENS Lyon), 2009.

Extrait des conclusions de la présidence allemande du Conseil européen à l'issue du conseil informel des ministères responsables de l'aménagement du territoire dans les Etats membres de l'Union européenne, Postam, le 10/11 mai, 1999.

二、各类报告与网站

CRPM（2000）：*Towards a new regional policy in 2007*，Report from de the Conference of Peripheral and Maritime Regions of Europe.

European Commission（1999），*Six Periodic Report on the Regions：Summary of main findings*，Fact Sheet，Luxemburg.

Sapir André，*An Agenda for a Growing Europe：The Sapir Report*，Oxford University Press，European Commission，2004.

Rapport annuel de la Cour des comptes des Communautes europeennes relatif a l'exercice 1990，J. O. C. E. C 324 du 13 Decembre 1991.

Rapport sur les pouvoirs régionaux et locaux，acteurs de l'Union politique de l'Europe，Rapporteur Jacques Blanc，7 October 1996.

Parlement européen，*Europe-Providence ou Europe des Nations? l'avenir de fonds structurels*，1998.

Assemblée des Régions d'Europe（1995），*Régions et territoires d'Europe*，rapport présenté par Robert Savy，approuvé à l'assemblée générale de l'ARE tenue à Anvers le 20 octobre 1995（édité par le Conseil régional du Limousin）. Pour une analyse de l'action de l'ARE，voir aussi HUSSON，C.（2002）*l'Europe sans territoire*，Paris，Editions de l'Aube，DATAR.

Etude sur la Construction d'un modèle Polycentrique et equlibre pour le territoire Europeen，CRPM 2002；et aussi Projet ORTAE 1.1.1，*Les potentiels de développement polycentrique en Europe*，2005.

Commission Européenne（2004），*Un nouveau partenariat pour la cohésion-Convergence，compétitivité，coopération，Troisième rapport sur la Cohésion économique et sociale*，Office des publications officielles des Communautés européennes，Luxembourg.

Gouvernance européenne：un livre blanc，COM（2001）428 final.

An assessment of Multi-level Governance in Chohesion Policy 2007-2013，European Union，2014.

Local and regional Partners Contributing to Europe 2020：Multi-level Governance in support of Europe 2020，Luxembourg：Publications Office of the European Union, 2015.

PAC: une réforme en profondeur, Chambre d'agriculture, mars-avril 2004.

SIGMA Papers, No. 27, *European Principles for Public Administration*, OECD, Paris, 1999.

Territory matters for competitiveness and cohesion, *Facets of regional diversity and potentials in Europe*, ESPON Synthesis Report III, results by autumn 2006.

Report by Working Group on "*Multi-Level Governance: Linking and Networking the various regional and local levels*" (Group 4c), pilot and Rapporteur: J-C. Leygues, 2001. http://europa. eu. int/comm/regional _ policy/consultation/territorial_en. htm.

http://europa. eu/.

http://www. touteleurope. fr.

http://www. diact. gouv. fr.

http://ec. europa. eu/public_opinion/archives/flash_arch_en. htm.

http://epp. eurostat. ec. europa. eu/portal/page?_pageid = 1090, 30070682, 1090_33076576&_dad = portal&_schema = PORTALCEDECE.

http://ec. europa. eu/regional _ policy/sources/cooperate/international/pdf/final_report_eu_china_2017. pdf.

4th Report on Economic, Social and Territorial Cohesion: http://ec. europa. eu/regional_policy/sources/docoffic/official/repor_fr. htm.

7th Report on Economic, Social and Territorial Cohesion: http://ec. europa. eu/regional_policy/en/information/publications/reports/2017/7th – report – on – economic – social – and – territorial – cohesion.

WP1: Synthesis report: *Ex post evaluation of Cohesion Policy programmes 2007 – 2013, focusing on the European Regional Development Fund (ERDF) and the Cohesion Fund (CF)*, ISBN 978-92-79-61655-6, © European Union, 2016.

European Commission "*White Paper on the Future of Europe Reflections and Scenarios for the EU – 27 by 2025*", COM (2017) 2025 of 1 March 2017.

Local and regional Partners Contributing to Europe 2020: multi-level govern-

ance in support of Europe 2020，ISBN 978-92-79-48906-8，Luxembourg：Publications Office of the European Union，2015.

https：//eur-lex. europa. eu/legal-content/EN/TXT/? uri = CELEX：52019DC0021.

http：//files. evaluationhelpdesk. eu/BEE1. pdf.

https：//ec. europa. eu/regional_policy/sources/docgener/work/2015_03_impact_crisis. pdf.

https：//europa. eu/european-union/topics/regional-policy_en.

https：//cor. europa. eu/en/news/Pages/Lisbon-Europe-s-Green-Capital-in-2020. aspx.

https：//ec. europa. eu/regional_policy/en/policy/what/investment-policy/.

http：//ec. europa. eu/budget/mff/figures/index_en. cfm#documents.

https：//ec. europa. eu/regional_policy/en/2021_2027/.

https：//ec. europa. eu/regional_policy/index. cfm/en/information/publications/studies/20.

https：//ec. europa. eu/regional_policy/sources/docgener/factsheet/new_cp/simplification_handbook_en. pdf.

http：//eur-lex. europa. eu/summary/chapter/regional_policy/2601. html? root = 2601.

http：//www. cifca. org. cn/Web/YouChengTongJi. aspx.

http：//www. china-ceec. org/chn/sbhz/t1650497. htm.

https：//ec. europa. eu/regional_policy/sources/docgener/factsheet/new_cp/simplification_handbook_en. pdf.

European Spatial Planning Observation Network，ESPON（http：//www. espon. public. lu/fr/espon/index. html）.

http：//www. espon. eu/mmp/online/website/content/programme/1455/file_3291/nr-espon-2013_9-11-2007. pdf.

http：//ec. europa. eu/régional_policy/policy/manage/index_fr. htm.

http：//ec. europa. eu/budget/sound_fin_mgt/évaluation_fr. htm.

http：//eur-lex. europa. eu/summary/chapter/regional_policy/2601. html？root＝2601．

http：//www.espon.public.lu/fr/publications/resumes_projets_francais/index.html．

http：//www.espon.eu/mmp/online/website/content/programme/1455/file_3291/nr－espon－2013_9－11－2007.pdf．

三、中文主要参考文献

1. 祝宝良、张峰主编：《欧盟地区政策》，中国经济出版社 2005 年版。

2. 李天德等著：《欧盟地区政策及其效应研究》，四川大学出版社 2003 年版。

3. 张广翠：《欧盟区域政策研究》，吉林大学博士学位论文，2006 年。

4. 王雅梅著：《欧洲一体化进程中的欧盟区域政策》，四川大学出版社 2013 年版。

5. 邹峻：《欧盟地区政策：制度安排与政策工具》，复旦大学博士学位论文，2007 年。

6. 张静：《欧盟区域援助与成员国经济发展——以爱尔兰为案例的研究》，华东师范大学硕士学位论文，2007 年。

7. 徐静：《欧洲联盟多层级治理的理论与实践——以结构基金的运作为例》，华东师范大学硕士学位论文，2006 年。

8. 吴志成：《治理创新——欧洲治理的历史、理论与实践》，天津人民出版社 2003 年版。

9. 陈志敏：《次国家政府与对外事务》，长征出版社 2001 年版。

10. 陈家海著：《中国区域政策的改变》，上海财经大学出版社 2003 年版。

11. 冯兴元著：《欧盟与德国——解决区域不平等问题的方法与思路》，中国劳动社会保障出版社 2002 年版。

12. 白英瑞、康增奎等著：《欧盟——经济一体化理论与实践》，经济管理出版社 2002 年版。

13. 饶蕾：《欧盟委员会：一个超国家机构的作用》，西南财经大学出版社 2002 年版。

14. 张可云著:《区域经济政策——理论基础与欧盟国家实践》,中国轻工业出版社 2001 年版。

15. 张可云著:《区域经济政策》,商务印书馆 2005 年版。

16. 张荐华著:《欧洲一体化与欧盟的经济社会政策》,商务印书馆 2001 出版。

17. 张蕴岭:《西欧的区域发展》,中国展望出版社 1988 年版。

18. 朱欣民:《欧洲联盟经济概论》,四川大学出版社 2000 年版。

19. 杨逢珉、张永安编著:《欧洲联盟经济学》,华东理工大学出版社 1999 年版。

20. 戎殿新、罗红波:《意大利工业化之路》,经济日报出版社 1991 年版。

21. 肖欢容:《地区主义:理论的历史演进》,北京广播学院出版社 2004 年版。

22. 陈玉刚:《国家与超国家:欧洲一体化理论比较研究》,上海人民出版社 2001 年版。

24. 陈玉刚:"世界新格局中的欧盟战略",俞正梁等著:《大国战略研究》,中央编译出版社 1998 年版。

25. [美]詹姆斯·多尔蒂,小罗伯特·普法尔茨格拉夫著,阎学通、陈寒溪等译:《争论中的国际关系理论》,世界知识出版社 2004 年版。

26. 倪世雄:《当代西方国际关系理论》,复旦大学出版社 2001 年版。

27. [美]大卫·A·鲍德温主编,肖欢容译:《新现实主义和新自由主义》,浙江人民出版社 2001 年版。

28. 王逸舟:《西方国际政治学:历史与理论》,上海人民出版社 1998 年版。

29. 陈乐民:《"欧洲观念"的历史哲学》,东方出版社 1988 年版。

30. [美]亚历山大·温特,秦亚青译:《国际政治的社会理论》,上海人民出版社 2000 年版。

31. [美]肯尼迪·华尔兹,秦亚青译:《人、国家与战争——一种理论分析》,上海译文出版社 1991 年版。

32. [美]汉斯·摩根索,倪世雄等译:《国际纵横策论——争强权,求和平》,上海译文出版社 1995 年版。

33. ［美］塞缪尔·亨廷顿，卢明华、时殷弘、林勇军译：《文明的冲突与世界秩序的重建》，新华出版社 1999 年版。

34. ［美］戴维·卡莱欧，冯绍雷、袁胜育、王蕴秀等译，相兰欣校：《欧洲的未来》，上海人民出版社 2003 年版。

35. 胡瑾、宋全成、李巍：《欧洲当代一体化思想与实践研究》，山东人民出版社 2001 年版。

36. ［美］本迪尼克特·安德森，吴叡人译：《想象的共同体》，上海人民出版社 2003 年版。

37. 戴炳然：《欧洲共同体条约集》，复旦大学出版社 1994 年版。

38. ［英］约翰·伊特韦尔等，许明月等译：《新帕尔格雷夫经济学大辞典》，经济科学出版社，1996 年版。

39. 周茂荣、祝佳："论欧盟区域政策新一轮改革及其前景"，《经济评论》2008 年第 2 期。

40. 李明著：《欧盟区域政策及其对中国中部崛起的启示》，武汉大学出版社 2010 年版。

41. ［美］约塞夫·M·格里科："无政府状态和合作的限度"，大卫·A. 鲍德温主编：《新现实主义和新自由主义》，浙江人民出版社 2001 年版。

42. ［意］马里奥·泰洛著，潘忠歧等译：《国际关系理论：欧洲视角》，上海人民出版社 2011 年版。

43. ［法］埃德加·莫兰著，康征等译：《反思欧洲》，生活·读书·新知三联书店 2005 年版。

44. ［德］贝娅特·科勒、［德］科赫 托马斯·康策尔曼、［德］米歇勒·克诺特，顾俊礼等译：《欧洲一体化与欧盟治理》，中国社会科学出版社 2004 年版。

45. 刘乃全、贾彦利："中国区域政策的重心演变及整体效应研究"，《经济体制改革》第 130 期。

46. 王继平："欧盟结构政策的作用和面临的问题"，《德国研究》2001 年第 2 期。

47. 张健雄："欧盟对落后地区的扶助与开发政策"，《欧洲》2001 年第 3 期。

48. 唐永红："欧盟国家中小企业扶持政策"，《世界经济状况》2000

年第 11 期。

49. 孙玉德："欧盟的地区问题与区域政策"，《中国城市金融》2000 年第 9 期。

50. 马颖："从欧盟结构基金第三次改革看欧盟的经济前景"，《世界经济与政治》2000 年第 10 期。

51. 范军："论欧盟区域政策的改革"，《学术月刊》2002 年第 3 期。

52. 李宗植："欧盟区域政策的启示"，《西北师范大学学报（哲会社学科学版）》2002 年第 4 期。

53. 张健雄："欧盟的结构政策对中国西部大开发的启示"，人大全文 2001 年经济类专题，《社会科学家》2001 年第 3 期。

54. 戴宾："欧盟国家落后地区的经济发展与欧盟的区域经济政策"，人大全文 2000 年经济类专题。

55. 王雅梅："东扩对欧盟区域政策的挑战"，《天府新论》2003 年第 3 期。

56. 王雅梅："减少失业、促进就业：欧盟区域政策的主要目标"，《经济体制改革》2003 年第 2 期。

57. 杨逢珉："欧盟的地区政策及其推行的困难"，《欧洲》1996 年第 6 期。

58. 李颖、陈林生："欧盟的区域政策特点及对我国的启示"，《经济体制改革》2003 年第 5 期。

59. 周淑景："欧盟结构政策的保障措施及其实施效果"，《东北财经大学学报》2002 年第 3 期。

60. 苏瑞林："欧盟内部关于地区政策的论辩"，《西北大学学报（哲学社会科学版）》2002 年第 2 期。

61. 刘玉、刘毅："区域政策研究的回顾与展望"，《地理科学进展》2002 年第 2 期。

62. 范军："一体化与地区问题：欧盟区域政策分析"，《欧洲》2001 年第 2 期。

63. 许琇媛："欧盟多层级治理模式——以德国下萨克森邦结构基金的运作为例"，《淡江人文社会学刊》2003 年第 16 期。

64. 沈建法："英国区域政策与区域研究的方向"，《科学对社会的影响》1996 年第 3 期。

65. 马颖："德国财政平衡的区域政策功能及其对我国的启示"，人大全文 2000 年经济类专题，《世界经济与政治》2000 年第 10 期。

66. 毕吉耀："欧盟的区域政策绩对中国的借鉴"，中国宏观经济信息网，2001 年 7 月 11 日。

67. 于潇、田艳萍："建设小康社会中区域均衡发展战略——市场与政府的作用"，《全面建设小康社会人口与发展研讨会论文集》，吉林大学出版社 2004 年版。

68. 臧术美：《欧洲一体化主流理论的论争、混合与超越》，华东师范大学硕士学位论文，2005 年。

69. 臧术美：《欧盟地区政策改革与效应研究》，华东师范大学博士学位论文，2009 年。

70. 臧术美："欧洲'地区化'动因考察——以波兰为例"，《世界地理研究》2009 年第 2 期。

71. 臧术美："欧盟地区政策的改革及发展趋势——以历次扩大为背景"，《上海行政学院学报》2009 年第 3 期。

72. 臧术美："欧盟地区政策经济、社会与地域效应研究"，《德国研究》2011 年第 3 期。

73. 臧术美："'一带一路'背景下中国与中东欧地方合作——一种多层级机制探析"，《社会科学》2020 年第 1 期。

74. 柳建文："我国区域治理转变的新特征"，《中国社会科学报》2019 年 6 月 5 日（总第 1707 期）。

75. 徐刚："中国与中东欧国家地方合作：历程、现状与政策建议"，《欧亚经济》2019 年第 3 期。

76. 刘少斌："中欧班列：'丝路'贸易兴起"，《宁波经济》2015 年第 3 期。

77. 王煜洲："'一带一路'倡议下四川省与中东欧国家物流合作对策研究"，《现代化物流》2018 年第 8 期。

78. 邱璐轶、华忆迪："'一带一路'倡议背景下宁波与中东欧国家产教协同实践研究"，《三江论坛》2019 年第 7 期。

79. 刘海云、李扬、杨雪倩："河北省与中东欧国家经济合作的现状及对策研究",《河北经贸大学（综合版）》2019年第1期。

80. 尹翔硕："欧洲单一市场对欧盟成员国贸易流动和产业区位的影响",《欧洲》2001年第2期。

后　　记

对于"欧洲一体化"这样一个重要的地区和国际现象，经过十多年从"理论"到"实践"的研究历程，萦绕心头的迷思也算是初步有了答案。这本小书就是对这些思考的梳理和总结。2009年博士毕业后的几年时间，因机缘不足，主观意愿也不够强，博士论文的整理与出版之事一直被搁置一旁。近几年因开设《欧盟地区政策》硕士选修课，才又将出版之事重新拾起来，一边上课，一边整理与补充。直至今日付梓，才算是稍微松了口气。但是，毕竟水平有限，研究也不够踏实努力，呈现出来的作品只能勉强算作及格吧。回想起当年在法国做博士论文期间，长期埋头于查找资料，迟迟不肯下笔写作论文，于是我的法国导师——里昂高师人文地理学教授维奥莱特·雷伊（Violette Rey）女士就劝诫我：博士论文只是人生的一个阶段，不是人生的全部，不可能完美，还是尽快动笔吧。现在，我依然拿这句话来启发自己：一本小书，也不是人生的全部，尽快完成吧（虽然前后跨度已经十多年）。或许，这就是做学问的过程吧，心中有着理想主义的冲动与憧憬，而笔下却也不得不要有现实主义的关怀与考量。记得我博士论文的中方导师——华东师范大学国际关系与地区发展研究院冯绍雷教授也曾经告诫过我，不要"眼高手低"。这句话想来也是一语中的，值得我警醒与铭记。感恩二位导师从学术和做人两个方面给予的无比宝贵的引导和支持。

一路走来，受到太多人的爱护、帮助和支持。感谢甘晓明伯伯和王玉萍老师夫妇20年来最无私慷慨的关爱与帮助。感谢华东师范大学国际关系与地区发展研究院刘军院长提供了出版这本专著的机会。感谢潘兴明教授和陈志敏教授在博士论文答辩期间的指导。感谢硕士论文导师解超教授曾经的指导。感谢我的法国朋友艾莉亚·波克纳尔（Hélia Paukner）、拉斐尔·朗吉永（Raphaël Languillon）、爱德华·贝塞维（Edouard Besserve）、安娜-塞西尔·梅尔梅（Anne-Cécile Mermet），法国同事埃玛纽埃尔·布利诺（Emmanuelle Boulineau），法国地理学前辈特蕾莎·圣-朱利安

（Thérèse Saint-Julien）以及其他朋友们，是他们给予的温暖与帮助，让我的留学生涯回忆起来总是那么美好。感谢所有给过我鼓励、帮助和支持的人，原谅我无法在此一一列举。正是你们，给我的人生涂上了温暖而亮丽的色彩。

也要感谢时事出版社谢琳女士以及所有参与审校工作的老师。

最后，要感谢我的家人，尤其是我的先生和儿子，他们的爱是我坚实的后盾和温暖的港湾。

本书最后修改期间正值全国抗击新冠状病毒肺炎的关键时期，2月4日曾赋小诗一首祈愿疫情尽快结束，也借以纪念那些在疫情抗击战中牺牲的白衣天使和不幸遇难的同胞：

祈福

鼠年开端遭天疫，
生灵喘息叹命理。
全民奋战决胜意，
天人合一疫尽息。

2020 年初春于上海

图书在版编目（CIP）数据

欧盟地区政策研究：改革、效应与治理/臧术美著.—北京：时事出版社，2020.12
ISBN 978-7-5195-0396-3

Ⅰ.①欧… Ⅱ.①臧… Ⅲ.①欧洲联盟—经济政策—研究 Ⅳ.①F150.0

中国版本图书馆CIP数据核字（2020）第225062号

出 版 发 行：时事出版社
地　　　址：北京市海淀区万寿寺甲2号
邮　　　编：100081
发 行 热 线：（010）88547590　88547591
读者服务部：（010）88547595
传　　　真：（010）88547592
电 子 邮 箱：shishichubanshe@sina.com
网　　　址：www.shishishe.com
印　　　刷：北京朝阳印刷厂有限责任公司

开本：787×1092　1/16　印张：19.25　字数：315千字
2020年12月第1版　2020年12月第1次印刷
定价：98.00元

（如有印装质量问题，请与本社发行部联系调换）